कर विजय हर
शिखर

प्रेमलता अग्रवाल का जन्म वर्ष 1963 में एक मारवाड़ी परिवार में हुआ। नौ भाई-बहनों में वे तीसरे नंबर पर हैं।

सातों महाद्वीपों के शिखर पर चढ़नेवाली प्रेमलता पहली भारतीय महिला हैं। प्रेमलता ने 12वीं कक्षा तक पढ़ाई की, उसके बाद उनका विवाह विमल कुमार के साथ हो गया और एक साधारण गृहिणी की तरह वह अपनी दोनों बेटियों की परवरिश में लग गईं। एक दिन प्रेमलता अग्रवाल की मुलाकात जानी-मानी पर्वतारोही बचेंद्री पाल से हुई और इस मुलाकात ने प्रेमलता की जिंदगी की दिशा ही बदल दी। बचेंद्रीजी को प्रेमलता में काफी संभावनाएँ नजर आईं और उन्होंने प्रेमलता को पर्वतारोहण के क्षेत्र में आने के लिए प्रेरित किया। उनके मार्गदर्शन में 48 साल की उम्र में माउंट एवरेस्ट के शिखर पर पहुँचकर एवरेस्ट को छूने वाली भारत की सबसे अधिक उम्र की पर्वतारोही बनीं। प्रेमलता की अद्भुत उपलब्धियों के लिए भारत सरकार द्वारा उन्हें पद्मश्री सम्मान से सम्मानित किया गया।

~•~

रेनू खंतवाल (संपादिका)

शिक्षा : एम.ए. हिंदी, बी.एड., पत्रकारिता में डिप्लोमा, जामिया मिल्लिया इस्लामिया।

कार्य अनुभव : कॅरियर की शुरुआत सन् 2003 में हिंदी समाचार-पत्र 'दैनिक भास्कर' से की। सन् 2004 में 'अहा जिंदगी!' पत्रिका प्रारंभ हुई तो पत्रिका की संस्थापक सदस्यों में रहीं। दिल्ली से पत्रिका की जिम्मेदारी सँभाली। मार्च 2013 तक दैनिक भास्कर मैगजीन डिवीजन, दिल्ली की इनचार्ज के रूप में कार्य करती रहीं। संप्रति विभिन्न हिंदी पत्र-पत्रिकाओं के लिए स्वतंत्र लेखन कर रही हैं।

कर विजय हर शिखर

प्रेमलता अग्रवाल

संपादन

रेणु खंतवाल

प्रकाशक

प्रभात प्रकाशन प्रा. लि.

4/19 आसफ अली रोड, नई दिल्ली–110002

फोन : 011–23289777 • हेल्पलाइन नं. : 7827007777

इ–मेल : prabhatbooks@gmail.com ❖ वेब ठिकाना : www.prabhatbooks.com

संस्करण

2025

मूल्य

तीन सौ पचास रुपए

मुद्रक

श्री साई प्रिंटर्स, साहिबाबाद

———————— ★ ————————

KAR VIJAY HAR SHIKHAR

Autobiography by Premlata Agarwal

Published by **PRABHAT PRAKASHAN PVT. LTD.**

4/19 Asaf Ali Road, New Delhi-110002

ISBN 978-93-5186-574-2

₹ 350.00

रघुबर दास
Raghubar Das

मुख्यमंत्री
झारखंड सरकार
Chief Minister
Govt. of Jharkhand

पत्रांक : 7372878/ मु.शि.का. जमशेदपुर, दिनांक : 28.09.2015

संदेश

अदम्य साहस की प्रतिमूर्ति हैं झारखंड की श्रीमती प्रेमलता अग्रवाल, जिन्होंने पर्वतारोहण के क्षेत्र में विश्वस्तरीय कीर्तिमान स्थापित किया है। इससे देश का गौरव बढ़ा है, इनकी उपलब्धियाँ पूरे देश और समाज के लिए प्रेरणादायक हैं।

—रघुबर दास

3, काँके रोड, राँची-834008/3, Kanke Road, Ranchi-834008
दूरभाष/Tele.-0651-2280886, 2280996, 2400233 एवं 2280717, 2400232 (Fax/फैक्स)
Email : cmjharkhand.rnc@gmail.com

संदेश

टाटा स्टील के खेल विभाग ने अब तक दर्जनों खेल रत्नों को सृजित किया है, जिन्हें राष्ट्रीय ही नहीं, अंतरराष्ट्रीय स्तर पर पहचान मिली। कई ऐसे खिलाड़ी आज भी हमारे बीच मौजूद हैं, जो पद्म और अर्जुन पुरस्कारों से सम्मानित हैं। प्रेमलता अग्रवाल इन्हीं स्वनामधन्य और तेजस्वी खिलाड़ियों में एक चमकता नाम बन गया है, जिन्हें भारत सरकार ने 'पद्मश्री' सम्मान से नवाजा। प्रेमलता ने प्रमाणित किया है कि जोश और जज्बा हो तो कठिन-से-कठिन चुनौती पर भी विजय प्राप्त करने में उम्र आड़े महीं आती। दो बच्चों की माँ होकर भी उन्होंने हिमालय जैसी अति दुरूह और जान की जोखिम वाली चढ़ाई को संभव कर दिखाया।

टाटा स्टील के एडवेंचर विभाग ने उन्हें जो प्रशिक्षण दिया, प्रेमलता ने उसे सार्थक सिद्ध कर दिया। हैरत होती है कि उन्होंने अपने अभियान को यहीं थमने नहीं दिया बल्कि विश्व के सात महाद्वीपों की शिखर चोटियों पर देश का तिरंगा और टाटा स्टील की पताका लहरा दी। प्रेमलता ने जो इतिहास रचा है, वह अनुकरणीय और बेमिसाल है। इनका रोमांच से भरा किस्सा एक पुस्तकाकार दस्तावेज के रूप में प्रकाशित होने जा रहा है, यह एक अच्छा कदम है। मैं अपनी ओर से उन्हें अनेक शुभकामनाएँ और बधाई देता हूँ कि वे एक प्रकाश-स्तंभ की तरह बनी रहें, जिनसे सबको प्रेरणा मिल सके।

—टी.वी. नरेंद्रन

प्रबंध निदेशक, टाटा स्टील

संदेश

मुझे जानकर बहुत खुशी हुई कि प्रेमलता अग्रवाल पुस्तकाकार में अपनी आत्मकथा लिख रही हैं। उनका जो जीवन रहा है और अपने साहसिक अभियानों से उन्होंने जो दुर्लभ सफलताएँ हासिल की हैं, पूरा देश उन पर गर्व करता है। निश्चय ही अपने बारे में उनकी खुद की कही कहानियों ने नई पीढ़ी के युवा प्रेरणा ले सकेंगे और यह समझ सकेंगे कि आगे बढ़ने का दृढ संकल्प हो तो किसी भी उम्र में, किसी भी जगह पर रहें, कोई भी मंजिल मुश्किल नहीं है। प्रेमलता के बारे में सोचते हुए हमें एक खास तरह का गर्व-बोध इसलिए होता है कि उन्होंने टाटा स्टील के खेल विभाग से जुड़कर आगे बढ़ने का अपना रास्ता प्रशस्त किया। टाटा स्टील हमेशा ऐसी जुनूनी और विरल प्रतिभाओं को उभारने और उन्हें प्रोत्साहित करने में अपना योगदान देती रही है।

टाटा स्टील ने प्रेमलता को सारी सुविधाएँ उपलब्ध करवाईं। प्रेमलता ने इसका मान रखा और कठिन तथा असंभव सी कामयाबी को भी संभव कर दिखाया। टाटा स्टील के ध्वज को उसने हिमालय की चोटी पर लहराकर पूरी दुनिया में मुहर लगवाई। प्रेमलता आज एक राष्ट्रीय हस्ती के तौर पर चर्चित हैं। पूरा जमशेदपुर और टाटा स्टील परिवार अपनी इस बेटी और बहू की अनहोनी जैसी सफलता पर गर्व करता है। मैं कामना करता हूँ कि प्रेमलता अपनी कर्मठता और जीवटता से आगे भी कुछ नया करने की दिशा में अपनी सक्रियता बनाए रखें।

—सुनील भास्करन

उपाध्यक्ष, कॉरपोरेट सर्विसेस, टाटा स्टील

एक साधारण गृहिणी की असाधारण उपलब्धियाँ

पैंतीस साल की उम्र से पहले जिसने कभी पर्वतारोहण की कल्पना भी न की हो और उसके कुछ साल बाद ही वह इनसान दुनिया के सातों सर्वोच्च शिखरों पर जाकर भारत का झंडा लहराकर आ जाए, तो क्या आप इस बात पर यकीन करेंगे? शायद नहीं, लेकिन यह सच्चाई है और इस काल्पनिक सी लगने वाली घटना को साकार किया है, मेरी शिष्या प्रेमलता अग्रवाल ने।

अपनी 15 और 12 साल की दो बच्चियों को लेकर प्रेमलता जे.आर.डी. टाटा स्पोर्ट कॉम्पलेक्स आया करती थीं। वहीं प्रेमलता ने पहली बार उत्तरकाशी में दस दिन चलनेवाले हमारे एडवेंचर स्पोर्ट बेसिक कोर्स की एक फिल्म देखी थी। इस फिल्म को देखकर वे इतनी प्रभावित हुईं कि उनके मन में अपनी बेटियों को भी यह कोर्स कराने की इच्छा पैदा हुई। सन् 1999 में प्रेमलता ने दलमा हील वॉकिंग प्रतियोगिता में भाग लिया और तीसरे नंबर पर रहीं। इस पुरस्कार को लेने वे मेरे ऑफिस आईं और वहीं मेरी प्रेमलता से पहली मुलाकात हुई। बातचीत के दौरान उन्होंने मुझे बताया कि उन्होंने उत्तरकाशी बेसिक कोर्स पर बनी फिल्म देखी और वे इस फिल्म को देखकर इतनी ज्यादा प्रभावित हैं कि अपनी बेटियों को भी यह कोर्स कराना चाहती हैं। प्रेमलता की इच्छाशक्ति और इस क्षेत्र के प्रति लगाव को देखकर मैंने उन्हें कहा कि बेटियाँ तो ठीक हैं पर आप क्यों नहीं? आप भी यह कोर्स कर सकती हैं। मेरे इस सवाल को सुनकर कुछ समय के लिए वे हैरान रह गईं। प्रेमलता के मन में शायद अपनी उम्र को लेकर हिचक थी, इसलिए उन्होंने हैरानी से मुझे जवाब दिया कि मैं और इस उम्र में? मैंने जवाब दिया कि हाँ, क्यों

नहीं। उसके बाद प्रेमलता को मेरा साथ तो मिला ही, घरवालों का भी पूरा सहयोग मिला। पहले प्रेमलता ने अपनी बेटी प्रियांशी के साथ उत्तरकाशी में पर्वतारोहण का एडवेंचर कोर्स किया और 'ए ग्रेड' सर्टिफिकेट लेकर लौटीं,

उसके कुछ समय बाद उन्होंने बेसिक और एडवांस कोर्स किया। बेसिक कोर्स में उन्हें बेस्ट ट्रेनी का अवॉर्ड भी मिला तथा टाटा स्टील एडवेंचर फाउंडेशन द्वारा प्रायोजित कई अभियानों का हिस्सा बनती चली गईं और फिर एक के बाद एक सफलताओं को अपने नाम दर्ज कराती चली गईं।

टाटा स्टील ने 1984 में मेरे एवरेस्ट कलाईंब के बाद कॉरपोरेट जगत् की स्वाभाविक सोच से अलग इस विभाग का गठन किया था और मुझे इस विभाग का नेतृत्व सौंपा गया, तब से लगातार टाटा स्टील तरह-तरह के साहसिक अभियानों को प्रायोजित करती रही है, जिसमें अपने कर्मचारी के अलावा समाज के हर वर्ग जैसे महिलाएँ, ग्रामीण युवा-युवतियों को अपने अंदर की छुपी प्रतिभा को खोजने का अवसर दिया जाता है। प्रेमलता भी उन सबमें एक थीं।

मैंने प्रेमलता में धीरे-धीरे आत्मविश्वास का विकास होते देखा है। अपनी फिटनेस को लेकर वे हमेशा सजग रहीं। पर्वतारोहण के क्षेत्र में पर्वतारोही का जितना शारीरिक रूप से फिट होना जरूरी होता है, उससे ज्यादा मानसिक रूप से मजबूत होना भी बहुत जरूरी है। प्रेमलता की सफलता में उनकी दृढ इच्छा शक्ति, खुद पर यकीन और मानसिक तथा शारीरिक फिटनेस ने बहुत महत्त्वपूर्ण भूमिका निभाई।

पर्वतारोहण से जुड़ने के बाद प्रेमलता में गजब का आत्मविश्वास पैदा हुआ, जो कि प्रेमलता से बातचीत के दौरान स्पष्ट दिखाई देता था। 20 मई, 2011 को 48 साल की उम्र में जब प्रेमलता ने 29,029 फुट की ऊँचाई पर पहुँचकर माउंट एवरेस्ट के शिखर को छुआ तो वे भारत की एवरेस्ट को छूनेवाली प्रथम उम्रदराज महिला बन गईं। मेरे लिए भी यह बहुत गर्व का पल था। मुझे लगा, जैसे मैं एक बार फिर एवरेस्ट पर चढ़ गई हूँ। उसके बाद प्रेमलता ने विश्व के सातों सर्वोच्च शिखरों को छूने का लक्ष्य तय किया और इस बड़े लक्ष्य को भी कुछ ही समय में पूरा कर दिखाया। यही वजह है कि आज प्रेमलता का नाम विश्व स्तर के पर्वतारोहियों में शामिल है। टाटा स्टील हमेशा उनकी हर सफलता के पीछे एक चट्टान की तरह खड़ा रहा, जिनकी सपोर्ट के बगैर यह सब हासिल करना एक सपना जैसा था। टाटा स्टील ने जितना भरोसा मुझ पर किया, मेरा भरोसा भी प्रेमलता पर उतना ही मजबूत है।

प्रेमलता का जीवन केवल महिलाओं के लिए ही प्रेरणास्रोत नहीं है, बल्कि हर इनसान प्रेमलता के प्रयासों और सफलता से बहुत कुछ सीख सकता है। खासतौर

पर वे लोग, जो चालीस की उम्र के बाद कुछ नया काम करने में संकोच करते हैं या पहले ही असफलता के डर से पीछे हट जाते हैं।

प्रेमलता की आत्मकथा न जाने कितने ही लोगों को कुछ नया और मन का काम करने के लिए प्रेरित करेगी, साथ ही साहस से भरे इस पर्वतारोहण के क्षेत्र में ज्यादा-से-ज्यादा महिलाओं को जोड़ने की निमित्त बनेगी, ऐसी मुझे आशा है। यह किताब महिलाओं में यह भरोसा पैदा करेगी कि वे अपनी घरेलू जिम्मेदारियों के साथ भी सपने देख सकती हैं और परिवार को साथ लेकर चला जाए तो उन्हें पूरा भी कर सकती हैं।

बचेन्द्री पाल

(बचेंद्री पाल)

टाटा स्टील मेरे अविभावक

देश का प्रमुख औद्योगिक घराना टाटा स्टील समूह का सरोकार न केवल व्यापार से है बल्कि सामाजिक, सांस्कृतिक, स्थानीय भाषा और परंपरा से भी रहा है। योग्यता, क्षमता और अपने देश के प्रति कुछ कर गुजरने का अद्भुत साहस रखनेवाली शख्सियत के साथ समय-समय पर न केवल टाटा स्टील की ओर से नैतिक समर्थन मिलता रहा बल्कि सामाजिक, आर्थिक तौर पर यह संस्था साथ खड़ी रही। परिणाम यह रहा कि जे.आर.डी. टाटा स्पोर्ट्स के जरिए देश में भर में खेल जगत् सहित एडवेंचर के क्षेत्र में विश्वस्तरीय खिलाड़ी व विजेता हुए। टाटा स्टील की इन्हीं सकारात्मक पहल का नतीजा रहा कि आज पर्वतारोहण के क्षेत्र में, पूरे विश्व में मेरी एक पहचान बनी। यह टाटा स्टील की प्रेरणा, मार्गदर्शन और कदम-कदम पर सहयोग के बगैर यह संभव नहीं था, मैं उस क्षण और दिन को याद कर रोमांचित हो जाती हूँ, जब जमशेदजी टाटा की कर्मभूमि से जुड़ी। इस शहर में मेरा विवाह हुआ और एक बहू के रूप में इस शहर से मेरा परिचय भी हुआ। प्रथम महिला एवरेस्ट विजेता सुश्री बचेंद्री पाल की देखरेख में टाटा स्टील ने टाटा स्टील एडवेंचर फाउंडेशन का गठन किया। यहीं मेरा परिचय बचेंद्री पाल से हुआ और उन्हीं के मार्गदर्शन में एडवेंचर के क्षेत्र में कदम रखा। जब मेरे एवरेस्ट अभियान का प्रस्ताव बचेंद्री पाल ने टाटा स्टील के समक्ष रखा तो विश्वास ही नहीं हुआ कि इस प्रस्ताव को सहर्ष मान लिया गया। यह मेरे लिए कोई मामूली घटना नहीं थी। 48 साल की उम्र में एवरेस्ट अभियान पर सफलता हासिल करना मेरे लिए एक चुनौती थी। टाटा स्टील के सहयोग से मैंने एवरेस्ट अभियान पर सफलता पाई। एवरेस्ट की सफलता के बाद जब मैंने विश्व के सात महाद्वीप के सर्वोच्च शिखर अभियान पर जाने की अपनी इच्छा जताई तो टाटा स्टील ने तुरंत इसकी स्वीकृति प्रदान कर दी। आश्चर्य की बात यह थी कि मुझ पर उनका भरोसा इस

कदर था कि यह जाने बिना कि इस अभियान में कितना खर्च आएगा, मुझे तैयारी में लग जाने को कहा। टाटा स्टील अपने सामाजिक दायित्व की प्रतिबद्धता को निभाते हुए मुझ जैसी साधारण गृहिणी को विश्वस्तर की पर्वतारोही के रूप में प्रतिष्ठित कर दिया। मेरे पास टाटा स्टील के सहयोग के लिए कहने को पर्याप्त शब्द नहीं हैं। बस अपनी तमाम उपलब्धियाँ टाटा स्टील को समर्पित करते हुए उन्हें मैं अपना अभिभावक मानती हूँ।

—प्रेमलता अग्रवाल

अनुक्रम

1

आरंभ

कभी-कभी जीवन में कुछ ऐसे क्षण आते हैं, जिनके बारे में कभी कल्पना भी नहीं की होती और वे जीवन में घटित हो जाते हैं। मेरे साथ भी कुछ ऐसा ही हुआ। एक मुलाकात भारत की प्रथम महिला पर्वतारोही। बचेंद्री पाल से हुई और मेरे पूरे जीवन की दिशा ही बदल गई। मैंने कभी सपने में भी नहीं सोचा था कि एक दिन मैं दुनिया की सबसे ऊँची चोटी माउंट एवरेस्ट ही नहीं, बल्कि विश्व के सभी महाद्वीपों के ऊँचे शिखरों पर अपने देश के तिरंगे को फहराऊँगी और भारत के राष्ट्रपति द्वारा 'पद्मश्री' जैसे अति विशिष्ट सम्मान से नवाजी जाऊँगी।

आज जब पीछे मुड़कर देख रही हूँ तो सबसे पहले मुझे अपना परिवार याद आ रहा है। अपना घर, माता-पिता, अपना बचपन और वह वातावरण याद आ रहा है, जहाँ से मिले जीवन-मूल्यों और संस्कारों की सीख लेकर मैं बड़ी हुई। वे जीवन-मूल्य याद आ रहे हैं, जिन्हें मैंने बड़ों का आशीर्वाद समझकर जीवन में हमेशा अपनाया। परिवार से मिले संस्कार और जीवन-मूल्य ही मेरे जीवन की वह मूल्यवान् धरोहर हैं, जिन्होंने मुझे गढ़ने में महत्त्वपूर्ण भूमिका अदा की।

मेरा जन्म एक मारवाड़ी परिवार में हुआ। हमारा संयुक्त बड़ा परिवार था। परिवार में दादाजी सूरजमलजी, दादीजी कलावतीजी, पिताजी श्री रामावतार गर्ग, माँ शारदा देवी, छोटे दादाजी श्री मक्खन लाल, ताऊजी जोहरीमलजी, चाचाजी मामनचंद गर्ग और मेरी एक बुआ, जो कि हरियाणा में रहती थीं। यानी सभी लोग ताऊजी-ताईजी, चाचा-चाची और उनके बच्चे।

हम खुद सात बहनें और दो भाई हैं। मैं बहनों में दूसरे नंबर पर हूँ। सबसे बड़ा मेरा भाई है—बृजमोहन गर्ग। भाई के बाद बड़ी दीदी हैं, जिनका नाम दुर्गा है।

दुर्गा दीदी के बाद मेरा नंबर है और मेरे बाद मंजू, अंजू एवं रजनी मेरी छोटी बहनें हैं। रजनी के बाद मेरा दूसरा भाई कृष्ण है और कृष्ण के बाद दो बहनें और हैं—सुषमा और बबीता। साथ ही हमारे चाचाजी के परिवार में सुमित्रा चाचीजी और उनके तीन लड़के। यानी मेरे तीन और भाई—राजेश, अमित और राकेश। हमारा पूरा परिवार लगभग 40 लोगों का बड़ा कुटुंब था। हम सब साथ रहते थे। सब मिलकर खाते, सोते, जागते। हमारी रसोई भी एक ही थी। परिवार के सभी सदस्यों में गजब का प्रेम रहा है, जो कि अब तक बरकरार है। हम भाई-बहन सब मिलकर खेलते थे। हम लोग भाई-बहन होने के साथ-साथ एक-दूसरे के अच्छे दोस्त भी थे। वैसे भी हम लोग खुद इतने सारे थे कि बाहर के बच्चों के साथ खेलने की हमें जरूरत ही नहीं पड़ती थी; लेकिन फिर भी, आस-पड़ोस के बच्चों से भी हमारी अच्छी दोस्ती थी।

परिवार के संस्कार

बचपन में माता-पिता द्वारा मिले संस्कारों के मेरे लिए बहुत मायने रहे हैं, क्योंकि इन्हीं संस्कारों ने मुझे जीवन में कई बार औरों से बेहतर साबित किया। हमारा संयुक्त परिवार था, जहाँ सभी बच्चे एक समान थे। बचपन से ही सबको साथ लेकर चलना, सबके साथ मिलकर रहने की शिक्षा मुझे अपने परिवार से ही मिली थी। सबका खयाल रखने की जो सोच और आदत मेरे अंदर पैदा हुई, वह भी मेरे परिवार के संस्कारों का ही असर है। पिताजी हमेशा कहा करते थे, 'दुनिया में कुछ भी असंभव नहीं। जीवन एक जैसा नहीं रहता, इसलिए न खुशी में बहुत ज्यादा गर्व करो और न दुःखी होने पर दुनिया के सामने रोने की जरूरत है। जिंदगी में हर परिस्थिति को सहज रूप से स्वीकार करते हुए आगे बढ़ो। यही जीवन है।'

मेरी माँ बहुत आस्थावान् महिला हैं। वे रोज शाम को हमारे घर के पास बने मंदिर में दीया जलाने जाती थीं और मैं भी हमेशा माँ के साथ मंदिर जाती। बचपन से माँ की आस्था और संस्कारों का मुझ पर बहुत गहरा असर रहा। बचपन में हम भाई-बहन घर में 'हनुमान चालीसा' और सुंदरकांड का पाठ किया करते थे। मैं सावन का व्रत रखा करती थी। कभी एक समय खाने पर तो कभी-कभी केवल तुलसी का पत्ता खाकर भी मैंने व्रत रखा है। खाना बनाने का शौक भी मुझे बचपन से ही रहा। सिलाई-बुनाई करनी भी मैंने बचपन में ही सीख ली थी। एक बार मैंने मात्र चार दिनों में अपनी दीदी के लिए एक स्वेटर बुन डाला। उस समय मैं सातवीं कक्षा में पढ़ती थी।

मेरा अपने दादाजी और दादीजी से बहुत लगाव था। बुआ भी हमें बहुत प्यार करती थीं। हमारे परिवार का अपना व्यवसाय था। पूरी तरह से संपन्न परिवार रहा है हमारा। घर में किसी चीज की कोई कमी नहीं थी। घर में नौकर थे। महाराज खाना बनाते थे। लेकिन इस सबके बावजूद माँ ने हमें हर छोटा-बड़ा घरेलू काम करना सिखाया। वह कहती थीं कि सब समय एक जैसा नहीं रहता, इसलिए इनसान को हर काम करना आना चाहिए और किसी भी काम को करने में शर्म महसूस नहीं करनी चाहिए।

मैंने अपने माता-पिता को खूब मेहनत करते हुए देखा है। वही संस्कार हम सभी भाई-बहनों में भी हैं। हम सभी खूब मेहनती हैं।

बचपन की शरारतें

बचपन में मैं बहुत ज्यादा शरारती थी, जिस वजह से खूब डाँट भी खाती थी। एक बार मैं अपनी बहन रजनी के बाल काट रही थी और गलती से मैंने उसका कान भी काट डाला। उसके बाद मैं डर गई और अपनी दूसरी बहन अंजू, जो कि रजनी से बड़ी थी, को रजनी के साथ डॉक्टर के पास भेज दिया। डॉक्टर ने सोचा, शायद यह शरारत अंजू की है, अतः अंजू की गलती समझकर उन्होंने उसे चाँटा मार दिया। हालाँकि मुझे इस बात का बहुत बुरा लगा कि मेरी गलती पर अंजू की पिटाई हो गई। खैर, घर में तो पिटाई मेरी ही होनी थी।

ऐसा ही एक और किस्सा है। एक बार मैं अनाज की बोरियों के ऊपर चढ़ते-चढ़ते इतनी ऊँचाई पर चढ़ गई कि एक के ऊपर एक रखी बोरियों का बैलेंस बिगड़ गया और मैं गिर गई। मुझे चोट आई, लेकिन अपनी इस शरारत पर घर में खूब डाँट भी पड़ी।

एक किस्सा और है, जब मैं सात साल की थी, तब सीढ़ियों से गिरने की वजह से मेरे पैर की हड्डी टूट गई और नौ महीने के लिए मेरे पैर में प्लास्टर चढ़ गया। उस दौरान जब भी मैं घर से बाहर निकलती तो बाहर आस-पड़ोस के बच्चे मुझे 'लँगड़ी कहकर पुकारते, चिढ़ाते' मेरा मजाक बनाते। उस समय मुझे बहुत गुस्सा आता था और खुद पर बहुत शर्मिंदगी भी महसूस होती।

एक और किस्सा बताना चाहूँगी। बात तब की है, जब मैं चौथी कक्षा में पढ़ती थी। मेरी एक सहेली थी रेवती। उसकी बड़ी बहन कल्याणी दीदी नौकरी करती थीं और हमेशा साड़ी पहनकर तथा अच्छी तरह तैयार होकर ऑफिस जाया करती थीं। उन्हें देखकर हमें बहुत अच्छा लगता था। एक दिन रेवती ने कहा कि

आज दीदी घर पर नहीं हैं। ऐसा करते हैं, हम दीदी की साड़ी पहनते हैं और उनकी तरह सजते हैं। हम सब सहेलियाँ खुश हो गईं और सभी सहेलियाँ रेवती के घर पहुँच गईं। हमने दीदी की साड़ियाँ पहनना शुरू किया। साड़ी पहननी तो किसी को आती नहीं थी, लेकिन यूँ ही लपेट-लपेटकर उनकी साड़ियाँ खोलकर पहनने की कोशिश करने लगे। कुछ लड़कियाँ उनके मेकअप के सामान को खोलकर मेकअप करने लगीं। इतने में पता चला कि दीदी घर आ रही हैं। हम सब डर गए और वहीं तुरंत उनकी साड़ियाँ यूँ ही फेंककर, उनके मेकअप के सामान को फैला हुआ छोड़कर वहाँ से भागे और सभी अपने-अपने घर पहुँच गए।

थोड़ी देर बाद रेवती हमारे घर आई और कहा कि दीदी बुला रही हैं। वह हम सबके लिए चॉकलेट लाई हैं। यह सुन हम सब भूल गए कि अभी तो थोड़ी देर पहले दीदी का सारा सामान फैलाकर वहाँ से भागे हैं। और हम सभी दीदी से चॉकलेट लेने फिर रेवती के घर पहुँच गए। दीदी ने सभी को लाइन से खड़ा किया और एक-एक करके सभी को चाँटे लगाए और बोलीं 'अब जाओ।' इस घटना को मैं कई बार याद करती हूँ और सोचती हूँ कि बचपन कितना मासूम था! कैसे हम झट से भूल गए कि हम तो रेवती की दीदी का सारा सामान बिखेरकर आए हैं। भला वह हमारी इस हरकत पर हमें चॉकलेट कैसे दे सकती हैं? लेकिन दीदी ने बुलाया तो चले गए चॉकलेट खाने और दीदी से चाँटे खाकर वापस घर आ गए।

पिताजी से सीखा योग

मेरे पिताजी अस्सी साल के हो गए हैं, पर आज भी योग करते हैं। योग करने की आदत मेरे अंदर बचपन से ही पिताजी को योग करते हुए देखकर आई। योग करने की आदत मेरी आज भी बरकरार है। चूँकि मैं योग करती रही हूँ, इसलिए फिट हूँ और मेरी सफलता में मेरी फिटनेस की भी बहुत बड़ी भूमिका रही है। योग ने मुझे मानसिक व शारीरिक रूप से हमेशा मजबूत बनाए रखा, वरना मेरी बचपन की पैर की चोट तो समय-समय पर दर्द करती ही रहती थी। इस दर्द का सामना तो मैं अब तक कर रही हूँ और सबसे ज्यादा तो मैंने इस दर्द को तब सहा, जब मैं सेवन सम्मिट कर रही थी।

खेलों से लगाव

मुझे बचपन से ही आउटडोर गेम्स खेलने का बहुत ज्यादा शौक था। स्कूल से घर आकर खाना खाया, होमवर्क किया और बाहर खेलने भाग जाती थी। हम

कई तरह के खेल खेलते थे, जो कि आज नजर भी नहीं आते। जैसे हम लोग एक खेल खेलते थे, जिसका नाम था 'अंगल कुट्टी', जो इमली, आड़ू के बीज और कंचों के साथ खेला जाता था। हम गुड़िया-गुड्डे का खेल भी खेलते। हमने खूब मस्ती की है बचपन में। बचपन कितना प्यारा होता है, दीन-दुनिया से बेखबर और सभी चिंताओं से मुक्त। आज जब बचपन में खेले उन खेलों को याद कर रही हूँ तो अपनी ताईजी की बेटियों—उमा, कुसुम और बुआ लीला की याद आ रही है। इन लोगों के साथ बचपन में मैंने खूब मस्ती की है। मेरे अंदर एक बात थी कि मुझे हारना बिल्कुल पसंद नहीं था और आज भी मुझे हार स्वीकार नहीं। कई बार खेलते हुए हम झगड़ पड़ते थे। ऐसे में माँ मुझे डाँटती। फिर शाम तक हम झगड़ा भूल जाते और हमारी दोस्ती हो जाती। खेलते-खेलते कब अँधेरा हो जाता था, कुछ पता ही नहीं चलता था। जब हमारा साईला यानी घरेलू नौकर हमें बुलाने आता कि 'माँ डाँट रही हैं, अँधेरा हो गया, तुम अभी तक खेल रहे हो', तब ध्यान आता कि अभी शाम का दीपक जलाने मुझे ठाकुरबाड़ी जाना है। मैं डरते-डरते माँ के पास जाती और हमेशा की तरह माँ मुझे डाँटती और बोलती कि 'बत्ती की कसम खाओ, अब कभी देर से घर नहीं आऊँगी। अँधेरा होने से पहले घर आओगी।'

मेरे भाई पढ़ाई और खेल दोनों में बहुत होशियार थे। वह फुटबॉल और लॉन टेनिस खेलते थे और इन खेलों में ट्रॉफी जीतकर भी लाते थे। भाइयों की ट्रॉफियों को देखकर कहीं-न-कहीं मन के एक कोने में मुझे भी लगता था कि काश, मैं भी कभी कोई ट्रॉफी जीतूँ! क्या मैं कोई ट्रॉफी जीत सकती हूँ? मैं खुद से सवाल भी करती। एक बार मेरा छोटा भाई किशन मैराथन में जीता। मैं भी इस प्रतियोगिता को देखने गई थी। मुझे बहुत अच्छा लग रहा था कि लोग मेरे भाई की तारीफ कर रहे हैं, उसे बधाई दे रहे हैं। ऐसा नहीं था कि मैं बस प्रतियोगिताएँ ही देख-देखकर ट्रॉफी जीतने का सपना देखती थी। मैं खुद भी खेलों में बढ़-चढ़कर हिस्सा लेती थी; लेकिन कभी जीत नहीं पाई। बचपन से मेरी यह आदत रही है कि मैं जो काम शुरू करती हूँ, उसे पूरा करके ही दम लेती हूँ। मुझे याद है, मैं स्कूल में दौड़ प्रतियोगिता में भाग लेती और अकसर पीछे रह जाती थी, लेकिन निर्धारित दूरी पूरी करने तक दौड़ती रहती। दौड़ का चक्कर जरूर पूरा करती थी, चाहे सबसे पीछे रह जाऊँ। यह बात बचपन से ही मेरे दिमाग में थी कि जो काम हाथ में लो, उसे पूरा करके ही रुको। जब पर्वतारोहण के दौरान कई बार कठिन स्थितियों का सामना किया। जब सबने कहा कि अब आगे बढ़ना मुश्किल है, वापस चलने में ही भलाई है, तब भी हमेशा दिमाग में यही रहा कि जिस लक्ष्य को लेकर घर से

इतनी दूर आई हूँ। उस लक्ष्य को प्राप्त किए बिना उसे अधूरा छोड़कर मैं वापस नहीं जा सकती। हारकर भी बार-बार प्रयास करने की मेरी इसी आदत ने मुझे विश्व के सभी महाद्वीपों के उच्च शिखरों तक पहुँचा दिया।

बचपन में बहुत डरपोक थी

आज बेशक मैंने पर्वतारोहण जैसे एडवेंचर स्पोर्ट में खूब नाम कमाया है, 'पद्मश्री' जैसे पुरस्कार भी मुझे मिल चुके हैं—और भी कई उपलब्धियाँ मैंने हासिल कीं, लेकिन एक सच तो यह भी है कि बचपन में मैं बहुत ज्यादा डरपोक थी। मुझे अँधेरे से बहुत डर लगता था। पानी से भी मैं बहुत डरती थी। सबसे ज्यादा डर मुझे ऊँचाई से लगता था। आज जब इन बातों के बारे में सोचती हूँ तो कई बार हैरान भी रह जाती हूँ कि कैसे मैंने इन सभी डरों पर विजय पा ली! कहाँ से आ गई मेरे अंदर इतनी हिम्मत कि एक आम घरेलू औरत से मैं विश्व के सातों शिखरों को छूनेवाली एक साहस से भरी हुई महिला के रूप में आज सबके सामने हूँ। लोग मेरे साहस की तारीफें करते हैं।

मेरी शिक्षा

मैं पढ़ाई में बहुत होशियार थी। इसी वजह से स्कूल में मुझे दो बार डबल प्रमोशन मिला। मैं दुर्गा दीदी से एक क्लास पीछे थी, पर रिजल्ट अच्छा होने के कारण मुझे उसके साथ प्रमोट कर दिया गया। अगले साल मेरा रिजल्ट फिर काफी अच्छा रहा और मुझे फिर एक क्लास आगे कर दिया गया। अब मैं दीदी से भी एक क्लास आगे पहुँच गई। हालाँकि मुझे इसका नुकसान ही हुआ, क्योंकि अब मेरे लिए पढ़ाई बहुत कठिन हो गई। कुछ भी समझने के लिए मुझे बहुत मुश्किल होने लगी, क्योंकि दो क्लास बिना पढ़े आगे की कक्षा में बैठ जाने से विषय को लेकर मेरी समझ पूरी तरह से विकसित नहीं हो सकी थी। मुझे लगता था कि मुझे ट्यूशन पढ़ना चाहिए; मगर घर में सभी को यह लगता था कि जब मैं पढ़ाई में अच्छी हूँ तो ट्यूशन की क्या जरूरत? नौवीं कक्षा तक आते-आते मुझे ट्यूशन लेना ही पड़ा और मैं अपने ताऊजी के बेटे दिनेश के साथ ट्यूशन जाने लगी। मेरा स्कूल को-एजुकेशन था और अंग्रेजी माध्यम से पढ़ाई होती थी। हमारे टीचर सभी नेपाली थे। हिंदी का एक विषय होता था, वह भी पाँचवीं कक्षा से। मैट्रिक की परीक्षा मैंने दार्जिलिंग से दी। मैट्रिक की परीक्षा की तैयारी के लिए मैं दार्जिलिंग चली गई। वहाँ मेरे छोटे दादा मक्खनलालजी कुछ साल पहले व्यापार के सिलसिले

में अपने परिवार समेत शिफ्ट हो गए थे। मैंने मैट्रिक की परीक्षा वहीं से उत्तीर्ण की और ग्यारहवीं में दाखिला ले लिया।

दार्जिलिंग में मेरे छोटे दादाजी के बड़े लड़के यानी मेरे चाचाजी सत्यनारायणजी ने आई.पी.एस. की परीक्षा दी और उसमें पास हो गए। उनकी इस सफलता में मेरे पिताजी का बहुत योगदान रहा। जब चाचाजी अपनी आई.पी.एस की डिग्री लेने गए तो उस समय के तत्कालीन राष्ट्रपति श्री वी.वी. गिरि के साथ उनकी एक तसवीर थी। उस तसवीर को देखकर सभी लोग उन्हें बहुत सम्मान की दृष्टि से देखते थे। मुझे लगता था कि मैं भी कुछ ऐसा ही करूँ। मैं बहुत पढ़ना चाहती थी। पर शायद यह मेरे नसीब में नहीं था क्योंकि आज से तीस साल पहले हमारे समाज में यही सोच थी कि लड़कियों को ज्यादा क्या पढ़ाना! शादी करके घर-परिवार ही तो सँभालना है, कौन सी नौकरी करनी है! इसलिए हाई स्कूल तक पढ़ाई पूरी होने के बाद परिवारवाले शादी की चिंता करने लगते।

दीदी की शादी के बाद परिवार में दूसरी लड़की मैं ही थी, जिसकी अब शादी होनी थी। लेकिन मैं जीवन में कुछ बनना चाहती थी, कुछ कर दिखाना चाहती थी। लेकिन क्या करना है, क्या बनना है? ऐसा कोई स्पष्ट लक्ष्य मेरे सामने नहीं था। मेरी एक आदत रही है, वह यह कि मैं जिस भी काम को हाथ में लेती हूँ, उसे पूरा जरूर करती हूँ। मैं अपना कोई काम अधूरा नहीं छोड़ती। बचपन में जब भी माँ कोई काम सौंपती, मैं उसे पूरा करके ही दम लेती—चाहे खाना बनाना हो, सिलाई-कढ़ाई हो या फिर छोटी बहनों को पढ़ाना हो। इसलिए परिवार में सभी लोग मुझे बहुत प्यार भी करते थे।

□

2

विवाह की तैयारी और परिवार की जिम्मेदारी

मेरे मामा भँवर लालजी भुवनेश्वर में रहते थे। वे मेरे लिए एक रिश्ता लेकर आए और बताया, 'लड़का अच्छा है। कलकत्ता में पढ़ रहा है और अपने चाचाजी के साथ रहता है। लड़के का परिवार जमशेदपुर में रहता है।' उसके बाद मेरे भाई लड़का देखकर आए और मुझसे बोले, 'मोटी, अब थोड़ी पतली हो जा। तुम्हारे लिए एक लड़का देखकर आए हैं। लड़का बहुत सुंदर है। कहीं तुम्हारा मोटापा देखकर तुम्हें 'न' न कह दे।' भाई की बात सुनकर मुझे बहुत गुस्सा आया और मैंने कहा, 'मुझे नहीं होना पतला। अगर उसे मुझे पसंद करना होगा तो इसी मोटापे के साथ करना होगा।' बस, मैं इतना जरूर चाहती थी कि वह लड़का अपनी इच्छा से मुझे 'हाँ' कहे। उस पर मुझे 'हाँ' करने के लिए किसी प्रकार का कोई दबाव न डाले। इसके बाद विमलजी के चाचा श्री बेनीप्रसादजी ने बात को आगे बढ़ाया। बेनीप्रसादजी की बात मेरे ससुरजी नहीं टालते थे। मेरे भाइयों को भी लड़का पसंद आ चुका था।

जब मेरी मुलाकात विमलजी से कराई गई तो मैंने पहला सवाल यही किया कि 'आप यह शादी अपनी मरजी से कर रहे हैं? आपके ऊपर किसी प्रकार का कोई दबाव तो नहीं है?' उन्होंने जवाब दिया कि 'नहीं, कोई दबाव नहीं है। मैं अपनी मरजी से तुमसे शादी करना चाहता हूँ।'

मुझे दहेज के लेन-देन से भी सख्त नफरत थी, इसलिए मैंने यह बात भी उसी समय उन्हें बता दी थी। जब उनके परिवार के बाकी सदस्यों से मिली तो होने वाले ससुरजी ने अंग्रेजी व हिंदी का अखबार पढ़कर सुनाने को कहा। उसके बाद बात

पक्की हो गई। उनके परिवार को मैं और मेरा परिवार पसंद आ चुका था और हमारे परिवार को विमलजी का परिवार पसंद आ चुका था।

जब बात पक्की हो गई, तब मैंने योग व व्यायाम करके अपना वजन दो महीने के अंदर दस किलो कम कर दिया। मैं जानती थी कि मैं अपना वजन कम कर सकती हूँ। लेकिन शादी करने के लिए कोई लड़का मुझे पसंद कर ले, इस मकसद से मैं अपना वजन कम नहीं करना चाहती थी। उसके बाद 10 दिसंबर, 1981 को मेरी शादी विमलजी से हुई। शादी के लिए हमारा पूरा परिवार व रिश्तेदार जमशेदपुर आए। चूँकि हम लोग दार्जिलिंग से आए थे, इसलिए हमारे लिए भी ससुरजी ने ही पूरा इंतजाम किया था। हमारी शादी का इंतजाम इतने बढ़िया तरीके से हुआ था कि लोग आज भी हमारी शादी को याद करते हैं।

मेरी ससुराल

शादी के बाद मैं जमशेदपुर आ गई। मेरी ससुराल भी मेरे मायके की तरह ही एक संयुक्त और संपन्न परिवार था। मेरे ससुर श्री कृष्ण कुमारजी, उनके दो छोटे भाई श्याम सुंदरजी एवं धनराजजी इन तीनों भाइयों का संयुक्त परिवार था। विमल के भाई-बहनों में सबसे बड़ी मंजू दीदी और उसके बाद विमल का नंबर था। विमल के बाद फिर मेरा छोटा देवर ललित और ललित से छोटी मेरी ननद अंजू। यानी घर में मैं बड़ी भाभी बनकर आई थी। मेरी बड़ी ननद मंजू दीदी की शादी हो चुकी थी। बड़े चाचाजी के परिवार में उनके दो लड़के संजय एवं संदीप और उनकी दो बेटियाँ सुमित्रा दीदी व सुनीता दीदी। और छोटे चाचाजी श्री धनराजजी के दो बेटे अनिल एवं अमित तथा बेटी अनीता थी। घर का माहौल बहुत शानदार था।

पति का सिनेमा का बिजनेस था। वे थिएटर सँभाला करते थे। मेरे ससुर श्री कृष्ण कुमारजी का दवा का कारोबार था। घर में गाड़ी थी, महाराज थे खाना बनाने के लिए। रविवार को सब लोग मिलकर बाहर खाना खाने जाते। ससुराल आकर मैंने सबसे पहले सबको मोमोज बनाकर खिलाए। उस समय जमशेदपुर में मोमोज खाना चलन में नहीं था, लेकिन दार्जिलिंग में मोमोज व चाऊमीन खाने का काफी चलन था और मैं अकसर घर में मोमोज व चाऊमीन बनाती रहती थी। लेकिन यहाँ ससुरालवालों के लिए यह एक नई डिश थी। उस समय सभी ने कहा कि उन्हें यह डिश पसंद आई, लेकिन पता नहीं, सच में पसंद आई थी या फिर सभी नई बहू का दिल रखने के लिए ऐसा बोल रहे थे।

मेरे ससुरजी बोले, 'अरे बहू, यह समोसा तो थोड़ा कच्चा रह गया है। इसे तेल

में तल दो।' फिर मैंने उन्हें बताया कि 'यह समोसा नहीं, मोमोज है। चाइनीज डिश है। इसे इसी प्रकार भाप में पकाया जाता है।' खैर, वह भी बहुत अच्छा अनुभव रहा। जो आज भी हम लोग कई बार बातचीत में याद करते हैं।

मैं बड़ी भाभी थी, इसलिए मुझे सभी का बहुत प्यार व दुलार मिलता रहा। घर के बड़ों ने हमेशा मेरा साथ दिया तो छोटे देवर व ननद का सहयोग भी मुझे हर काम में मिला। मेरे लिए मेरी ननद छोटी बहन की तरह और देवर भाई की तरह था। दोनों ने मुझे मेरे भाई-बहनों की कमी महसूस नहीं होने दी। मैं उनके साथ बहुत जल्दी घुल-मिल गई। मेरी ननद गिटार सीखने जाती थी तो मैं भी जाने लगी। उसने सॉफ्ट टॉयज बनाने सीखे तो मैं भी सीखने लगी। लेकिन मेरी सास को कभी-कभी ऐसा लगता था कि मैं घर की बहू हूँ तो मुझे बहू की तरह ही रहना चाहिए। वे अपनी जगह सही थीं, लेकिन उस समय मैं भी कम ही उम्र की थी। उस समय तक मुझे कुछ समझ नहीं आता था कि यह मेरी ससुराल है और यहाँ मेरी भी कोई जिम्मेदारी है। एक साल बाद जब मेरी बेटी पैदा हुई, तब मुझे अपनी पारिवारिक जिम्मेदारी का अहसास हुआ।

घर आया नन्हा मेहमान

जब सबको पता चला कि मैं माँ बनने वाली हूँ तो पूरा घर मेरी देखभाल और खिदमत में लग गया। इस दौरान सबसे ज्यादा मेरी देखभाल मेरी सास ने ही की। वे मेरी छोटी-छोटी बातों का खयाल रखतीं। मेरी ननद मेरी हर छोटी-बड़ी जरूरत पर ध्यान देती। परिवार की इस देखभाल के चक्कर में मेरे पति बेफिक्र हो गए। शादी के 11 महीने बाद मेरी पहली बेटी का जन्म हुआ। इस मौके पर सभी बहुत ज्यादा खुश थे। घर में बहुत बड़ी पार्टी रखी गई। मेहमानों की लंबी लिस्ट तैयार हुई और कई मेहमान आए। कई लोग तो इस मौके पर लड़कों को दिए जाने वाले गिफ्ट लेकर आए, क्योंकि कई लोगों को ऐसा लगा कि जब इतनी बड़ी पार्टी कर रहे हैं तो जरूर लड़का ही हुआ होगा। बहुत प्यार और सम्मान मिला मुझे। बड़ी बेटी का नाम हमने 'प्रियांशा' रखा। उसके जन्म के साढ़े चार साल बाद मेरी दूसरी बेटी 'राजश्री' का जन्म हुआ। और इस बार भी घर में पहले की तरह ही खुशियाँ मनाई गईं। विमल ने कहा कि हम कितने भाग्यशाली हैं कि भगवान् ने हमें दो बेटियाँ दी हैं। अब हमारे घर में दो दामाद आएँगे बेटे के रूप में। उनकी बात सुनकर मेरे मन में जो थोड़ी-बहुत शंका थी, वह भी दूर हो गई। मैं इस मामले में खुशनसीब रही हूँ, क्योंकि मेरे मायके में भी कभी इस प्रकार का भेद नहीं रहा। मेरे पिताजी तो कहा करते थे कि मेरी सात बेटियाँ नहीं, बल्कि सात बेटे हैं।

परिवार और बच्चों में सिमट गई दुनिया

दूसरी बेटी होने के बाद मेरी पूरी दुनिया बस घर-परिवार की जिम्मेदारियों और बच्चियों की देखभाल में ही सिमटकर रह गई। मैंने अपना पूरा ध्यान बस, अपनी बेटियों की अच्छी परवरिश में लगा दिया। मैं अधिकतर समय अपनी बेटियों को अपनी सास के पास ही रखती, क्योंकि मुझे अपने से ज्यादा अपनी सास पर भरोसा था। मैं अपने परिवार और बच्चों के साथ, उनके बीच, बहुत ज्यादा खुश थी और तरह-तरह की प्लानिंग करती रहती थी। मैं चाहती थी कि मैं अपनी बेटियों को सबकुछ सिखाऊँ, उन्हें ऑलराउंडर बनाऊँ। वे खूब पढ़ाई करें। जो मैं न कर सकी, वह सब मेरी बेटियाँ करेंगी। यही हमेशा मेरे दिमाग में चलता रहता था।

शादी के बाद भी मैं योग करती रही। जब भी मुझे समय मिलता, मैं योग करती। मैं योग करने के लिए हमेशा ऐसा समय चुनती थी, जिससे मेरा कोई काम न रुके। यानी सुबह 11 से 12 बजे का समय मेरे लिए सबसे उपयुक्त समय होता था, क्योंकि तब तक मैं अपने सभी घरेलू कामों को पूरा कर चुकी होती थी। और एक घंटे का समय मेरा फ्री टाइम होता था, जिसे मैं यूँ ही लेटकर या आराम करके खराब नहीं कर सकती थी। इसलिए इस समय मैं योग करती थी। मेरे दिमाग में हमेशा यही चलता रहता था कि मेरी वजह से किसी को परेशानी न हो, मेरे व्यक्तिगत कामों से मेरी घरेलू जिम्मेदारियाँ प्रभावित न हों। एक घंटा योग करने के बाद मैं फिर दिन के भोजन की तैयारियों में लग जाती।

माँ बनने के बाद अकसर महिलाओं का वजन बढ़ जाता है, मेरा भी बढ़ा। जब मेरी छोटी बेटी हुई, तब मेरा वजन 75 किलो हो गया था। मैंने फिर दो महीने योग किया और थोड़ा सा अपनी डाइट पर कंट्रोल किया और अपना 15 किलो वजन कम कर लिया। मैं मानती हूँ कि यदि आपको योग करने की सही जानकारी है और नियमपूर्वक आप योग करते हैं तो आप खुद को बहुत अच्छे से फिट रख सकते हैं। और स्वस्थ रह सकते हैं। रही बात वजन की तो वजन कम करना या बढ़ाना, यह पूरी तरह से इनसान के खुद के हाथ में होता है। इसलिए महिलाओं को अपना वजन बढ़ने की चिंता नहीं करनी चाहिए, बल्कि योग करना चाहिए और बढ़े हुए वजन को योग करके कंट्रोल में रखना चाहिए। चूँकि मैं योग करना जानती हूँ, इसलिए कई महिलाएँ मुझसे पूछती भी हैं कि हमें कौन-कौन सी एक्सरसाइज करनी चाहिए? और मैं उन्हें सलाह भी देती हूँ। वजन बढ़ना इतनी बड़ी समस्या नहीं है, बल्कि जानकारी के अभाव में महिलाओं ने इसे बड़ी समस्या बना लिया है। बस, कुछ

समय अपने लिए निकालिए, फिर देखिए!

खैर, अब अपनी बात करती हूँ। इस तरह मैंने पहले अपना वजन शादी के वक्त कम किया था, लगभग 10 किलो। और अब दूसरी बार अपनी बेटी के जन्म के बाद 15 किलो कम किया। दूसरी बेटी के जन्म के बाद तो मैं पूरी तरह से घर-परिवार में इस तरह सिमटकर रह गई कि पता ही नहीं चलता था कि कब सुबह से शाम हो गई और पूरा दिन कैसे बीत गया! बस, हमेशा बच्चों के उज्ज्वल भविष्य के सपने, उन्हें ऑलराउंडर बनाने का खयाल मेरे दिमाग में चलता रहता था। उनकी देखभाल करना, उन्हें पढ़ाना, स्कूल का होमवर्क कराना, उनकी छोटी-छोटी बातों का खयाल रखना—बस इन्हीं कामों में मेरा सारा समय चला जाता था।

मैं अपनी बेटियों को हर खुशी देना चाहती थी। उनकी हर जरूरत का खयाल रखती। मैं तो जीवन में कुछ न कर सकी, लेकिन बेटियों को पढ़ा-लिखाकर जरूर अपने पैरों पर खड़ा करना है, यही सोचती थी। मैंने अपनी बेटियों का दाखिला जमशेदपुर के सर्वश्रेष्ठ स्कूल 'सीक्रेट हार्ड कॉन्वेंट' में कराया। अब मेरी जिम्मेदारी बच्चियों को लेकर और ज्यादा बढ़ चुकी थी। अब मेरा पूरा ध्यान केवल उनकी पढ़ाई-लिखाई पर केंद्रित था। मैं अपनी दोनों बेटियों की छोटी-छोटी चीजों का खयाल रखती। उनकी पसंद-नापसंद को देखते हुए उनका टिफिन बनाती। एक बेटी को भिंडी तो दूसरी को आलू पसंद है। दोनों को उनकी पसंद की चीजें बनाकर खिलाती। उन्हें खूब पढ़ाती, उनके साथ खेलती। इस दौरान मुझे अपने पति का पूरा सहयोग और प्रोत्साहन मिला। उन्हीं का सहयोग था कि मैं यह सब कर पा रही थी। जैसा कि मैंने पहले भी बताया कि मैं अपनी बच्चियों को ऑलराउंडर बनाना चाहती थी, इसलिए मैंने उनके शौक के अनुसार हॉबी क्लासेज में भी भेजा; जैसे गायन, नृत्य और खेलों में। मेरी बेटियाँ लॉन टेनिस खेलने जे.आर.डी. स्पोर्ट्स कॉम्प्लेक्स जाती थीं, जो कि हमारे घर से एक किलोमीटर पैदल का रास्ता था। वहाँ और भी बच्चों की माँएँ आती थीं। मैं भी उनके साथ बैठकर बच्चों की क्लास खत्म होने का इंतजार करती थी। लेकिन जल्दी ही मुझे इस बात का अहसास हुआ कि मैं अपना समय बरबाद कर रही हूँ। इससे बेहतर तो यह है कि मैं यहाँ का फिटनेस सेंटर जॉइन कर लूँ। जब तक बच्चों की क्लास चलेगी, मैं भी कुछ समय अपनी फिटनेस को दे सकूँगी। मैं फिटनेस को लेकर हमेशा से जागरूक रही हूँ, इसलिए मैंने फिटनेस सेंटर जॉइन कर लिया। खुशी-खुशी समय भी आगे बढ़ता जा रहा था और समय के साथ-साथ मैं भी आगे बढ़ रही थी—अपनी आँखों में दोनों बेटियों के लिए कई तरह के सुंदर सपनों को लिये।

□

3

जिंदगी का टर्निंग पॉइंट

एक दिन फिटनेस सेंटर में मिस्टर कपाड़िया आए, जो कि सुप्रसिद्ध पर्वतारोही बचेंद्री पाल के ऑफिस से आए थे। उन्होंने हमसे कहा कि 'आज हम आपको एक फिल्म दिखाने वाले हैं। यह फिल्म उत्तरकाशी में दस दिन चलनेवाले हमारे एडवेंचर स्पोर्ट बेसिक कोर्स की है। मुझे यकीन है कि यह छोटी सी फिल्म आप लोगों को बहुत अच्छी लगेगी।' फिर हम सभी औरतें, जो अपने बच्चों को लेकर वहाँ जाती थीं, सबने वह फिल्म देखी। बहुत ही रोमांचकारी फिल्म थी पर्वतारोहण की। फिल्म हम सभी औरतों को पसंद आई। लेकिन उस फिल्म ने मुझे भीतर तक बहुत ज्यादा प्रभावित किया। मैं मन–ही–मन सोच रही थी कि जब मेरी बेटी थोड़ी बड़ी हो जाएगी, तब मैं उसे भी यह कोर्स करने जरूर भेजूँगी।

उस समय अपने लिए इस तरह की कल्पना करना तो मैं स्वप्न में भी नहीं सोच सकती थी। मुझे एक पल भी घरेलू कामों से फुरसत नहीं मिलती थी, फिटनेस सेंटर भी इसलिए जॉइन कर सकी, क्योंकि इस दौरान मेरी बेटियाँ टेनिस खेलती थीं। और दो घंटे का समय मैं यूँ ही बैठे–बैठे जाया नहीं कर सकती थी। समय बरबाद न हो, इसलिए मैंने फिटनेस सेंटर जॉइन किया था।

वह फिल्म मुझे बहुत ज्यादा प्रभावित कर चुकी थी। इतनी ज्यादा कि मेरे दिमाग में बस वही फिल्म घूमती जा रही थी। उस फिल्म में दिखाई गई रोमांचकारी ट्रेनिंग मेरे अंदर रोमांच भर रही थी। और मैं यही सोच रही थी कि मेरी बेटी कब यह सब कर पाएगी?

घर आकर मैंने पति को फिल्म के बारे में बताया और कहा कि हम भी अपनी बेटी को एडवेंचर कोर्स के लिए भेजेंगे।

पति ने कहा, 'ठीक है, भेज देंगे, थोड़ी बड़ी तो हो जाने दो।'

फिर मैंने 'दलमा हिल वॉकिंग कंपटीशन' के बारे में पढ़ा। यह कार्यक्रम हर साल बचेंद्री पाल के नेतृत्व में आयोजित होता है और हर साल भारी संख्या में हर आयु वर्ग के लोग और खासतौर पर स्कूलों के बच्चे इसमें भाग लेते हैं। यह बहुत ही रोमांचक ट्रैकिंग होती है। मैंने भी इसमें भाग लिया और अपने साथ की महिलाओं में पूरे उत्साह के साथ सबसे आगे चल रही थी। ट्रैकिंग करने में मुझे बहुत अच्छा लग रहा था। यह बात सन् 1999 की है और इस बार इस कंपटीशन में मुझे तीसरा पुरस्कार मिला। पुरस्कार तो मुझे बचपन से ही बहुत आकर्षित करते रहे थे, लेकिन मिलते नहीं थे। बचपन में मैं अपने भाई की ट्रॉफियों को देखकर ललचाती रहती थी और सोचती थी कि काश, मुझे भी कभी कोई ट्रॉफी मिलती! अंदर की बात तो यह भी है कि बचपन में मुझे लगता था कि मैं बाजार से अपने लिए कोई ट्रॉफी खरीदकर ले आऊँ! इतना ज्यादा महत्त्व रहा है मेरे लिए ट्रॉफी का। इसलिए जब यह पुरस्कार मुझे मिला तो आप सोच सकते हैं कि यह मेरे लिए कितनी खुशी और गर्व का विषय रहा होगा! मैं इतनी खुश थी कि अपनी इस खुशी को बयाँ नहीं कर पा रही थी। मुझे ऐसा लग रहा था कि मैंने जाने क्या जीत लिया है।

जब मैं सर्टिफिकेट लेने बचेंद्री पाल के ऑफिस गई तो उनके कमरे में जाते ही मेरी नजर दीवार पर लगी उस बड़ी सी फोटो पर पड़ी, जो उनके द्वारा एवरेस्ट पर तिरंगा फहराते वक्त की थी। मैं उस फोटो को देखकर बहुत प्रभावित हुई। मैं उस फोटो को देखती ही रह गई। पहली बार मुझे उनसे मिलने का सौभाग्य प्राप्त हुआ था। फिर उन्होंने मुझे मेरा सर्टिफिकेट दिया और हमारे बीच बातचीत शुरू हो गई। वे जिस प्रकार बात कर रही थीं, मैं उनसे और ज्यादा, बहुत ज्यादा प्रभावित होती चली गई। फिर मैंने उन्हें कहा कि मैडम, हमने पिछले दिनों उत्तरकाशी के एडवेंचर स्पोर्ट्स बेसिक कोर्स की फिल्म देखी। फिल्म देखकर मैं बहुत प्रभावित हूँ। मेरी बेटी जे आर.डी. स्पोर्ट्स कॉम्पलेक्स में टेनिस सीखने आती हैं। जब वो थोड़ी और बड़ी हो जाएँगी तो उसे मैं यह कोर्स जरूर कराना चाहूँगी। मेरी बात सुनकर बचेंद्रीजी बोलीं, 'बच्ची तो ठीक है, लेकिन आप क्यों नहीं? आप भी यह कोर्स कर सकती हो।'

'मैंने कहा,' यह आप क्या बोल रही हैं? मैं···और इस उम्र में···?'

मुझे उनकी बात सुनकर बहुत ताज्जुब हुआ कि बचेंद्रीजी यह क्या बोल रही हैं।

मैंने कहा, 'मैं 35 साल की हो चुकी हूँ।'

वह बोलीं, 'तो क्या हुआ! आप इस उम्र में भी जा सकती हो। उम्र कोई मायने नहीं रखती। इनसान की विल पावर स्ट्रॉन्ग होनी चाहिए। विल पावर स्ट्रॉन्ग होगी तो वह किसी भी उम्र में क्यों न हो, व्यक्ति कठिन-से-कठिन काम कर सकता है। एडवेंचर कोर्स कोई बहुत कठिन नहीं होता और उसमें बहुत सी चीजें सिखाई जाती हैं, जो आपके जीवन भर काम आएँगी'।

कहाँ तो मैं अपनी बच्चियों की बात कर रही थी और कहाँ बचेंद्रीजी मुझे ही एडवेंचर कोर्स करने की सलाह देने लगीं। उस समय तो मैं मुसकरा दी और चली आई, लेकिन मैं जानती थी और महसूस भी कर रही थी कि यह सब वे मुझे मजाक में नहीं, बल्कि सच में बोल रही हैं। आगे वे बोलीं कि मुझे यहाँ से पाँच लोगों को उत्तरकाशी भेजना है। आप भी अपनी बेटी के साथ जाइए। मैंने फिर कहा कि आप मुझे जाने के लिए कह रही हैं?

बचेंद्रीजी बोलीं, 'हाँ, आप। जब आपकी बेटी जा सकती है तो फिर आप क्यों नहीं? कहा न, पर्वतारोहण के लिए उम्र कोई बाधा नहीं होती।'

उसके बाद तो उनके ये शब्द मेरे कानों में गूँजने लगे, 'उम्र कोई बाधा नहीं है।' रास्ते भर बार-बार यह शब्द कानों में गूँजता रहा। मैं अंदर से बहुत ज्यादा खुश थी। रास्ते में मैं यही सोचती हुई आ रही थी कि बचेंद्री पाल जैसी महान् महिला को मुझमें ऐसा क्या दिखाई दिया, जो उन्होंने मुझे यह कहा। क्या मैं कर पाऊँगी? क्या सब लोग इस बात के लिए राजी हो जाएँगे? न जाने कितने ही सवालों से मैं घिरी हुई थी और बहुत ही बेसब्री से पति के घर आने का इंतजार कर रही थी कि कब वे घर आएँगे और मैं उन्हें बताऊँगी कि आज बचेंद्री पाल ने मुझसे क्या कहा!

इतनी बड़ी बात कही कि मैं इस उम्र में भी···।

लेकिन मैं विमल से कहूँगी क्या?

हिम्मत कैसे जुटाऊँगी?

मन में यह भी लग रहा था कि मैं पूछ भी क्या रही हूँ?

क्या मुझे पूछना चाहिए? मेरी इस बात पर विमल की प्रतिक्रिया क्या होगी? यह सोचकर भी घबराहट हो रही थी। खैर, शाम को जब वे घर आए तो मैंने काफी हिम्मत जुटाकर घबराते हुए उन्हें यह बात बताई।

मेरी बात सुनकर वे बोले, 'यदि बचेंद्रीजी ऐसा बोल रही हैं तो एक बार तुम्हें इस बारे में सोचना चाहिए। मैं भी घर में माँ-बाबूजी से बात करता हूँ।'

पति की बातों ने मुझे प्रोत्साहित किया। सच तो यह है कि जिस परिवेश से मैं

आती हूँ, वहाँ इस प्रकार के साहस से भरे खेलों की बात करना तो बहुत बड़ी बात है।

जब विमल ने यह बात घर में बाकी सभी लोगों के साथ साझा की तो मेरे ससुरजी बोले, 'क्या हर्ज है? जाना चाहिए। वैसे भी, जब प्रियांशा जा रही है तो ठीक है, उसकी माँ भी साथ में चली जाएगी।'

फिर मैं बचेंद्रीजी से मिली और उनसे कहा कि मैं एडवेंचर कोर्स करने के लिए तैयार हूँ। घर में सभी लोग राजी हो गए हैं। फिर उन्होंने मुझे बताया कि कुछ दिनों बाद सत्रह दिनों का एडवेंचर कोर्स शुरू होगा, जिसमें यहाँ से पाँच लोगों को उत्तरकाशी जाना है।

उस समय मुझे पिताजी के वे शब्द याद आ रहे थे कि जिंदगी में कुछ भी असंभव नहीं है। सबकुछ संभव किया जा सकता है। ये शब्द लगातार मेरी हिम्मत बढ़ा रहे थे। दूसरी ओर पति व पूरे परिवार का साथ, सहमति और भरोसा भी अब मेरे साथ था। सबसे बड़ी बात, बचेंद्रीजी ने जो मुझ पर इतना बड़ा भरोसा किया था, उस भरोसे का मान भी तो मुझे रखना था। इसलिए मन इस विश्वास से भरा हुआ था कि प्रेमलता, तू अकेली नहीं है। इतने लोगों की आस और विश्वास तेरे साथ है, फिर क्यों डर रही है?

किसी भी व्यक्ति के लिए, जो पर्वतारोहण के बारे में सोच रहा है, इस क्षेत्र में आगे कुछ करके दिखाना चाहता है, यह एडवेंचर कोर्स पहला कदम होता है।

अब तक मुझे यही लग रहा था कि बचेंद्रीजी भी हमारे साथ उत्तरकाशी जा रही हैं। जब मैंने उनसे पूछा कि आप भी हमारे साथ चल रही हैं न? तो वे बोलीं, 'नहीं, मैं नहीं जा रही। आप पाँच लोग ही जा रहे हो। आप पाँचों अपना रिजर्वेशन करा लो।' मैं मन-ही-मन बहुत ज्यादा परेशान हो गई। यह कैसे हो सकता है? क्या हम अकेले जाएँगे?

मैं कभी अकेले कहीं बाहर नहीं गई थी। जब भी कहीं भी जाना होता तो पति के साथ ही जाती थी या फिर परिवार का कोई-न-कोई सदस्य मेरे साथ जरूर होता था। जब घर में बताया कि हम पाँच ही लोगों को जाना है, हमारे साथ कोई नहीं जा रहा तो थोड़ा-बहुत घरवाले भी परेशान हो गए, क्योंकि वे भी यही समझ रहे थे कि बचेंद्रीजी भी साथ जा रही हैं। परिवारवाले यह भी समझते थे कि उत्तरकाशी इतनी दूर अकेले मेरे लिए जाना आसान नहीं। साथ में बेटी भी थी, इसलिए घरवालों को ज्यादा चिंता थी। लेकिन जाना तो तय हो चुका था, इसलिए उन्होंने मुझे कई तरह की हिदायतें भी देनी शुरू कर दीं; जैसे—ट्रेन से उतरना नहीं। ऐसा न हो कि तुम पानी या चाय-कॉफी के लिए उतरो और इतने में ट्रेन चली

जाए। किसी से बात मत करना। ट्रेन में कोई अजनबी कुछ पूछे तो कुछ मत बताना कि तुम लोग कहाँ जा रहे हो, क्यों जा रहे हो। अकेले हो···। इस तरह सुरक्षा से जुड़ी कई तरह की सलाहें जब तक हम उत्तरकाशी के लिए रवाना नहीं हुए, तब तक हमें मिलती रहीं।

जमशेदपुर से उत्तरकाशी तक का सफर

29 अप्रैल को हम जमशेदपुर से दिल्ली के लिए 'उत्कल एक्सप्रेस' से रवाना हुए। बहुत ही बोरिंग ट्रेन थी। गरमी भी बहुत ज्यादा पड़ रही थी। चूँकि हम एडवेंचर कोर्स के लिए जा रहे थे, इसलिए हमारा रिजर्वेशन ए.सी. कोच में न होकर स्लीपर क्लास में किया गया था। लेकिन हम सभी जोश से भरे हुए थे। सभी पहली बार घर से दूर अकेले अपनी हिम्मत के बल पर जा रहे थे, इसलिए मन में जोश बहुत ज्यादा था। यह भी सोच रहे थे कि अगर हम अपने घरवालों के साथ कहीं जाते तो ए.सी. कोच में जाते और एक कोने में चुपचाप बैठे रहते। लेकिन यहाँ तो हम पाँचों अकेले थे। न कोई रोकनेवाला था, न टोकनेवाला था। सभी लोग मस्ती से अपनी सीटों पर खूब फैल-फैलकर बैठे। घर से कहा गया था कि किसी स्टेशन पर पानी के लिए मत उतरना; लेकिन यहाँ कौन देखने वाला था, हम उतरे। लेकिन इस बात का भी डर रहता था कि कहीं सच में ट्रेन चली न जाए, इसलिए तुरंत ट्रेन में वापस अंदर आ जाते। छोटा सा भी स्टेशन आता तो हम उतर जाते, चाहे किसी चीज की जरूरत न भी हो। मैं तो मानो कुछ समय के लिए यह भूल ही गई थी कि मैं दो बच्चों की माँ हूँ। बस, बच्चों के साथ बच्चों की-सी मस्ती करने का मन करने लगा।

सच कहूँ तो इस यात्रा ने मुझे मेरा बचपन याद दिला दिया था। जिस तरह की शरारतें मैं बचपन में किया करती थी। सालों बाद फिर कुछ घंटों के लिए ही सही, मैंने फिर से अपने बचपन को जिया। यहाँ हम सभी अपनी मरजी के मालिक थे। सब लोग भूल गए थे कि घरवालों ने क्या-क्या बोलकर हमें भेजा है। मैं भी खूब मस्ती के मूड में थी। पता नहीं कहाँ से इतनी शरारत और साथ ही आत्मविश्वास मेरे अंदर अचानक आ गया था, शायद इसलिए भी कि हम लोग एडवेंचर ट्रेनिंग के लिए जा रहे थे—कुछ नया करने के लिए, नया सीखने के लिए।

सच कहूँ, जितनी मस्ती हमने दिल्ली पहुँचने तक की, जितना मजा हमें इस बार आया, उतना तो कभी किसी ए.सी. डिब्बे में बैठकर यात्रा करने पर भी नहीं आया था। वैसे भी, यह यात्रा अपने आप में हमारे लिए किसी एडवेंचर से कम

नहीं थी। पहली बार घर से अकेले जो निकले थे। हमारी ट्रेन सीधा उत्तरकाशी तक नहीं थी। हमें पहले जमशेदपुर से दिल्ली और फिर दिल्ली से हरिद्वार, फिर ऋषिकेश और उसके बाद उत्तरकाशी पहुँचना था। समझा जा सकता है कि यह यात्रा किस प्रकार हम लोगों के लिए किसी एडवेंचर कोर्स की तरह ही थी। मैं तो इस यात्रा को भी अपनी बड़ी उपलब्धि में शामिल कर रही थी। बड़ी बात यह भी थी कि अभी तो हम 'नेहरू इंस्टीट्यूट ऑफ माउंटेनियरिंग' में पहुँचे भी नहीं थे। अभी तो हमें यह भी नहीं पता था कि इस कोर्स में हमें क्या-क्या काम करने होंगे। उससे पहले ही हम इतने उत्साह से भर चुके थे।

यात्रा के दौरान ट्रेन में थोड़ी देर के लिए लाइट चली गई। हम लोग तो पूरा इंतजाम करके घर से चले थे, इसलिए हमारे पास टॉर्च और मोमबत्तियाँ भी थीं। इसलिए जैसे ही लाइट गई, हमने मोमबत्तियाँ जला दीं। इतने में बगल की सीट पर दो-तीन आवारा किस्म के लड़के आकर बैठ गए। हमें थोड़ा सा डर भी लगने लगा। लेकिन फिर हमने सोचा, हम तो एडवेंचर कोर्स की ट्रेनिंग में जा रहे हैं, हमें डरना नहीं चाहिए। इसलिए हिम्मत से काम लिया। इतने में हममें से ही किसी ने कहा कि ट्रेन में पहली बार देख रहे हैं लाइट जाते हुए। तो इतने में वे लड़के बोल पड़े, 'हम भी पहली बार देख रहे हैं, ट्रेन में लोगों को मोमबत्ती जलाते हुए।' इतना कहते वे हमारी तरफ आने लगे। मैं मन-ही-मन घबरा भी रही थी; लेकिन फौरन बोल पड़ी कि क्या करें, हम लोग पुलिस में हैं। कई बार जंगलों में भी रहना पड़ता है, इसलिए टॉर्च और मोमबत्ती तो साथ में रखनी ही पड़ती है। इतना सुनना था कि वे लड़के खिसककर दूसरे डिब्बे में पहुँच गए। उन्हें खिसकता देख हम लोग बहुत हँसे। हमें खुशी भी हुई कि हमने बुद्धिमानी और हिम्मत से काम लेकर उन आवारा लड़कों को डिब्बे से भगा दिया। इस घटना के बाद तो हमारे अंदर और ज्यादा हिम्मत आ गई।

हम दिल्ली पहुँच चुके थे। वहाँ से हमें हरिद्वार के लिए बस पकड़नी थी और फिर रात को वहीं ठहरना था। रात को हरिद्वार में हम 10-11 बजे तक गंगा के किनारे घूमते रहे। दूसरे दिन ऋषिकेश के लिए ऑटो पकड़ा और फिर वहाँ से उत्तरकाशी के लिए बस पकड़ी। यह पूरा सफर हमारे लिए एडवेंचर ही था, जिसमें सबकुछ हम खुद ही तय कर रहे थे। कोई हमें गाइड करनेवाला या रोकने-टोकनेवाला नहीं था। बहुत ही सुखद अहसास था कि हम भी कुछ हैं। अकेले कहीं भी आ-जा सकते हैं। हमारा भी अपना कोई अस्तित्व है। हम भी कुछ कर सकते हैं। पहली बार अपने अंदर छिपे इस आत्मविश्वास और साहस को हम सभी महसूस कर रहे थे।

फिर बिना किसी परेशानी के सही-सलामत उत्तरकाशी पहुँचकर हमने घर पर फोन लगाया कि हम लोग कुशलपूर्वक उत्तरकाशी पहुँच गए हैं। यह बताते हुए इतनी खुशी हो रही थी कि इस छोटी सी यात्रा को हमने कितना इंजॉय किया। इस यात्रा से कितना कुछ सीख लिया। हमारे आत्मविश्वास का स्तर कितना बढ़ गया है। उस समय तो हमें अपनी आवाज में भी आत्मविश्वास की एक झलक दिख रही थी। अपनी ही आवाज बदली हुई-सी लग रही थी। एकदम आत्मविश्वास से भरी हुई आवाज! अभी, जबकि जिस काम के लिए हम उत्तरकाशी आए थे, उस काम का मजा तो हमने लिया ही नहीं था। लेकिन उससे पहले ही हम पूरी तरह से आत्मविश्वास से लबरेज थे। एक रोमांचक यात्रा का मजा जो चख चुके थे।

□

4

नेहरू इंस्टीट्यूट ऑफ माउंटेनियरिंग

एन.आई.एम. में एडवेंचर कोर्स

2 मई, सन् 2000, मन सुबह से ही खुशी से झूम रहा था। हम भंडारी होटल में ठहरे हुए थे। होटल में टी.एस.ए.एफ. का बैनर देखकर बहुत गर्व महसूस हो रहा था, क्योंकि यह हमारे क्लब का बैनर था। एन.आई.एम. यानी 'नेहरू इंस्टीट्यूट ऑफ माउंटेनियरिंग' बहुत ही शानदार जगह है, बहुत ही शांत। एकदम मन को मोह लेनेवाली जगह। जो एक बार यहाँ आ जाए, इस जगह को देख ले, वह इसे कभी भूल नहीं सकता। यहाँ इस कोर्स के लिए देश-विदेश से बहुत सारे लोग आए हैं। शुरू के दो दिन तक तो हम पाँच लोग जो जमशेदपुर से आए थे, अलग-थलग अपने में ही मस्त रहे। किसी से दोस्ती नहीं, किसी से कोई बातचीत भी नहीं। लेकिन फिर, धीरे-धीरे हम सभी लोग आपस में घुल-मिल गए। और फिर तो बहुत जल्दी ही हम सब में बहुत अच्छी दोस्ती भी हो गई।

यहाँ हमारा पूरे दिन का टाइम-टेबल सेट था। सुबह 5 बजे उठना। 6 बजे से 7.30 तक हम पी.टी. करते। फिर 8 बजे सब मिलकर नाश्ता करते। उसके बाद 8.30 बजे से हमारी ट्रेनिंग शुरू हो जाती, जिसमें हमें बहुत कुछ सीखने को मिल रहा था। हम ऐसे-ऐसे काम कर रहे थे, जो अब तक हमने कभी नहीं किए थे, कभी नहीं सोचे थे, जैसे—सीढ़ी पर ऊँचाई तक चढ़ना और फिर उतरना। वहाँ ऊँचाई पर एक मंदिर था। हम सब वहाँ तक दौड़कर जाते और फिर ऊपर से नीचे आते। रॉक क्लाइंबिंग सीखी। लॉन्ग जंप, हाई जंप, दौड़ते हुए जाना और टायर के बीच से निकलकर आगे भाग जाना। स्पाइडर नेट पर चढ़ना और उतरना। छोटी-

छोटी जगहों के बीच से निकलना, पुलअप करना, क्रॉलिंग करना। ऊँचाई पर चढ़ने का अभ्यास करना। हम खूब दौड़ लगाते। सामान के साथ ऊँचाई पर चढ़ना और फिर वही सामान लेकर वापस उतरना। इस तरह की कई गतिविधियाँ थीं, जो हम उस दौरान करते। यह काम बहुत मुश्किल और थका देनेवाला था, क्योंकि इससे पहले हमने कभी यह सब नहीं किया था। बाकी सब लोग तो फिर भी कम उम्र के थे, लेकिन मैं तो दो बच्चों की माँ थी। मेरे लिए यह सब इतना आसान भी नहीं था।

मैंने यह सोचना शुरू किया कि इस कैंप में हम सभी एक जैसे हैं और एक जैसी चीज सीख रहे हैं। ऐसे में जब ये लोग कर सकते हैं तो फिर मैं क्यों नही? इसी सोच को लेकर मैंने एक युवा लड़की की तरह हर चुनौती को लिया। जितनी ऊर्जा के साथ मेरी बेटी सब काम करती, मैं भी उसी ऊर्जा से करती। मुझे देखकर मेरे साथ के सभी लोग हैरान थे। खूब चुनौतियों भरी रही यह ट्रेनिंग।

पहले मुझे लगता था कि यह सब कितना मुश्किल काम है, क्या मैं कर पाऊँगी? लेकिन जब चुनौती को खुले मन से हिम्मत के साथ स्वीकार किया तो लगा, यह काम मुश्किल तो है, लेकिन असंभव नहीं। मैं कर लूँगी। मैंने महसूस किया कि जब आप सकारात्मक सोच के साथ किसी काम को हाथ में लेते हैं तो उस मुश्किल लगनेवाले काम को भी सहजता से पूरा कर पाते हैं। ऐसे में बाधाएँ छोटी लगने लगती हैं, क्योंकि मन इस विश्वास से भरा होता है कि मैं कर लूँगी। यह काम हो जाएगा। मुझे यह काम करना ही है।

जब भी कोई नई चुनौती सामने आती, मैं यही सोचती कि कर लूँगी। इस प्रकार धीरे-धीरे चुनौतियाँ लेना अच्छा लगने लगा। जब भी किसी लक्ष्य को पूरा करती, जीत का अहसास होता। यह अहसास मुझे आत्मविश्वास से भर देता। अगली बार फिर मैं दोगुने आत्मविश्वास के साथ प्रयास करती तो उसका असर भी मेरी परफॉर्मेंस में साफ दिखाई देता।

सीमा मैडम बेसिक और एडवांस कोर्स 1999 में ही कर चुकी थीं और अब वे एन.आई.एम. में गेस्ट इंस्ट्रक्टर थीं। जब भी हमें थोड़ा सा खाली समय मिलता, हम उनके पास चले जाते और उनके साथ हँसी-मजाक करते, अंत्याक्षरी खेलते। उस समय लगता ही नहीं था कि यह वही सीमा मैडम हैं, जो मैदान में हमारी एक कड़क मैडम हैं। यहाँ तो एकदम बच्ची-सी, एक सॉफ्ट लड़की लगती हैं। उनके व्यक्तित्व से यह बात सीखी जा सकती है कि इनसान को समय, स्थान, परिस्थिति और अपनी जिम्मेदारियों के अनुसार व्यवहार करना चाहिए। जहाँ जितनी जिस चीज की जरूरत हो, उतना ही इस्तेमाल करना चाहिए।

इस दौरान हमें वहाँ बहुत अच्छा और पौष्टिक खाना मिला। वहाँ जो भी काम हो रहा था, बहुत ही व्यवस्थित ढंग से हो रहा था। एक-एक स्टेप बहुत बारीकी से हमें बताया व सिखाया जाता।

4 मई को हमारी समूह चर्चा हुई। हमारे ग्रुप में सुरेंद्र, लेफ्टिनेंट भास्कर, अदिति, गीता और मैं थी। इस समूह चर्चा से हम सभी को आपस में एक-दूसरे को करीब से जानने का मौका मिला।

5 मई को हम टेक्ला गए। वहाँ पहुँचकर हमने ब्रेकफास्ट किया और फिर रॉक क्लाइंबिंग की प्रैक्टिस की। शाम को 4 बजे चाय पी और फिर एन.आई.एम. वापस आ गए।

6 मई, आज भी हम टेक्ला गए और रॉक क्लाइंबिंग की। आज हमें मैप रीडिंग करना सिखाया गया। यह कोर्स करने पुणे से मनोज और कविता दो लोग आए थे। वे दोनों पति-पत्नी थे। आज मनोज का जन्मदिन था, इसलिए केक काटा गया और मनोज का जन्मदिन मनाया गया। सर से आज्ञा लेकर हम सबने अंत्याक्षरी खेली। टेंट के अंदर कैंडिल लाइट में अंत्याक्षरी खेलने का मजा ही कुछ और था। साथ ही थोड़ा चेंज भी लगा। बड़ी बात यह थी कि हमारे सर और मैडम इस समय हमारे साथ दोस्तों की तरह ही आज की शाम इंजॉय कर रहे थे। लेकिन जैसे ही 8.30 का समय हुआ, वे लोग एकदम अपनी टीचरवाली भूमिका में आ गए और हम लोगों को हुक्म दिया कि अब सोने का समय हो गया है, इसलिए अंत्याक्षरी बंद करो। सभी लेडीज अपने टेंट में जाओ और मोमबत्तियाँ बुझाकर सो जाओ।

हम यह देखकर हैरान थे कि इन्हें अपने कर्तव्य का कितना ध्यान है। जो अभी-अभी हमारे साथ झूम-झूमकर गाने गा रहे थे, सोने का समय होते ही हमें सोने के लिए बोलने लगे। मौज-मस्ती के बीच भी अपना काम भूले नहीं। इतना अनुशासन! अपने कर्तव्य का इतना ध्यान! हम हैरान थे।

अगले दिन हमें रॉक क्लाइंबिंग के लिए जाना था। इन सब चीजों के साथ-साथ हमें और भी कई चीजों का अभ्यास कराया जा रहा था, जैसे टेंट लगाना और फोल्ड करना। फिर हमारा टेंट कॉम्पटीशन भी हुआ, जिसमें कौन कितनी जल्दी और सही टेंट लगाएगा और कितनी जल्दी सही तरीके से उसे रैप भी करके दिखाएगा, इसकी परीक्षा थी।

8 मई को हमारा फूड कंपटीशन था, जिसकी तैयारी भी करनी थी। 8 की सुबह हम लोग टेक्ला से ही रवाड़ा के लिए गए। वहाँ रास्ते में गंगोरी गाँव आया। रवाड़ा में 'आशा गंगी' नाम की नदी में हमने रिवर क्रॉसिंग सीखी। फिर दिन में

हमारा टेंट कंपटीशन हुआ और रात को डिनर कंपटीशन, जिसमें हमें तीन ग्रुप्स में बाँट दिया गया था। मैं ग्रुप वन में थी, टेंट कंपटीशन को छोड़कर हमारा ग्रुप हर कंपटीशन में विजेता रहा। डिनर कंपटीशन में बहुत मजा आया। सब मिलकर खाना बनाने में जुटे थे। बहुत अच्छा लग रहा था यह देखकर कि अलग-अलग प्रांतों से आए लोग मिलकर खाना बना रहे हैं। कोई सब्जी काट रहा है, कोई पानी ला रहा है तो कोई आटा गूँध रहा है। सब मिलकर खाना पकाते और फिर मिलकर खाते। यह सब छोटी-छोटी गतिविधियाँ हमें बहुत मजबूती से जोड़ती जा रही थीं। हमारे व्यक्तित्व को न जाने कितने स्तरों पर आत्मविश्वास से भरती जा रही थीं। एक बात और थी, वह यह कि वहाँ हम इतना शारीरिक श्रम कर रहे थे कि रात तक थककर चूर हो चुके होते थे, लेकिन जब सुबह 4.30 बजे उठते तो खुद को तरोताजा, एकदम हल्का महसूस करते। जबकि घर हम यदि किसी शादी-ब्याह से रात को देर से घर लौटते तो अगले दिन सुबह 8 बजे उठकर भी शरीर बहुत भारी-भारी लगता था।

डिनर कंपटीशन के बाद हम नाइट मार्च करते हुए टॉर्च की लाइट में ट्रैकिंग करते हुए एन.आई.एम. पहुँचे। रात का यह सफर बहुत ही रोमांचकारी रहा। एन.आई.एम. पहुँचते-पहुँचते हम थक चुके थे। उस समय रात के 11 बजे थे। उसके बाद फिर दस मिनट का हमारा लेक्चर हुआ। लेक्चर के बाद हमने पैर धोए और गरम दूध पीकर सो गए। सोते-सोते रात के 12 बज चुके थे। लेकिन सुबह हमें फिर 4.30 बजे उठना था।

9 मई, आज हम लोग एन.आई.एम. में ही रहे। हम लोगों को ऑब्स्टकल के लिए प्रैक्टिस करनी थी। दिन में हमारा कंपटीशन था। फिर हमें प्रिंसिपल सर संग्रहालय दिखाने ले गए। वहाँ जाकर हमें बहुत सी जानकारियाँ मिलीं। बहुत अच्छा अनुभव रहा वहाँ का।

10 मई को हम लोग एन.आई.एम. से भुकी गाँव गए, फिर वहाँ से ट्रैकिंग करते हुए टेल के लिए रवाना हो गए। यह रास्ता बहुत कठिन था, शायद इसलिए हमारे बीच ग्रुप बनाकर प्रतियोगिता रखी गई थी कि कौन पहले पहुँचता है। टेल पहुँचते-पहुँचते हम सभी का तेल निकल चुका था। टेल की ऊँचाई 8,200 फीट थी।

11 मई को हम लोग टेल में ही टेंट लगाकर रहे। जंगल में ऊँचाई तक पहुँचते-पहुँचते हमने कई तरह के फूलों और वनस्पतियों के पौधे व पेड़ देखे थे। बहुत अच्छा लग रहा था इस खूबसूरत वादी में। लेकिन हमें इन सभी फूलों और

पौधों के नाम भी याद करने थे, क्योंकि इसका भी कंपटीशन होने वाला था। इसलिए हर कोई ज्यादा-से-ज्यादा जानकारी जुटा लेना चाहता था।

12 मई को हम लोग जंगल कैंप गए, जिसकी ऊँचाई 8,600 फीट थी। हमें चलने में परेशानी नहीं हुई। सभी लोग आराम से पहुँच गए। जंगल बहुत ही ज्यादा घना था। हम लोगों ने समतल जगह देखकर अपना कैंप लगा दिया। लेकिन थोड़ी ही देर में सर बोले, 'जहाँ आप लोगों ने टेंट लगाया है, वहाँ आस-पास लगे पेड़ बहुत सूख चुके हैं और कभी भी गिर सकते हैं।' यह सुनकर हमने तुरंत अपना टेंट उखाड़ दिया और दूसरी जगह लगाने लगे। हमें डबल मेहनत करनी पड़ रही थी। हमें डबल मेहनत करता देखकर सभी लड़के हँसने लगे। इतने में सर ने उन्हें भी किसी कारण से अपना टेंट उखाड़कर दूसरी जगह लगाने के लिए कह दिया। अब हँसनें की बारी हमारी थी। खैर, इस मेहनत के बीच इस प्रकार के हँसी-मजाक के भी कई छोटे-छोटे पल हमने जिए। हम इस एडवेंचर कोर्स को खूब अच्छी तरह से जी भी रहे थे और इसका आनंद भी ले रहे थे।

आज हमें शाम 6.30 बजे ही डिनर सर्व कर दिया गया था, क्योंकि 7.30 बजे तक जंगल में घना अँधेरा हो जाता है। खैर, 8 बजते-बजते हम सभी को टेंट के अंदर भेज दिया गया। उससे पहले सभी खुले आसमान के नीचे बैठे आराम से बातें कर रहे थे। कोई गुनगुना रहा था, क्योंकि ऊँची आवाज में गाने की अनुमति नहीं थी। मौसम भी बहुत ही ज्यादा सुहावना था। लग रहा था कि काश, जिंदगी यहीं थम जाए, यहीं ठहर जाए! इतनी मस्ती, इतना मजा हम यहाँ कर रहे थे। रुटीन लाइफ की भागम-भाग वाली जिंदगी से दूर, जहाँ हमें किसी बात की कोई चिंता नहीं थी। टेंट के अंदर जाकर हम सभी सोने की कोशिश कर रहे थे। लेकिन मारे डर के नींद आने का नाम ही नहीं ले रही थी। टेंट के बाहर कभी भालू की आवाज सुनाई दे रही थी तो कभी किसी और जानवर की। टेंट के अंदर हमारी हालत खराब थी। हमारे टेंट के पास ही लड़कों का टेंट भी था और पास ही हमारे सभी इंस्ट्रक्टर्स का भी टेंट लगा था। फिर हमारे सर टेंट के पास आकर हम सभी से बोले कि डरने की कोई बात नहीं है। आप लोग आराम से सोने की कोशिश करो। कोई भी जानवर, जब तक आप उसे छेड़ेंगे नहीं, आपको नुकसान नहीं पहुँचाएगा। फिर रात भर तरह-तरह के जानवरों की आवाजें और उनकी बोलियाँ सुनते-सुनते जाने कब नींद आ गई। सुबह हमें 5 बजे उठना था।

12 मई को हम जंगल कैंप से गूजर हाट गए। बहुत ही शानदार जगह है गूजर हाट। वहाँ पर गूजरों के छोटे-छोटे हाट्स बने हुए थे। वे लोग 15 मई के बाद

वहाँ रहने आते हैं। रास्ते में कभी हमें नदी मिलती तो कभी पहाड़। जब से हम उत्तरकाशी आए थे, हमारा मन बहुत खुश था। हम वहाँ सुबह से शाम तक बहुत मेहनत करते थे; लेकिन जो खुशी हमें यहाँ रहकर मिल रही थी, उसके आगे 'थकान' शब्द बहुत छोटी चीज बन चुका था। आगे बढ़े तो वहाँ हमने दो ऐसी जगहें भी देखीं, जो 'द्रौपदी डांडा' और 'चौनो की धार' नाम से प्रसिद्ध हैं। बहुत ही खुली और मन को लुभानेवाली जगह। वहाँ हमने लंच किया। इतने में बारिश आने लगी। इतना सुंदर दृश्य बन चुका था कि मन खुशी से नाचने लगा। कितनी खूबसूरत वादियों के बीच हैं हम! देखते-ही-देखते ओले भी गिरने लगे। फिर हम सभी लोग टेंट के अंदर चले गए। थोड़ी देर बाद मैं और अदिति पौंचो पहनकर बाहर आ गए और बारिश का मजा लेने लगे। ठंड भी काफी बढ़ चुकी थी, लेकिन हमारा मन तो उन खूबसूरत नजारों में खो गया था। शाम होते-होते बारिश थोड़ी कम हो चुकी थी। हम सभी ने तय किया कि हम लोग अब टेंट के अंदर नहीं रहेंगे, शाम को घूमने जाएँगे। सर ने सभी को पौंचो पहनने को कहा और फिर हम सभी लोग घूमने निकल पड़े। सभी प्रकृति के इतने करीब रहकर बहुत खुश थे। कितनी हसीन है यह दुनिया—ऐसा लग रहा था, हमारे साथ-साथ प्रकृति भी खुशी से झूम रही है। बारिश रुक चुकी थी। बादल छँट चुके थे। चारों ओर हरियाली-ही-हरियाली थी और हिमालय जो सामने नजर आ रहा था— इतना खूबसूरत। ऐसा लग रहा था कि दौड़कर हिमालय की गोद में बैठ जाऊँ! हमें जितने भी पर्वत नजर आ रहे थे, वे सभी बर्फ से ढके हुए थे। बेहद खूबसूरत, इतने खूबसूरत कि उनकी खूबसूरती को शब्दों में बयान कर पाना मुमकिन ही नहीं है। हम आगे भी जाना चाहते थे; लेकिन दिन ढलने लगा था, इसलिए वापस आ गए।

13 मई, आज हमें बेस कैंप जाना था। स्नो आइस के बिल्कुल करीब। मन उमंग से भरा हुआ था। अब तो हमें चलने में भी तकलीफ नहीं हो रही थी। लंबा सफर भी हम पैदल ट्रैकिंग करके तय कर पा रहे थे। अगर थोड़ी-बहुत थकान लग भी रही थी तो जो मजे हम वहाँ ले रहे थे, उसके आगे वह थकान बहुत छोटी थी। चारों ओर प्रकृति का अद्‍भुत नजारा देखते ही बन रहा था। हिमालय को इतना करीब से देखकर हम सभी बहुत रोमांचित थे। मन हो रहा था कि हम जल्दी से वहाँ पहुँच जाएँ। जिस काम को करने के लिए आपका मन आपसे कर रहा हो, उस काम को करने के लिए न जाने कहाँ से इतनी ताकत आ जाती है। सुबह 6.30 बजे हमने नाश्ता किया था और हम लोग बेस कैंप के लिए रवाना हो गए। रास्ते में हिमखंड देखे। वहाँ थोड़ी देर रुके। हम उसके बहुत करीब थे, लेकिन सर ने

ज्यादा करीब जाने से रोका। थोड़ी देर में हमने देखा कि वहाँ बर्फ के पिघलने से बड़े-बड़े बर्फीले पत्थर गिरने लगे। हम तुरंत समझ गए कि सर हमें हिमखंड के करीब जाने से क्यों रोक रहे थे। हम दूर बैठे यह सब नजारे देखते रहे। वहाँ बैठकर हमने जूस व पानी पिया। चॉकलेट्स व ड्राईफ्रूट्स खाए। ये सभी चीजें हमें चलने से पहले मिलती थीं। साथ ही यहाँ यह भी नियम था कि यदि आप कुछ खा रहे हैं तो उसका रैपर व फलों के छिलके आपको वहीं पहाड़ की चोटी पर ही नहीं फेंकना है। इससे पर्यावरण को नुकसान पहुँचता है। इसलिए हम जब भी कुछ खाते, उसके छिलके व रैपर अपने साथ वापस लेकर आते और कूड़ेदान में कूड़ा डालते। ये चीजें जो हम कभी स्कूल व कॉलेज के दौरान नहीं सीखते, यहाँ आकर सीख रहे थे। और ये चीजें इस तरह हमारी आदतों में शामिल हो गईं कि अब तक बरकरार हैं।

वहाँ पहुँचकर हमने प्रकृति की इज्जत करना सीखा। प्रकृति की खूबसूरती के साथ-साथ उसकी ताकत का भी हमें पता चला। हमारे अंदर यह भावना आ चुकी थी कि पूरा संसार हमारा घर है और इसे साफ-सुथरा रखना हमारा फर्ज है।

हिमखंड के बाद हम लोग स्नो एरिया में आए और काफी देर तक वहाँ बर्फ में खेलते रहे, एक-दूसरे पर बर्फ फेंकते रहे। ठंड से बुरा हाल था; मगर चिंता किसे थी? हम तो खेलने में मस्त थे। बार-बार बर्फ में गिरते, फिर उठते और खेलने लगते। किसी का भी मन वापस जाने का नहीं था। प्रकृति की गोद में जो मजा आ रहा था, उससे दूर कोई नहीं जाना चाहता था। वहाँ से फिर हम लोग थोड़ी और दूर जाते; मगर इतने में ओले गिरने लगे और हम लोगों को मजबूरी में वापस आना पड़ा। लौटकर हम बेस कैंप पहुँचे तो पता चला कि एडवांस कोर्स पूरा करके 49 लड़के वापस आ रहे हैं। हम लोग उनके स्वागत के लिए लाइन में खड़े हो गए और हाथ मिलाकर हमने सबको बधाई दी। उनकी ओर देखकर मन आदर से भर उठा। वे सभी काफी थके हुए लग रहे थे। मगर सभी की आँखों में चमक नजर आ रही थी। उनसे मिलने के बाद हमारे मन में भी एडवांस कोर्स करने की इच्छा पैदा होने लगी। फिर हम लोगों ने वहाँ चाय-कॉफी व बिस्कुट खाए और वापस गूजर हाट आने की तैयारी करने लगे।

1.30 बजे तक हम लोग गूजर हाट पहुँच गए। वहाँ हमने लंच किया और फिर टेंट में जाकर कुछ देर आराम किया। उसके बाद हम बुश क्राफ्ट के लिए निकल पड़े। वहाँ का रास्ता घना व भयंकर था। इसलिए हम सभी रास्ते भर में पेड़ों पर कोई-न-कोई निशान बनाते हुए आगे बढ़ रहे थे, ताकि वापस आते समय

हमें रास्ता याद रहे, हम जंगल में भटकें न। आखिर वापस तो हमें इसी रास्ते से आना था। जाने में हमें थोड़ी परेशानी हो रही थी। वहाँ पहुँचकर सभी लोगों ने खूब मस्ती की। कुछ लोगों ने क्रिकेट खेला। मैं, जेसिका, सुरेश, अदिति और सर, हम लोग घूमने चले गए। रात भर जंगली जानवरों की इतनी आवाजें सुनी थीं कि हमें लगा, शायद कोई जानवर हमें दिखाई दे जाए, लेकिन कोई जानवर नहीं दिखा— न भालू, न ही हिरण। हम निराश थे कि इतने घने जंगल में आकर भी कोई जानवर नहीं देख सके। धुंध इतनी गहराती जा रही थी कि पास की चीजें देख पाना भी मुश्किल होता जा रहा था। कुछ समय बाद जब धुंध थोड़ी कम हुई तो बारिश शुरू हो गई। तब तक हम लोग काफी ऊँचाई पर आ चुके थे और खूब भीग भी चुके थे। फिर भी मन में एक तमन्ना लिये हुए थे कि काश, कोई जानवर नजर आ जाए। खैर, रास्ते में जानवरों के पैरों के निशान और कुछ हड्डियाँ देखीं और फिर वापस लौट आए। लगभग 5.45 तक हम वापस आ गए, लेकिन जब हम लौटे तो इतनी मुश्किल नहीं हुई। रात के समय ठंड बहुत ज्यादा हो चुकी थी। स्लीपिंग बैग के अंदर भी हम लोग ठंड से ठिठुर रहे थे।

14 मई को हम लोगों को गूजर हाट से टेल जाना था। लगभग 5 से 6 घंटे का रास्ता था, जो कि हमें चलकर तय करना था। 7 बजे हम वहाँ से चले। रास्ते में एक-दो जगह हम रुके और लगभग पाँच मिनट का हमने विश्राम किया। रास्ते में हमें कोबरा दिखा। सर ने बताया कि यह बहुत सालों से यहाँ पर रहते हैं, लेकिन किसी को नुकसान नहीं पहुँचाया। टेल पहुँचते-पहुँचते 12.30 बज चुके थे। ठंड भी थोड़ी कम हो चुकी थी। वहाँ हमने लंच किया और फिर अपने गीले कपड़े सुखाए। इस दिन हमने ग्रैजुवेशन सेरेमनी की रिहर्सल भी की। सर ने हमें बताया कि 16 तारीख को ग्रैजुवेशन सेरेमनी के बाद कैंप फन है। उसकी तैयारी भी कर लेना। फिर हम लोग कार्यक्रम की तैयारी की प्लानिंग बनाने में लग गए कि किसे क्या काम करना है।

आज हमारा टेंट में रहने का आखिरी दिन था। मन में खुशी भी थी कि हमने अपना कोर्स पूरा कर लिया है। साथ ही सभी के मन में बिछुड़ने का दु:ख भी था। इन खूबसूरत वादियों से दूर जाने का गम भी था। पता नहीं फिर दोबारा यहाँ आने का कब मौका मिले!

15 मई, आज हमें आखिरी बार अपना टेंट उठाना था। टेंट लगाना और उठाना, दोनों ही काम बहुत रोमांचक थे। आज हम लोग वापस एन.आई.एम. जा रहे थे। रास्ते में गरम पानी का तालाब था, जहाँ हम सब नहाए। पूरे पाँच दिन के

बाद नहाने का मौका मिला था। सारी गंदगी धुल गई और थकान मिट गई। फिर आगे का रास्ता हमने बस द्वारा तय किया। एन.आई.एम. पहुँचकर हमने ग्रैजुवेशन सेरेमनी की रिहर्सल की। कल यानी 16 मई हमारा यहाँ आखिरी दिन था। उस दिन कैंप फन होना था। हम सभी लोग उसकी तैयारी में जुट गए।

16 मई। आज कैंप का आखिरी दिन था। कई तरह के भावों से भरा हुआ। कोर्स पूरा होने की खुशी और दोस्तों से बिछुड़ने के दु:ख के मिले-जुले भावों से भरा दिन। हमने आज एक डांस प्रोग्राम पेश किया। पुणे से जो ग्रुप आया था, उन्होंने एक स्टेज प्रस्तुति तैयार की थी, जिसमें मैं मजनूँ और शिखा लैला बनी। मनोज भास्कर गा रहे थे और कविता संवाद बोल रही थी। हमें उन संवादों और गीत पर अभिनय करना था। बहुत मजा आया। हमारा शो हिट रहा। हम सभी ने इस कार्यक्रम में हिस्सा लिया और सभी ने अपना रोल बखूबी निभाया। बाद में प्रिंसिपल सर बोले, 'यह जमशेदपुर से हमारे कैंप में लैला' मजनूँ कैसे घुस आए? कार्यक्रम के अंत में जब सभी मिलकर यह गाना गा रहे थे कि 'चलते-चलते, मेरे ये गीत याद रखना, कभी अलविदा न कहना, कभी अलविदा न कहना…' तो सभी की आँखें नम हो चुकी थीं। इस कैंप ने हमारे मन में केवल आत्मविश्वास ही नहीं भरा था, बल्कि हमें बहुत सारे दोस्त भी दिए। मैं गिन नहीं सकती कि इस कैंप से हमने क्या-क्या सीखा और इस कैंप से हमें क्या-क्या मिला। फिर भास्कर ने सभी को मोमोज खिलाए हमारी जीत की खुशी में। मुझे इस कैंप में 'ए' ग्रेड सर्टिफिकेट मिला। रात को हमेशा की तरह हमने डिनर किया। लेकिन यह सोच-सोचकर सभी दु:खी थे कि यह हम सबका कैंप में आज आखिरी डिनर है। सभी लोग देर तक बैठकर बातें करते रहे। हम सभी ने अपने-अपने घर का पता व फोन नंबर एक-दूसरे को दिया और भविष्य में हमेशा यूँ ही जुड़े रहने का वादा भी किया। फिर सभी लोग अपना-अपना सामान पैक करने में जुट गए। हम सभी दु:खी थे, भावुक हो गए थे। कोई भी किसी से बात करने की हिम्मत नहीं जुटा पा रहा था, इसलिए हर कोई चुपचाप अपना सामान पैक कर रहा था। सभी ने भारी मन से एक-दूसरे को 'गुड नाइट' कहा और सोने चले गए। कल सुबह यानी 17 मई को सुबह 5 बजे उत्तरकाशी जाने के लिए तैयार रहना था।

उत्तरकाशी में एडवेंचर कोर्स के बाद आया बदलाव

उत्तरकाशी का बेसिक एडवेंचर कोर्स करने के बांद मैं 'ए' ग्रेड सर्टिफिकेट के साथ वापस जमशेदपुर लौटी। मैं अपने अंदर कई तरह के बदलाव महसूस कर

रही थी। यह बदलाव कुछ तो भीतरी थे, जो मैं महसूस कर रही थी; कुछ बाहरी थे, जो मेरे व्यवहार से समझे जा सकते थे, जिन्हें मैं खुद भी समझ रही थी।

मैं बार-बार खुद से यह सवाल भी कर रही थी कि क्या एक कैंप ने मुझे इतना बदल दिया? यह सोच-सोचकर मैं खुद यकीन नहीं कर पा रही थी। मैं कुछ समय पहले के वे दिन याद कर रही थी कि कैसे हम डर-डरकर जैसे-तैसे थोड़ी-बहुत हिम्मत जुटाकर जमशेदपुर से उत्तरकाशी पहुँचे थे। और आज जब उत्तरकाशी से जमशेदपुर लौट रहे हैं तो इतने कम दिनों में कैसे इतना सबकुछ बदला हुआ लग रहा है! एक कैंप ने कैसे हमें इतना बदल दिया? मैं समझ नहीं पा रही थी। वहाँ हमने कई तरह की एक्सरसाइज की, अलग-अलग तरह के टास्क पूरे किए; लेकिन उन गतिविधियों ने कैसे हमारी सोच, समझ, जीवन के प्रति नजरिए को तथा हमारे रहन-सहन, दृष्टिकोण को बदल दिया, मैं बता नहीं पा रही हूँ।

जहाँ मैं पहले छोटे-छोटे कामों के लिए घरेलू नौकर पर निर्भर करती थी, अब उसका इंतजार किए बिना ही उस काम को खुद करने लगती हूँ, बिना किसी शिकायत के। अब मैं किसी भी छोटे-मोटे काम के लिए किसी की मोहताज नहीं रहना चाहती। अपने अंदर की क्षमता का अनुमान मुझे होने लगा। मेरे अंदर छिपा आत्मविश्वास अब बाहर आ रहा था और काफी हद तक बाहर आ भी चुका था। इस कैंप ने मुझे खुद को पहचानने का मौका दिया, मुझे खुद से मिलवाया। मैं क्या कर सकती हूँ, मेरी क्षमता क्या है, यह समझाया। अब मैं घर के मुश्किल काम भी आसानी से कर पा रही थी। चाहे कुछ भारी सामान उठाना हो या फिर बाजार से कुछ सामान लाना हो।

एक बात और जो मेरे दिमाग में बैठ चुकी थी, जिसे मैं बहुत शिद्दत से महसूस भी कर रही थी कि प्रकृति हमें कितना कुछ सिखाती है। इस कैंप के दौरान हमने प्रकृति को इतने करीब से महसूस किया कि मैं खुद को अब प्रकृति के बहुत करीब महसूस करने लगी थी। प्रकृति की ताकत का अहसास अब मुझे बहुत अच्छी तरह हो चुका था। अब मैं प्रकृति से और ज्यादा प्यार करने लगी थी। अब मैं इस बात को भी महसूस कर रही थी कि ये महँगे गहने व कपड़े बहुत छोटी चीज हैं, जो अब तक मुझे बहुत आकर्षित करते थे। जीवन के प्रति मेरी सोच में भी बहुत परिवर्तन आया। मैटीरियल चीजें अब मुझे ज्यादा अपील नहीं कर रही थीं। मैंने महसूस किया कि हम अपने जीवन में अकसर छोटी-छोटी समस्याओं को इतना ज्यादा कॉम्पलीकेटेड बना देते हैं कि उन्हीं में उलझते चले जाते हैं।

वहाँ जाकर महसूस हुआ कि एक इनसान दूसरे इनसान के लिए कितना

ज्यादा मददगार साबित हो सकता है! क्या मैंने जो भी कैंप में किया, वह मैं अकेली कर सकती थी? सबने मिलकर किया, तभी तो हो सका। कैंप में जाकर मैंने टीम भावना और टीम का महत्त्व समझा। अगर समाज में सभी लोग इसी टीम भावना से काम करें तो हम अपने आस-पास की कितनी ही समस्याओं को दूर कर सकते हैं, एक-दूसरे के जीवन में खुशियाँ-ही-खुशियाँ भर सकते हैं। इस कैंप ने हमें अपने अंदर की अच्छाइयों और बुराइयों से भी परिचय कराया।

जहाँ पहले मैं कई तरह के डरों से घिरी रहती थी, जैसे असफलता का डर। लोग क्या कहेंगे। कहीं परिवारवाले नाराज तो नहीं हो जाएँगे? समाज का डर? कुछ करने से पहले ही मैं इन डरों से खुद को घिरा हुआ पाती थी और इसी डर की वजह से कुछ बोल नहीं पाती थी। अब मैं महसूस कर रही थी कि ये सभी डर मेरे खुद के पैदा किए हुए थे। अब मेरी सोच स्पष्ट होती जा रही थी। किसी काम के प्रति पहले से ज्यादा एकाग्रता मुझमें आ चुकी थी। मैं खुद हैरान थी कि एक कैंप ने मुझे कितना बदल दिया!

कैंप से वापस आने पर आस-पास के लोग मिलने आए और पूछने लगे कि क्या मिला पहाड़ों पर चढ़कर? आज भी अकसर लोग पूछते हैं कि आप इतनी बार पहाड़ों पर चढ़ती रहती हो, क्या मिलता है पहाड़ों पर चढ़कर? अब क्या कहूँ, कैसे समझाऊँ? यह तो मेरा अंतर्मन, मेरी अंतरात्मा ही जानती है कि मुझे पहाड़ों पर चढ़कर क्या मिलता है! हर बार जब मैं पहाड़ों से लौटती हूँ तो मेरी अंतरात्मा जैसे और शुद्ध होकर लौटती है एकदम स्वच्छ, एकदम पवित्र—अपने अंदर के इस सकारात्मक बदलाव को मैं बहुत गहराई से महसूस करती हूँ। मेरे पति महसूस करते हैं, मेरे बच्चे महसूस करते हैं; मेरे सास-ससुर, मेरे भाई-बहन, देवर ननद महसूस करते हैं। मेरे आस-पड़ोस में रहनेवाले वे लोग भी महसूस करते हैं, जो मुझे सालों से जानते हैं। लेकिन कुछ लोग ऐसे भी हैं, जो यह बोलते हैं कि इतने दिनों तक घर से बाहर रहती है। क्या मिलता है पहाड़ों पर चढ़कर? पैसा भी नहीं मिलता, उलटा जब भी लौटती है, चेहरा इतना काला हो चुका होता है। पहले से पतली होकर ही वापस आती है। खैर, सबका अपना-अपना सोचने का नजरिया है, अपनी-अपनी सोच है।

जब तक मैं घर से बाहर नहीं निकली थी, अपनी क्षमता का 20 प्रतिशत ही इस्तेमाल कर रही थी। लेकिन अब 100 प्रतिशत खुद को जान चुकी हूँ और पूरा इस्तेमाल करना चाहती हूँ। जब आप खुद को 100 प्रतिशत जान लेते हो तो आपके लिए अपने लक्ष्य तक पहुँचना बहुत आसान हो जाता है, क्योंकि लक्ष्य आपको

साफ, एकदम स्पष्ट नजर आ रहा होता है। आप खुद को 100 प्रतिशत तभी जान पाते हो, जब आप ईमानदार होते हैं। लेकिन लक्ष्य तक पहुँचने के लिए पहले अपने लक्ष्य से आपको प्यार होना चाहिए, तभी आप उसे प्राप्त कर सकते हैं। तभी उसे प्राप्त करने के लिए अपना 100 प्रतिशत लगा सकते हैं। अपना सर्वश्रेष्ठ प्रदर्शन कर पाते हैं, कठोर मेहनत कर पाते हैं।

मैंने देखा है कि अकसर लोग समय की दुहाई देते हैं कि हम फलाँ काम नहीं कर पा रहे हैं। समय ही नहीं मिल रहा है। लेकिन मैं मानती हूँ कि समय तो चुराना पड़ता है। मैं तो एक हाउस वाइफ हूँ, उसके बाद भी इतना कुछ कर सकी। इसलिए कि मैंने सबसे पहले अपने टाइम मैनेजमेंट को ठीक किया। समय बिल्कुल भी बरबाद नहीं किया, बल्कि समय का सदुपयोग किया।

जब लौटी तो अपनी आदर्श बचेंद्री पाल को बताया कि मुझे 'ए' ग्रेड मिला है। वे बहुत खुश हुईं। उन्होंने मुझे बेसिक माउंटेनिंग कोर्स करने को कहा। यह कोर्स दार्जिलिंग में भी होता है, जहाँ मेरा मायका है। उसके बाद तो कई दिनों तक मैं और मेरी बेटी उत्तरकाशी की यादों में ही खोए रहते थे। दोनों रात को सोने के लिए लेटते तो देर तक बस उत्तरकाशी की ही बातें करते रहते, वहीं की यादों में खोए रहते।

हमारी बातें सुनकर मेरी छोटी बेटी बोलती, 'क्या आप दोनों हमेशा वहीं की बातें करते रहते हो!' ऐसे में मेरे पति बोलते, 'नए-नए आए हैं अभी उत्तरकाशी से इसलिए हमेशा वहीं की बातें करते रहते हैं। कुछ दिनों में अपने आप भूल जाएँगे वहाँ की बातों को।'

हम दोनों उन दोनों की बातों पर हँस देते, क्योंकि हम जानते थे कि अब उत्तरकाशी की यादों को हमारे दिल और दिमाग से बाहर निकालना किसी के बस की बात नहीं है। वे यादें तो हमेशा के लिए एक सुखद यादों के रूप में हमारे दिलो-दिमाग में छाई रहेंगी।

□

5

बेसिक कोर्स और एडवांस कोर्स

बेसिक कोर्स

सन् 2000 में एडवेंचर कोर्स करने के एक साल बाद यानी 2001 में बचेंद्री पाल ने मुझे 'बेसिक माउंटेनियरिंग कोर्स' करने की सलाह दी और मुझे इसके लिए एच.एम.आई. यानी 'हिमालयन माउंटेनियरिंग इंस्टीट्यूट' भेजा गया। यह 28 दिन का कोर्स था। चूँकि यह कोर्स दार्जिलिंग में था, जो कि मेरा मायका भी था, मुझे इसे करने में आसानी भी थी। मैं अकसर अपनी दोनों बेटियों के साथ गरमियों की छुट्टियों में दार्जिलिंग जाया करती थी। इस बार उन्हीं छुट्टियों का फायदा मैं कोर्स की ट्रेनिंग लेकर कर सकती थी और बच्चे भी दार्जिलिंग में अपने नानी के घर में छुट्टियाँ बिता सकते थे।

इस कोर्स को करने के लिए देश भर से करीब 50 प्रशिक्षु आए हुए थे। उसमें कुछ लोग आर्मी से थे, कुछ एन.सी.सी से थे तो कुछ एयरफोर्स से लड़कियाँ भी आई हुई थीं। जब मैं वहाँ पहुँची तो वहाँ के एक स्टाफ ने मुझे देखकर कहा कि 'आप इस उम्र में पर्वतारोही बनकर क्या करेंगी?' और एक अन्य ने पूछा कि 'आपको पता है कि बेसिक कोर्स क्या होता है?' मैंने गर्व से कहा, 'हाँ, मुझे जमशेदपुर में दालमा ट्रेकिंग में तीसरा पुरस्कार मिला था' तो वह बोला, 'यह आपके जमशेदपुर का दालमा ट्रेकिंग नहीं है। इसमें बहुत मुश्किल ट्रेनिंग होती है। वैसे भी, आप जिस परिवेश से ताल्लुक रखती हैं, वह भी इस उम्र में संभव नहीं लगता।'

मैंने देखा, वहाँ मुझसे काफी कम उम्र की लड़कियाँ आई हुई हैं। उन्हें देखकर मेरा मनोबल टूटने लगा। उनमें से कई मेरी बेटी की उम्र की भी थीं। आज

से 12–13 साल पहले भारत में पर्वतारोहण का क्षेत्र इतना प्रसिद्ध नहीं था और एक ऐसी औरत के लिए, जो दो बड़ी बेटियों की माँ भी हो, उसके लिए तो बहुत ही चौंका देनेवाली स्थिति थी। वहाँ की स्थिति देखकर तो मैंने किसी को बताया ही नहीं कि मेरी शादी हो चुकी है। मैंने पूरी लगन से अपना सर्वश्रेष्ठ लगाकर अपना कोर्स पूरा किया। सच में, यह एक गृहिणी और दो बच्चों की माँ के लिए बहुत ही मुश्किल काम था। जब कोर्स के अंत में 'बेस्ट ट्रेनी' के तौर पर मेरा नाम पुकारा गया तो मुझे यकीन ही नहीं हुआ। उसके बाद मैंने कभी पीछे मुड़कर नहीं देखा। बस, आगे बढ़ती चली गई। हर साल, जब बेटियों की छुट्टियाँ होतीं तो हिमालय को ही अपना मायका बना लेती।

वर्ष 2002 में बनी गेस्ट इंस्ट्रक्टर

बेसिक कोर्स में 'बेस्ट ट्रेनी' का सर्टिफिकेट मिलने पर बचेंद्रीपाल को बहुत खुशी हुई और उन्होंने मुझे सन् 2002 में गेस्ट इंस्ट्रक्टर के तौर पर एडवेंचर कोर्स के लिए उत्तरकाशी भेजा। इस बार मैं अपनी दोनों बेटियों प्रियांशा और राजश्री को साथ लेकर उत्तरकाशी गई। वहाँ अलग-अलग राज्यों से कई बच्चे आए थे। वह दस दिन का कैंप था, जिसके माध्यम से बच्चों ने खुद को जाना। अपनी क्षमताओं से बच्चे परिचित हुए। कैरेक्टर बिल्डिंग के लिए इस तरह के कार्यक्रमों की बहुत जरूरत है। टी.एस.ए.एफ. यह कोर्स चलाता है, जिसमें बच्चे 13,500 फीट तक ट्रैकिंग करते हैं। इस कैंप में इंस्ट्रक्टर की भूमिका से मैंने भी बहुत कुछ सीखा। हालाँकि प्रियांशा ने मेरे साथ एडवेंचर कोर्स साथ किया था, लेकिन राजश्री के लिए यह पहला मौका था। इस कोर्स को मेरे दोनों बच्चों ने भी खूब इंजॉय किया। इसके बाद मुझे कई बार गेस्ट इंस्ट्रक्टर बनने का मौका मिला। इसके बाद बचेंद्रीजी ने मुझे कहा कि अब तुम्हें माउंटरिंग का एडवांस कोर्स कर लेना चाहिए, जिसके लिए मुझे फिर उत्तरकाशी स्थित 'नेहरू इंस्टीट्यूट ऑफ माउंटेनियरिंग' जाना था।

एडवांस कोर्स

23 मई, 2003 से एडवांस कोर्स शुरू होने वाला था। यह एक महीने का कोर्स था। जून में बच्चों के स्कूल खुल रहे थे। मेरी बड़ी बेटी 12वीं कक्षा पास कर चुकी थी और हॉस्टल में रहती थी, इसलिए उसकी इतनी चिंता नहीं थी; लेकिन छोटी बेटी 11वीं में थी। उसे छोड़कर जाना मुझे बहुत बुरा लग रहा था। पति ने कहा कि 'तुम चिंता मत करो, मैं हूँ न! सब देख लूँगा। तुम घर की बिल्कुल चिंता

मत करो।' मुझे एक तरफ तो पति द्वारा इतना सहयोग मिल रहा था कि मैं भीतर-ही-भीतर बहुत खुश और गर्व महसूस कर रही थी कि मेरा जीवनसाथी इतना ज्यादा सहयोग करनेवाला है। पति के सहयोग की वजह से ही मैं इतना सब कर पा रही थी। लेकिन दूसरा सच यह भी था कि बेटी को छोड़कर जाना मुझे आत्मग्लानि भी महसूस करा रहा था। माँ हूँ न, इसलिए अपनी बेटियों पर मेरा ध्यान हमेशा लगा रहता है और यह बहुत स्वाभाविक भी है।

एडवांस कोर्स बहुत मुश्किल था। जॉइन करने से तीन महीने पहले से ही मुझे कोर्स की तैयारी करनी थी खुद को एडवांस कोर्स करने लायक बनाने के लिए। शरीर और दिमाग को चुनौतियों के लिए तैयार करना था, वह भी तमाम घरेलू जिम्मेदारियों को सँभालते हुए। लेकिन मैं इसके लिए खुद को पूरी तरह से तैयार कर चुकी थी। सुबह 6 बजे उठकर स्टेडियम के लिए निकल जाती थी, जो हमारे घर से 4 किलोमीटर की दूरी पर था। मैं 3 किलोमीटर ऑटो करके जाती और फिर 1 किलोमीटर का सफर दौड़कर पूरा करती। बचपन की पैर की तकलीफ तो मेरे साथ हमेशा चलती रही। डॉक्टर को दिखाती तो डॉक्टर सलाह देते कि या तो जूता पहनकर रहो या फिर पेन किलर खाओ। उस दौरान मेरी तबीयत भी ठीक नहीं थी। बहुत कमजोरी महसूस होती थी। घंटा-डेढ़ घंटा स्टेडियम में रहती, फिर घर की चिंता सताने लगती, क्योंकि वापस घर आकर परिवार के लिए नाश्ता भी बनाना होता था। पति ने पहले ही कह दिया था कि 'मैं तुम्हारे साथ हूँ, लेकिन तुम्हारे किसी काम से घर में किसी को कोई हर्ज या शिकायत नहीं होनी चाहिए। तुम देखो, कैसे तुम्हें अपनी पारिवारिक जिम्मेदारियों और अपने शौक दोनों के बीच संतुलन बनाना है!' मैं इस संतुलन को बनाने की पूरी कोशिश करती। इस काम में पति भी मेरा पूरा साथ देते। मैं सुबह खाली पेट जाती थी। वापस आती तो लगता कि काश, कोई एक कप चाय पिला दे। लेकिन देखती थी कि अभी तक तो माँ और बाऊजी ने भी सुबह की चाय नहीं पी। फिर घर आते ही पहले सबको चाय बनाकर देती। मैं चाहती थी कि किसी को भी बोलने का मौका न मिले। मैंने मन-ही-मन इस बात को स्वीकार कर लिया था कि मेरी पहली प्राथमिकता, मेरी पहली जिम्मेदारी मेरा घर है और उसके बाद बाहर। मैं यह भी जानती थी कि यदि मैं घरवालों को संतुष्ट करके आगे बढ़ूँगी तो पहाड़ों की ऊँचाइयों को भी छू सकती हूँ। मुझे जो करना है, घर को साथ लेकर करना है। मैं इस बात को कभी नहीं भूलती थी कि मैं एक गृहिणी हूँ और मुझे अपनी तमाम जिम्मेदारियों को साथ लेकर ही आगे बढ़ना है।

अकसर ऐसा भी होता था कि आस-पास की औरतें हमारे घर आकर मेरी सास से कहती थीं कि आपकी बहू क्यों यह सब कर रही है? ट्रैक सूट पहनती है, दौड़ने जाती है। उनकी इन बातों का जवाब मेरी सास इस प्रकार देतीं कि 'जब दौड़ने जाएगी तो ट्रैक सूट पहनकर ही तो दौड़ेगी, साड़ी पहनकर थोड़ा न दौड़ेगी! जब हमारे बेटे को कोई एतराज नहीं तो हमें भी नहीं है। आज के बच्चे हैं।'

जैसे-जैसे दिन पास आने लगे, मेरी तैयारियाँ भी जोर पकड़ने लगीं। इसी बीच मेरी तबीयत कुछ गड़बड़ाने लगी। मुझे काफी खाँसी आने लगी और बहुत कमजोरी महसूस होने लगी। इससे मेरी तैयारियों में दिक्कत हो रही थी। शायद बहुत ज्यादा एक्सरसाइज की वजह से कमजोरी लग रही थी। लेकिन इस बात को मैंने घरवालों से छिपाकर रखा। लेकिन मेरी तबीयत ठीक नहीं है, यह विमल को भी लग रहा था। इसलिए उन्होंने मुझे एडवांस कोर्स के लिए न जाने की सलाह दी। पर मैंने विमल को भरोसा दिलाया कि ऐसा कुछ भी नहीं है। मैं बिल्कुल ठीक हूँ। टी.एस.एफ. ने मेरे कोर्स की फीस जमा करा दी है। अगर मैं यह मौका छोड़ती हूँ तो पता नहीं मुझे यह मौका दोबारा मिले कि न मिले। फिर मैंने सोचा कि एक बार डॉक्टर से सलाह लेती हूँ, पता तो चले, आखिर हुआ क्या है? अगले दिन मैं बिना किसी को बताए डॉक्टर के पास गई, एक्सरे कराया और बाकी चेकअप भी कराए। डॉक्टर ने बताया कि मुझे टी.बी. हो गई है, इसलिए मुझे तुरंत दवाएँ शुरू करनी चाहिए और रेस्ट करना चाहिए। डॉक्टर की बातें सुनकर मैं सकते में आ गई। डॉक्टर को लगा कि मैं घबरा गई हूँ। डॉक्टर ने कहा कि घबराने की कोई बात नहीं है। आप दवाएँ शुरू कर दीजिए। ये दवाएँ आपको कम-से-कम तीन महीने तक खानी हैं। फिर आप ठीक हो जाएँगी। मैं मन-ही-मन सोच रही थी कि अब क्या होगा? टी.बी. की बात सुनकर घरवाले तो मुझे जाने नहीं देंगे। और मैं इस मौके को छोड़ना नहीं चाहती। मैंने चुपचाप दवाएँ खरीदीं और उन्हें खाना शुरू कर दिया। घर में किसी को कुछ नहीं बताया। मेरे पास 15 दिनों का वक्त था। मैंने बाकी शारीरिक व्यायाम बंद कर दिए, बस प्राणायाम नियमित रूप से करती रही। 15 दिनों तक खाई दवाओं का असर मुझे महसूस हो रहा था। थोड़ी राहत मैं अब महसूस कर रही थी, लेकिन कमजोरी अभी भी महसूस हो रही थी।

एडवांस कोर्स की तैयारी के लिए मुझे सुबह केवल डेढ़ घंटा ही मिल पाता था, जो कि बहुत कम था; लेकिन मेरे पास कोई और चारा भी नहीं था। इस दौरान मेरी तबीयत भी ठीक नहीं थी। फिर सोचा, प्रकृति के बीच जाऊँगी तो ठीक हो जाऊँगी।

जब उत्तरकाशी के लिए जमशेदपुर से ट्रेन पकड़ी तो रास्ते में ही मुझे बुखार हो गया। किसी तरह मैं उत्तरकाशी पहुँची। पर मेरा दिल ही जानता था कि मेरी इस नासमझी ने मुझे कितनी तकलीफ में डाल दिया था। मैं निरंतर दवाएँ ले रही थी। अच्छी बात यह थी कि उत्तरकाशी की ठंड ने मुझे राहत देना शुरू कर दिया था। किसी तरह तमाम कठिनाइयों के साथ मैंने अपना एडवांस कोर्स पूरा किया। यह कोर्स बेसिक कोर्स से काफी कठिन था, इसमें पर्वतारोही बनने की सभी ट्रेनिंग दी गई थीं।

वैसे, देखा जाए तो एडवांस कोर्स भी बेसिक कोर्स की तरह ही था, लेकिन इस बार सभी चीजों को बहुत विस्तार के साथ समझाया गया था। जैसे बेसिक कोर्स के दौरान हम 18,000 फीट की ऊँचाई तक गए और उतरे थे, अब इस बार यह ऊँचाई बढ़कर करीब 20,000 फीट हो गई थी। इस दौरान हमें थेलू पीक लेकर गए थे। इस कोर्स में मुझे 'बी' ग्रेड मिला था, जिसने मुझे निराश किया। मैंने पीक क्लाइंब की और वापसी में पैर की दिक्कत की वजह से संतुलन खराब हो रहा था। बेशक यहाँ आकर मेरी तबीयत ठीक हो गई थी, मैं अपने सभी टास्क पूरे कर गई थी। मुझे समझ नहीं आ रहा था कि मुझे 'बी' ग्रेड क्यों मिला? लेकिन शायद पैर की तकलीफ और संतुलन की वजह से ही 'बी' ग्रेड मिला था। उत्तरकाशी आकर मेरी तबीयत पहले से ठीक हो चुकी थी। कुछ दवाओं का असर था तो कुछ असर उत्तरकाशी के मौसम का था।

घर लौटकर मैंने विमल को अपनी तकलीफ की सच्चाई बताई तो वे बहुत नाराज हुए और तुरंत मुझे एक सीनियर डॉक्टर के पास लेकर गए।

□

6

एवरेस्ट की चढ़ाई से पहले किए गए अभियान

वैसे तो मैंने एवरेस्ट की चढ़ाई से पहले बचेंद्री पाल के साथ कई अभियानों में हिस्सा लिया था, लेकिन यहाँ मैं कुछ बड़े अभियानों का ही जिक्र करूँगी।

आइसलैंड पीक की चढ़ाई

सन् 2004 में टाटा स्टील के सौजन्य से मैडम बचेंद्री पाल के नेतृत्व में मुझे पहली बार एक पर्वतारोहण अभियान का हिस्सा बनने का मौका मिला। इस अभियान में देश भर से कई अनुभवी पर्वतारोही महिलाएँ आई हुई थीं। मुझे भी उस दल में शामिल होने का सौभाग्य मिला। इस अभियान के तहत हमें 20,600 फीट ऊँची आइसलैंड पीक पर चढ़ाई करनी थी। यह बहुत ही टेक्निकल पीक मानी जाती है। यह चोटी नेपाल में स्थित है। इस दौरान हमें एक और पीक 'काला पत्थर' पर भी चढ़ाई करनी थी और उसके बाद एवरेस्ट बेस कैंप, जो कि 18,000 फीट की ऊँचाई पर है, वहाँ तक हमारा अभियान चलना था।

इस अभियान में हम दस पर्वतारोही महिलाएँ शामिल हुई थीं; लेकिन चोटी तक जाने के लिए केवल चार का ही चयन हो सका। उन चार में एक मैं भी थी। चोटी पर पहुँचकर हम लोगों ने भारत के साथ-साथ टाटा स्टील का झंडा भी फहराया। टाटा स्टील की वजह से ही हम इतना बड़ा अभियान कर पा रहे थे। इस अभियान का सारा खर्च टाटा स्टील ने ही उठाया था। अपनी इस पहली यात्रा के लिए मैं टाटा स्टील और बचेंद्री पाल की दिल से आभारी हूँ। इस अभियान

के साथ ही मैं खुद को साबित कर सकी कि मैं भी किसी पर्वतारोहण अभियान का हिस्सा बनने लायक हूँ।

वर्ष 2004 में 'भारत रत्न' जे.आर.डी टाटा का जन्म-शताब्दी वर्ष था। बचेंद्रीजी ने सोचा कि ऐसे महान् व्यक्ति को श्रद्धांजलि अर्पित करने का सबसे अच्छा तरीका यही है कि हम उनकी स्मृति में एक साहसिक कार्य करें। वे खुद बड़े एडवेंचर पसंद व्यक्ति थे। नई-नई चुनौतियों को हाथ में लेना वे बहुत पसंद करते थे। तभी तो इतना बड़ा व्यापार खड़ा कर सके। हम भी कुछ साहस से भरा काम इस मौके पर करेंगे। मैं भी बहुत ज्यादा उत्साहित थी अपनी पहली एडवेंचर यात्रा को लेकर, जो कि मैं बचेंद्रीजी के नेतृत्व में कर रही थी।

पर्वतारोहण केवल पहाड़ पर चढ़ना ही नहीं होता। इसके पीछे महीनों की मेहनत और प्लानिंग होती है। यह भी एक बिजनेस की प्लानिंग करने जैसा ही है। पर्वतारोहण पर जाने के लिए सबसे पहले आपको यह तय करना होता है कि किस चोटी पर चढ़ना है। फिर उस चोटी पर चढ़ने के लिए सबसे उपयुक्त समय कौन सा है, इसका पता लगाना होता है। उस चोटी तक पहुँचने के लिए रूट कौन सा लेना है, यह भी तय करना होता है। राशन कितना लेकर जाना है, कपड़े कितने और किस प्रकार के ले जाने हैं, अन्य उपकरण व संसाधन क्या-क्या होंगे, यह तय करना। अभियान दल में सहयोगियों का चयन किस आधार पर करना है। अच्छे पर्वतारोहियों का चयन करके दल बनाना। फिर महीनों पहले से ही सभी को उनका काम तय करके देना। खुद को शारीरिक व मानसिक रूप से अभियान के लिए तैयार करना।

इस यात्रा के लिए हम 26 मार्च, 2004 को जमशेदपुर से दिल्ली के लिए रवाना हुए। दिल्ली में उस समय राष्ट्रपति के पद पर आसीन डॉ. ए.पी.जे. अब्दुल कलाम ने हमारी टीम को शुभकामनाएँ दीं। फिर इंडियन एयरलाइंस के सौजन्य से हम लोग काठमांडू पहुँचे। हमारी इस हवाई यात्रा का खर्च इंडियन एयरलाइंस ने ही उठाया था। काठमांडू में हम तीन दिन रहे। वहाँ हमने यात्रा के लिए कुछ शॉपिंग की। हमें 2 अप्रैल, 2004 को काठमांडू से निकलना था; मगर मौसम खराब होने के कारण हमारी फ्लाइट कैंसिल हो गई। फिर अगले दिन यानी 3 अप्रैल को हम लोग अपना सारा सामान लेकर एयरपोर्ट के लिए निकले। लेकिन माओवादियों ने बीच रास्ते में हमारी बस को रोक दिया। बस का ड्राइवर बीच रास्ते में ही बस से उतरकर भाग गया। अब हमें किसी तरह हर हालत में लुकला तक पहुँचना था। हम एक दिन पहले ही लेट हो चुके थे, ऐसे में यदि हम एक दिन और लेट हो

जाएँगे तो हमारी आगे की सारी योजना गड़बड़ हो जाएगी। हम सभी इसी सोच में डूबे हुए थे। फिर कुछ लोग सामान के पास रुके और कुछ एयरपोर्ट तक पहुँचने के लिए गाड़ी की व्यवस्था करने में जुट गए। लेकिन माओवादियों के डर की वजह से कोई गाड़ी आगे जाने को तैयार नहीं थी। हमारे पास सामान बहुत ज्यादा था और वक्त बहुत कम और वह भी तेजी से दौड़ता जा रहा था। किसी तरह माल ढोनेवाली एक गाड़ी हमें मिली और हम सभी उसमें सवार होकर एयरपोर्ट तक पहुँचे। इस तरह 45 मिनट में हम लोग लुकला पहुँचे। लुकला में खाना खाकर हम लोग उसी दिन नामचे बाजार के लिए ट्रैकिंग करने निकल पड़े। नामचे बाजार दुनिया का सबसे ऊँचाई पर स्थित बाजार है। नामचे पहुँचने के बाद हम लोग खुनजुंग, उसके बाद टेंगबोचे पहुँचे, फिर डिंगबोचे, उसके बाद फेरीचे, लोबुचे, काला पत्थर और उसके बाद अगले दिन एवरेस्ट बेस कैंप तक गए। वहाँ से गोराक्शेप और गोराक्शेप से वापस लोबुचे आए। लोबुचे से झुक्ला, फिर डिंगबोचे होते हुए चुकिंग पहुँचे।

हम करीब 1 से 2 बजे के बीच बेस कैंप पहुँचे और उसी रात 12.30 बजे हम पाँच लोग पीक के लिए रवाना हुए। सबके पास टॉर्च थी, फिर भी एक-एक कदम देख-देखकर चलना था। रास्ता बहुत कठिन था। हमारी यही कोशिश थी कि हम सभी एक साथ आगे बढ़ें; लेकिन हमारी एक साथी बार-बार पीछे छूट रही थी। हम उसका इंतजार करते और फिर साथ में आगे बढ़ते। इस तरह हम लोगों का काफी समय इंतजार करने में भी खराब हो रहा था। मगर क्या करते, अपनी साथी को पीछे भी नहीं छोड़ सकते थे। वह भी अपनी ओर से आगे बढ़ने की बहुत कोशिश कर रही थी। अब हमें पीक पर चढ़ना था और वह बहुत धीरे-धीरे आगे बढ़ पा रही थी। फिर उसने कहा कि अब मैं और नहीं चल सकती। तुम लोग जाओ, मैं अकेले वापस जा सकती हूँ। उस समय उसे छोड़कर आगे जाने का हमारा बिल्कुल मन नहीं कर रहा था। पर हमें अपनी मंजिल तक पहुँचना था। हम हर हाल में अपने अभियान को सफल बनाने की कोशिश कर रहे थे। हम लोग लगातार चलते जा रहे थे।

अब हमें रस्सी का सहारा लेकर आगे बढ़ना था। चावला दीदी हमारे आगे चल रही थीं और हम उनके पीछे-पीछे चल रहे थे। अनिता और सीमा ऊपर पहुँच चुकी थीं। धीरे-धीरे हवा चलने लगी और मौसम खराब होने लगा। अब चावला दीदी आगे बढ़ ही नहीं पा रही थीं, वहीं लटकी हुई थीं और हम उनके पीछे लटके हुए थे। दरअसल चावला दीदी के झुमार (पर्वतारोहण के दौरान रस्सी में फँसाकर

ऊपर की ओर चढ़ाई करने के लिए प्रयोग होनेवाला एक उपकरण) में कुछ खराबी आ गई थी, जिस वजह से वे आगे नहीं बढ़ पा रही थीं। हवा की गति बढ़ती जा रही थी और हमारे हाथ-पैर बुरी तरह से थक गए थे। सारा भार हाथों पर ही था। कभी-कभी पंजे मारकर बैलेंस बना ले रहे थे। रस्सी के सहारे भी अपना पूरा वजन नहीं छोड़ सकते थे। रस्सी तो बस हमारे सहारे के लिए थी और सपोर्ट के लिए ही लगाई जाती है। तेज हवा चलने से बर्फ उड़-उड़कर हमारे चेहरे से टकरा रही थी। बर्फ में पंजे भी ज्यादा देर तक नहीं टिक पा रहे थे। ऐसा लगने लगा था कि अब तो हम लोगों का जिंदा बचना भी मुमकिन नहीं होगा। खैर, भगवान् की कृपा से किसी प्रकार हम लोग ऊपर पहुँचे। इस दौरान हम लोग करीब एक घंटा यूँ ही लटके रहे। किसी तरह उनका झुमार फिर काम करने लगा और वे आगे बढ़ने लगीं। वहाँ पहुँचकर ऐसा लगा जैसे पीक पर पहुँच गए; मगर मालूम पड़ा कि पीक तो अभी 80 मीटर और दूर है। अब यह 80 मीटर हम लोगों को 8,000 मीटर के बराबर लगने लगे थे। मौसम फिर से खराब हो चुका था। सारी शक्ति खत्म होती जा रही थी, फिर भी हम लोगों की इच्छा-शक्ति अभी बरकरार थी। खराब मौसम की वजह से जब एक शेरपा ने कहा कि आप लोग यहीं पर अपना झंडा लहरा दो। बहुत से लोग मौसम खराब होने की वजह से यहीं तक चढ़ाई करते हैं। मौसम का कुछ भरोसा भी नहीं है। कुछ भी हो सकता है, या फिर वापस चले जाओ। मन तो नहीं था वापस जाने का, मगर उसी समय हमारी लीडर बचेंद्रीजी के शब्द याद आए, जो उन्होंने हमसे चलते समय कहे थे कि 'जब भी, जहाँ भी मौसम खराब हो, तुरंत वापस आ जाना। प्रकृति से हम लोग कभी नहीं लड़ सकते। पहाड़ तो यहीं रहेगा, लेकिन पर्वतारोही का सुरक्षित होना बहुत जरूरी है। चढ़ाई तो बाद में भी की जा सकती है।' हम सभी बहुत थक चुके थे, मगर वापस जाना फिर भी हमें मंजूर नहीं था। दूसरी ओर, हवा की गति इतनी तेज थी कि एक भी कदम आगे बढ़ाना बहुत मुश्किल था। साथ ही बहुत खतरनाक भी। खैर, बहुत दुःख और निराश होकर भारी मन से हम लोग वापस लौट आए। ऐसी तेज हवा में वापस उतरना भी खतरे से खाली नहीं था। वापसी में जब हम लोगों ने रास्ता देखा तो विश्वास ही नहीं हो पा रहा था कि हम लोग रात में इसी रास्ते से गए थे। दिन के करीब 11 बजे हम बेस कैंप पहुँचे। हमारा उतरा हुआ चेहरा देखकर बचेंद्री मैडम समझ गईं कि हम पीक तक नहीं पहुँच पाए। उन्होंने मुसकराते हुए हमें गले लगाया और कहा कि निराश होने की कोई जरूरत नहीं है। आज हम नहीं जीत पाए तो क्या हुआ, कल फिर से कोशिश करेंगे। अभी आप सभी लोग

आराम करो, उसके बाद प्रैक्टिस करेंगे।

अगले दिन भगवान् को याद करके हम फिर से तैयार थे। लेकिन बचेंद्री मैडम ने हम में से केवल चार लोगों को ही भेजा। उन चार लोगों में एक मैं भी थी। अब हम लोग पूरी तरह से सफल होकर ही लौटना चाहते थे। अगर फिर भी किसी कारणवश लेट हो जाते तो हमारा अभियान सफल नहीं हो पाता। जब हम लोग जा रही थीं तो बचेंद्रीजी ने खुद हम लोगों को कॉफी बनाकर पिलाई। हम लोगों के कपड़े चेक किए। मेरी वुलन कैप उन्हें ठीक नहीं लग रही थी तो उन्होंने अपनी कैप निकालकर मुझे पहनाई और हम लोगों को पीक की चढ़ाई के लिए शुभकामनाएँ देकर रवाना किया। जब से हम रवाना हुए थे, तब से ही बचेंद्रीजी हमारी सकुशल और सफल वापसी का इंतजार करती रहीं। रात को वे सोईं भी नहीं। जैसे ही थोड़ा सा उजाला हुआ, एक ऊँचे पहाड़ पर चढ़कर दूरबीन से देखती रहीं कि मौसम कैसा बना हुआ है। हम लोग कहाँ तक पहुँचे। उन्हें हमारी बहुत ज्यादा फिक्र हो रही थी। भगवान् की कृपा से सब ठीक रहा और हम लोगों ने सफलतापूर्वक अपनी यात्रा को पूरा किया और आइसलैंड पीक पर भारत का झंडा फहराया। साथ ही टाटा स्टील और इंडियन एयरलाइंस का झंडा भी फहराया। वह पल मेरी जिंदगी का सबसे हसीन पल बन चुका था। उस समय ऐसा लग रहा था मानो मुझे सबकुछ मिल गया है। जब हम वापस लौटे तो हमारा खुशी से चमकता व दमकता चेहरा देखकर ही बचेंद्री मैडम समझ गईं कि इस बार हम अभियान में सफल होकर लौट रहे हैं। हम सभी खुशी से एक-दूसरे के गले मिले। अगले दिन सुषमा और चेतना को भी भेजा गया और उन्होंने भी सफलता हासिल की।

फिर काठमांडू वापस आकर हम कैसिनो गए और सबने मिलकर जीत का जश्न मनाया। वहाँ से दिल्ली लौटे तो प्रधानमंत्री अटल बिहारी वाजपेयीजी से मिले। सोनिया गांधी और शीला दीक्षितजी से भी मिले। सभी ने हमें हमारी जीत पर हमें बधाई दी।

काराकोरम पास एवं माउंट स्टॉक कांगरी अभियान

वर्ष 2005 में बचेंद्री पालजी के नेतृत्व में हमने काराकोरम पास क्लाइंब किया। यह 'ऑल इंडियन वूमेन एक्सपीडिशन' था। टीम के सभी सदस्य अनुभवी पर्वतारोही थे। पूरी टीम में मैं ही सबसे कम अनुभवी थी। टीम में बासुमति दीदी, चावला जागीरदार, चेतना साहू, अनीता सोरेन, पूनम, सुषमा और संदीप शामिल थे। पहले हम दिल्ली आए, जहाँ 24 अगस्त को हम लोग प्रेस से मिले। उसी दिन हम सोनिया

गांधी और दिल्ली की मुख्यमंत्री शीला दीक्षितजी से भी मिले और उन्होंने हमारी पूरी टीम को अपनी शुभकामनाएँ दीं। 26 अगस्त को हम बस में बैठकर मनाली गए और वहाँ 'मनाली पर्वतारोहण संस्थान' में हमने लंच किया। शाम को हम जिस्पा गए और रात को वहीं रुके। 27 अगस्त को हम लेह के लिए रवाना हो गए। लेह के लिए हम बारालाचा, सरच्यू, नकीला, लचीलूँ, टेगलंगा, खरदुंज्ला पास क्रॉस कर लेह पहुँचे। वहाँ हम होटल खयूल में ठहरे। बहुत ही सुंदर होटल था। वहाँ हरे रंग के सेब लगे थे। हमने खुद पेड़ों से सेब तोड़कर खाए और सभी ने मिलकर खाना बनाया। बासुमति दीदी ने डोसा बनाया। फिर हम 31 अगस्त को ट्रैकिंग करके कैंप 1 पहुँचे। एक सितंबर को ट्रैकिंग करते हुए कैंप 2 पहुँचे और दो सितंबर को हम सासिर ड्रैंगो पहुँचे। यह 17 किलोमीटर की बहुत ही कठिन यात्रा थी । फिर 3 अगस्त को छौंगटास पहुँचे, जहाँ हमें नदी पार करके पहुँचना था। 4 अगस्त को हम लोग बुरसा पहुँचे। बुरसा जाने के दौरान हमें कई बार नदी पार करनी पड़ी। इस दौरान न जाने कितने ही नालों और नदियों को हमने पार किया। जैसे ही हम सोचते कि शायद अब हमें और नदी नहीं मिलेगी, यह सोचकर हम अपने पैरों में पाउडर डालकर अपनी जुराबें बदलते, साफ व सूखी जुराबें पहनते और आगे चल देते तो देखते कि फिर एक नदी पार करने की चुनौती खड़ी हो गई है। बहुत ही मुश्किल और पथरीला रास्ता था। पानी एकदम बर्फीला था। बेहद नुकीले पत्थरों के कारण जूते पहनने के बाद भी पत्थर पैर में चुभ रहे थे और पैरों में दर्द हो रहा था। घुटनों तक पानी और वह भी तेज लहर के साथ तेजी से बह रहा था। हम सभी ने एक-दूसरे को मजबूती से पकड़ा हुआ था, ताकि एक-दूसरे के साथ भी रहें और एक-दूसरे का सहारा बनकर भी रहें। ऐसी विपरीत परिस्थिति में आर्मी का हमें बहुत सहयोग मिला। हमें वहाँ देखकर आर्मी वालों को बहुत हैरानी हो रही थी कि हम लोग इतनी तकलीफ सहकर भी यहाँ तक पहुँचे हैं।

काराकोरम पास 18,300 फीट पर भारत-चीन सीमा रेखा है। हमने ऊपर पहुँचकर देखा तो दूर सामने चीन के सिपाही दिखे, जो अपने देश की सीमा पर खड़े होकर अपने देश की रक्षा कर रहे थे। उनके लिए अच्छी पक्की रोड बनी हुई थी। दूसरी ओर हमारे देश के सिपाही कितनी मुश्किलों को सहते हुए सरहद पर तैनात खड़े थे। उनके लिए अपनी सीमा तक पहुँचने के लिए सड़क तो दूर की बात है, रास्ता भी बहुत ही कठिनाइयों भरा था।

काराकोरम पास को हम सभी टीम के सदस्यों ने सही-सलामत पहुँचकर पूरा किया। इस प्रकार हमारा काराकोरम पास अभियान भी सफल हो गया। रास्ते

में हम लोगों को कई तरह की परेशानियाँ तो हुईं, मगर इन्हीं परेशानियों का सामना करते हुए हम मानसिक व शारीरिक रूप से बहुत मजबूत भी हो चुके थे।

13 सितंबर, 2005 को हमने काराकोरम पास की चढ़ाई की और लेह पहुँचे। 14 सितंबर को लेह में रहकर हमने अपने सभी संसाधनों को चेक किया, कपड़े चेक किए, साथ ही राशन की व्यवस्था भी की। अब हमारा अगला लक्ष्य माउंट स्टॉक कांगरी पीक की चढ़ाई करना था।

16 सितंबर को हम माउंट स्टॉक कांगरी पीक के लिए रवाना हुए। शाम को 5 बजे हम लोग बेस कैंप पहुँचे। रात को वहीं रुके। 17 सितंबर को सुबह बेस कैंप से कैंप 1 के लिए निकले। वहाँ पर हम लोग दिन में लगभग 2 बजे पहुँचे। उसी दिन रात को 1 बजे हमारी टीम ने माउंट स्टॉक कांगरी पीक की चढ़ाई करने का प्रोग्राम बनाया। सभी बहुत उत्साहित थे। शाम को जल्दी खाना खाकर सब अपने-अपने टेंट में चले गए। शाम होते-होते हवा भी तेज चलने लगी थी। बहुत ठंड थी। हम लोग सोने की कोशिश करने लगे, क्योंकि हमें रात में ही निकलना था। मगर नींद किसे आ रही थी। सोने की कोशिश करते, लेकिन हर एक घंटे में नींद खुद-ब-खुद टूट जाती और नजरें सीधे घड़ी पर जाकर टिकतीं। उस समय मन में एक ही सवाल घूम रहा था कि टाइम क्या हुआ है? क्या 1 बज गया है? फिर रात को 12 बजे हम लोग अपने स्लीपिंग बैग से बाहर निकलकर टेंट से बाहर आए। बाहर आकर देखा तो मौसम अभी भी खराब था। तेज हवाएँ लगातार चल रही थीं और आसमान पर बादल छाए हुए थे। लेकिन हमें तो अपने लक्ष्य को पाना ही था, इसलिए अब मौसम का खराब होना भी हमें परेशान व विचलित नहीं कर रहा था। फिर हम लोगों ने स्टोव जलाकर पानी गरम किया और अपनी-अपनी बोतलों में भरा। कॉफी बनाई और कॉफी पीकर हम सभी लोग तैयार होने लगे। 1.15 बजे तक हम लोग अपना-अपना टेंट फोल्ड करके, सामान पैक करके माउंट स्टॉक कांगरी पीक के लिए निकल पड़े।

माउंट स्टॉक कांगरी विश्व की 31वें नंबर की सबसे ऊँची पर्वत चोटी है, जिसकी ऊँचाई 2,160 मीटर है। चलने से पहले हम लोगों ने भगवान् को याद किया। काफी अँधेरी रात थी, इसलिए हम सभी के पास टॉर्च थी। उसी की रोशनी से हम आगे बढ़ पा रहे थे। कुछ दूर चलने के बाद हमें बर्फ में चलना पड़ा। रास्ता चुनौतियों से भरा था, लेकिन हमारे हौसले भी पूरी तरह से बुलंद थे। और कदम धीरे-धीरे ही सही, लेकिन लगातार आगे बढ़ते जा रहे थे। इस प्रकार हमारी टीम 5 बजे माउंट स्टॉक कांगरी पीक पहुँची। वहाँ पहुँचकर तो ऐसा लगा जैसे हम स्वर्ग

के दर्शन कर रहे हैं। बहुत ही सुंदर नजारा था। इतना सुंदर, जिसे शब्दों में बयाँ कर पाना बहुत मुश्किल है। इतना सुंदर दृश्य हमने अपने जीवन में पहले कभी नहीं देखा था। पीक पर पहुँचकर हम सभी ने खुशी के मारे एक-दूसरे को गले लगा लिया। एक-दूसरे को इस जीत की बधाई दी। इतने में तेज स्नो फॉल होने लगा। हवा भी तेज हो गई। ठंड से हम लोगों का बुरा हाल था। अब हमारा वहाँ ज्यादा देर तक रुकना ठीक नहीं था, क्योंकि नीचे उतरना भी बहुत खतरनाक था। इसलिए हमने जल्दी-जल्दी एक-दूसरे की कुछ तसवीरें खींचीं और वापस उतरने लगे। सुबह करीब 7.30 बजे हम लोग कैंप 1 पहुँचे। 8.30 बजे तक हम लोगों ने नाश्ता किया और अपना टेंट फोल्ड करके सामान पैक करने लगे। लगभग 10 बजे हम लोग लेह के लिए निकल गए।

उसी दिन हम लेह भी पहुँच गए। यह हम सभी के लिए बहुत खुशी की बात थी कि उसी दिन हमने पीक की चढ़ाई की और हम वापस भी लौट आए। अपने इस अभियान में हमने दो जीत दर्ज कराईं। पहली काराकोरम पास और दूसरी स्टॉक कांगरी पीक पर भारत का झंडा फहराया। इस पूरे अभियान में हमारे साथ भारतीय सेना द्वारा उपलब्ध कराए गए एक सीनियर ऑफिसर श्री विभोर का साथ हम नहीं भूल सकते। उनके सहयोग और मार्गदर्शन की वजह से ही हम इस कठिन यात्रा में सफलता हासिल कर सके। जिनके सौजन्य से यह अभियान चल रहा था, यानी टाटा स्टील का भी झंडा फहराया।

पहला भारतीय महिला अभियान, थार मरुस्थल

वर्ष 2007 में बचेंद्री पालजी ने कुछ नया साहसिक काम करने के बारे में सोचा। उन्होंने कहा कि हिमालय में हम बहुत कुछ कर चुके हैं, इस बार कुछ नया होना चाहिए। इस प्रकार पहला भारतीय महिला अभियान 'थार मरुस्थल प्रोग्राम' करने की उन्होंने सोची। इसके तहत हमें भुज से अपनी यात्रा शुरू करनी थी और पंजाब में वाघा बॉर्डर तक जाना था। यह काम अब तक किसी ने नहीं किया था। पहली बार हम ही करने जा रहे थे। यह 40 दिनों का एक लंबा अभियान था, जिसमें हमें 2,000 किलोमीटर तो ऊँट की सवारी करनी थी। भारत-पाकिस्तान की सीमा के साथ-साथ चलना था। इस अभियान में मेरी बड़ी बेटी प्रियांशा भी मेरे साथ थी। अपनी इस यात्रा के लिए हमारा नाम 'लिम्का बुक ऑफ वर्ल्ड रिकॉर्ड' में भी शामिल किया गया।

अपनी इस यात्रा के माध्यम से हमें अपने बी.एस.एफ. के जवानों को, उनके

काम और कठिन जिंदगी को बहुत नजदीक से देखने और उनके बारे में जानने का मौका मिला। अपने देश की सीमा से सटे गाँवों और देहातों में रहनेवाले लोगों के जीवन को भी हमें करीब से देखने-समझने व जानने का मौका मिला। रास्ते में पड़नेवाले हर गाँव में हम रुके, वहाँ ठहरे और हर गाँव में हमारा स्वागत हुआ। हमारा सम्मान किया गया। ऐसे गाँव, जहाँ बेटी पैदा होते ही उसे आज भी मार दिया जाता है। जहाँ औरतें आज भी बिना घूँघट के नहीं रहतीं, ऐसे गाँवों ने जब हम औरतों को ऊँट पर सवारी करते हुए देखा तो उनके लिए यह दृश्य बहुत बड़ी बात थी। हम लोग एक दिन में कभी-कभी 60 किलोमीटर ऊँट की सवारी कर रहे थे, जो बहुत ही तकलीफदेह थी।

यह अभियान केवल साहस से भरा ही नहीं था, बल्कि इस अभियान के जरिए हम न जाने कितनी ही नई-नई अनुभूतियों से होकर गुजरे। न जाने कितनी ही नई चीजों को हमने देखा, महसूस किया। भारतीय सीमा में बसे गाँवों के लोगों से मिले तो वहाँ के जीवन की कठिनाइयों और समस्याओं को भी जाना-समझा। थार मरुस्थल भारत-पाकिस्तान की सीमा में फैला हुआ है। सीमा की रक्षा करते हुए अपने बी.एस.एफ के जवानों से मिले। उनके जोखिम भरे जीवन को देखने व महसूस करने का जो मौका मिला, वह भी किसी एडवेंचर से कम नहीं था; बल्कि उससे कहीं ज्यादा अनुभव देनेवाला था। मरुस्थल में बसे गाँवों में दूर-दूर तक न तो पानी था और न ही सड़क व बिजली की सुविधा। अस्पताल और स्कूल भी वहाँ नहीं थे। इन सभी कठिनाइयों से जूझते हुए लोग वहाँ अपना जीवन-यापन कर रहे हैं। भारत में इस तरह के और भी कई गाँव होंगे, जहाँ इस प्रकार की सुविधाएँ नहीं होंगी। मगर यहाँ सबसे बड़ी चुनौती यह है कि यह पूरा इलाका रेगिस्तान है। यहाँ एक स्थान से दूसरे स्थान पर जाने के लिए सवारी का एकमात्र जरिया ऊँट ही है। अगर रेगिस्तान में ऊँट न हो तो यहाँ के लोगों का जीवन और कठिन हो जाएगा। अब आप समझ सकते हैं कि कितना संघर्षपूर्ण होगा यहाँ के लोगों का जन-जीवन! इन लोगों की परेशानियों को शब्दों में बयाँ नहीं किया जा सकता। बस, महसूस ही किया जा सकता है। शिक्षा का प्रचार-प्रसार न हो पाने की वजह से आज भी यह क्षेत्र बहुत ज्यादा पिछड़ा हुआ है। न केवल अपनी जीवन-शैली में, बल्कि अपनी सोच और विचारों में भी बहुत पीछे है। यहाँ आज भी लड़की का जन्म लेना अभिशाप माना जाता है। लड़कियों को यहाँ आज भी शिक्षा से दूर रखा जाता है। बावजूद इसके हमारा स्वागत हर जगह बहुत सम्मान व उत्साह के साथ किया गया।

यह सब देखकर बचेंद्रीजी ने वहाँ के लोगों से कहा, "आप लोग जिस प्रकार से हमारा सम्मान कर रहे हैं, हमें बहुत अच्छा लग रहा है। हम सभी महिलाएँ इस अभियान का हिस्सा हैं। हम सभी किसी की माँ, बेटी, बहू, पत्नी और बहन हैं। हम सभी इस अभियान के लिए अपने घरों से दूर यहाँ आप लोगों के सामने हैं। आप लोग हमारा सम्मान कर रहे हैं, हम पर गर्व कर रहे हैं, फिर आप लोगों ने अपने घर की औरतों को क्यों परदे के अंदर रखा है? क्यों उन्हें शिक्षा के अधिकार से दूर रखा है? आज जो हम लोग यह सब कर रहे हैं, इन सब कामों को करने के लिए हमें भी रातोरात इजाजत नहीं मिली अपने परिवार से। हमें भी अपने-अपने घर और परिवारवालों को समझाने में वक्त लगा है। हमारी बातें जब हमारे परिवार ने समझीं, हमें सहयोग किया, तभी आज हम यहाँ आप लोगों के बीच हैं।"

बचेंद्रीजी की यह बात सुनकर वहाँ कई आदमियों ने अपनी बहू-बेटियों को घूँघट हटाने को कहा। उसके बाद तो खूब नाच-गाने का कार्यक्रम भी हुआ और गाँवों के पंचों ने वादा किया कि अब वे भी अपनी बेटियों को शिक्षा दिलवाएँगे। आज जहाँ आप लोग खड़े हैं, कल वहाँ हम लोगों की यानी यहाँ की बेटियाँ भी खड़ी होंगी। यह देखकर हम सभी बहुत ज्यादा खुश थे। हमें लग रहा था कि यदि हम इन लोगों की सोच में, वहाँ के समाज की सोच में 10 प्रतिशत भी बदलाव ला पाए तो भी यह हमारे लिए बहुत बड़ी बात है।

पहले हम सभी ने बी.एस.एफ. यानी सीमा सुरक्षा बल का नाम बहुत सुना हुआ था। जब हम थार मरुस्थल अभियान के लिए जा रहे थे तो हमें बताया गया था कि इस अभियान में हम भारत-पाकिस्तान सीमा पर जा रहे हैं। हमारे इस अभियान में सीमा सुरक्षा बल हमें पूरा सहयोग करेगा। इस यात्रा के दौरान जब हमने अपने सीमा सुरक्षा बल के सैनिकों की दिनचर्या, उनका काम, उनके जीवन की कठिनाइयों व तकलीफों को करीब से देखा तो महसूस किया कि इन सैनिकों की तकलीफों के सामने तो हम सबकी तकलीफें बहुत छोटी हैं। न जाने कितने ही खतरों से रोज ये लोग खेलते हैं। अपने परिवार से दूर रेगिस्तान में एक मचान के नीचे, नाका में खड़े रहकर कैसे पहरा देते हैं! इनकी हर वक्त सीमा पार पर टिकी निगाहें कैसे हमें रोज सुरक्षित रखती हैं, किसी अनहोनी को होने से रोकती हैं। कैसे ये लोग चौबीसों घंटे चौकन्ने रहते हैं, ताकि हम सभी भारतवासी चैन की नींद सो सकें। ये जवान यहाँ केवल पाकिस्तान से ही नहीं लड़ रहे हैं, बल्कि यहाँ के बहुत ही प्रतिकूल जलवायु से भी लड़ रहे हैं और यह अपने आप में बहुत बड़ी चुनौती है। हमारे जवान तपती धूप, ठिठुरती सर्दी और मूसलधार बारिश में भी

अपने स्थान पर अटल खड़े रहते हैं और अपनी नजर दूर तक बनाए रखते हैं। जब शाम को बहुत ही धुँधले प्रकाश में हमें सामने कुछ भी नजर नहीं आ रहा था, ऐसे में हमारे जवान एक कोस की दूरी पर अकेले खड़े रहकर अपनी ड्यूटी कर रहे थे। जवानों की देशभक्ति और तकलीफें देखकर हम सब भाव-विभोर हो गए और हमारा मन जवानों के प्रति श्रद्धा से भर गया।

बचेंद्रीजी ने कहा, "हमारा अभियान तो 40 दिन में खत्म हो गया, लेकिन इनका तो हर दिन किसी अभियान से कम नहीं। कभी न खत्म होनेवाला अभियान है।"

इन 40 दिनों में हमने अपने जवानों से बहुत कुछ सीखा। सबसे बड़ी बात कठिनाइयों से लड़ने का जो जज्बा हमने इनके अंदर देखा, उसने हमें भी हौसला दिया कि अब हम भी जीवन में आनेवाली बड़ी-बड़ी समस्याओं को यूँ ही पार कर लेंगे। जब भी हम जीवन में कठिनाइयों से गुजरेंगे तो सबसे पहले अपने बी.एस.एफ. के जवानों को याद करेंगे। जवानों की जिंदादिली, कर्तव्यनिष्ठता और साहस हमें अपनी कठिनाइयाँ दूर करने के लिए प्रेरित करेगा, हमारा हौसला बढ़ाएगा।

यहाँ आकर हमें बहुत मान-सम्मान मिला। हमने पूरे गुजरात, राजस्थान और पंजाब में वाघा बॉर्डर तक यात्रा की। गुजरात और राजस्थान में ऊँट की सवारी की। पंजाब में कुछ दूरी के लिए घोड़ों की सवारी भी की, कुछ दूरी पैदल भी तय की। अपनी इस यात्रा को हमने भुज से शुरू किया था और वाघा बॉर्डर पर पूरा किया। वहाँ पहुँचने पर हमारा बहुत भव्य स्वागत किया गया। हमारे सम्मान में बहुत बड़ी पार्टी रखी गई, जहाँ अमृतसर के स्कूल व कॉलेजों के बच्चों ने बहुत ही शानदार कार्यक्रम पेश किया। सीमा सुरक्षा बल ने हमें प्रतीक चिह्न देकर सम्मानित किया।

□

7

माउंट एवरेस्ट

एवरेस्ट के लिए तैयारियों का दौर

वर्ष 2008 में किलिमंजारो से वापस लौटते वक्त बचेंद्रीजी ने मेरी फिटनेस को देखकर कहा कि अब तुम्हें एवरेस्ट की तैयारी करनी चाहिए। एवरेस्ट के बारे में मुझे कभी खयाल नहीं आया था। वैसे तो जो भी मैं कर रही थी या जो भी सफलताएँ मुझे मिलती जा रही थीं, मैंने उन सबके बारे में भी कभी नहीं सोचा था। अब जबकि मैं पर्वतारोहण के क्षेत्र में आ चुकी थी, तब भी मेरे दिल में एवरेस्ट पर चढ़ने का खयाल नहीं आया था। इस समय मेरे दिमाग में जो चिंता थी, वह थी अपनी बड़ी बेटी की शादी की चिंता और साथ ही छोटी बेटी की पढ़ाई को लेकर, उसके भविष्य को लेकर भी मैं काफी सोच रही थी। क्योंकि मेरी पहली प्राथमिकता मेरा घर, मेरे बच्चे ही थे। इस समय यही दो प्राथमिकताएँ थीं मेरी।

मैंने यह भी सुना था कि एवरेस्ट पर जाने के लिए पहले लगभग ढाई महीने तक पहाड़ों पर रहकर ट्रेनिंग लेनी होती है और तीन महीने का समय एवरेस्ट के लिए चाहिए। इतने समय तक घर की सभी जिम्मेदारियों से दूर रहना, घर से बाहर रहना मेरे लिए आसान नहीं थी। इसलिए एवरेस्ट पर जाने की बात उस समय मेरे दिमाग में भी नहीं था। लेकिन हाँ, यह बात जरूर थी कि बचेंद्रीजी मुझे काफी समय से यह बात कह रही था कि तुम फिट हो, इतना सब कर भी चुकी हो, इसलिए तुम्हें अब एवरेस्ट पर जाना चाहिए। जब भी वे यह बात कहतीं तो सुनकर बहुत खुशी होती थी कि इतने सारे लोगों में से वे मुझे ही बोल रही हैं। उन्हें मुझ पर यकीन है कि मैं कुछ करके दिखा सकती हूँ, उनकी उम्मीदों पर खरी उतर सकती हूँ। जब भी वे इस बात को कहतीं, मैं बस मुसकरा देती थी। जवाब देती भी

तो क्या देती? मैं इस बात को नहीं भूल सकती थी कि सबसे पहले मैं एक माँ हूँ। अपने बच्चों की सही परवरिश और उनके भविष्य की चिंता मेरी प्राथमिकता है। उसके बावजूद अब तक मैं जो कुछ भी कर चुकी थी, वह भी अपने आप में मेरे लिए बहुत बड़ी बात थी।

एक बात जरूर मेरे साथ सही हो रही थी कि मैं अपनी फिटनेस को लेकर अब और ज्यादा जागरूक हो चुकी थी। बेशक फिटनेस मेरे लिए हमेशा से बहुत महत्त्वपूर्ण मुद्दा रहा है। बचपन से मैं नियमित रूप से योग करती आ रही थी और इसलिए फिट भी थी। लेकिन अब रोज एक घंटा व्यायाम को देना मेरी दिनचर्या का अहम हिस्सा बन चुका था।

मैं केवल पर्वतारोहण की तैयारियों के दौरान ही अपनी फिटनेस पर ध्यान नहीं देती थी, बल्कि आम दिनों में भी जिम व स्टेडियम जाती थी। लेकिन हैरानी इस बात की थी कि इतना सब प्राप्त कर लेने के बाद भी लोग ताने मारने का कोई मौका नहीं छोड़ते थे। जैसे ही मौका मिलता, बोलने लगते कि इनकी बहू तो जब देखो घर से बाहर ही रहती है। इन तानों के बीच एवरेस्ट की बात मैं कैसे सोचती? वहाँ तो इतना लंबा समय तैयारी और उतना ही लंबा समय चढ़ाई के लिए मुझे चाहिए था। खैर, मैंने बात को फिर मुसकराकर टाल दिया, ज्यादा तूल नहीं दिया। अपना पूरा ध्यान परिवार पर केंद्रित कर लिया और किसी से कुछ नहीं कहा।

सन् 2010 में मेरी बड़ी बेटी की शादी हो गई और छोटी बेटी का एम.बी.ए. में दाखिला हो गया और वह हॉस्टल में रहने चली गई। अब मैं घर की जिम्मेदारियों से कुछ समय के लिए फिर से मुक्त हो चुकी थी। बचेंद्रीजी से तो मैं वैसे भी मिलती ही रहती थी। चूँकि उनसे जब भी मिलती, मेरा आत्मविश्वास और बढ़ जाता था। जब भी उनसे बात करती तो कुछ-न-कुछ सीखने को मिलता। लेकिन अब, जब मैं उनसे मिलने गई तो यही बताने के लिए गई कि अब मैं कुछ समय के लिए फिर से फ्री हूँ। मेरा स्वयं आगे आकर उन्हें यह कहना कि अब मैं फ्री हूँ, बताइए, मुझे क्या करना है? बचेंद्रीजी को भी बहुत अच्छा लगा। उन्होंने मुझे कहा कि अब तुम बस अपनी प्रैक्टिस पर ध्यान दो, पैसों की चिंता मत करो। मैं तुम्हारे लिए टाटा स्टील को लिखूँगी। झारखंड से अब तक किसी ने एवरेस्ट पर चढ़ाई नहीं की है। मैं चाहती हूँ कि तुम एवरेस्ट पर जानेवाली झारखंड की पहली महिला बनो। उनकी यह बात सुनकर मेरा मनोबल और बढ़ चुका था। मैं फिर से अपने अंदर नए सिरे से हिम्मत बटोरने की कोशिश कर रही थी। लेकिन इससे पहले यह बात मुझे अपने घरवालों को बतानी थी। घर आई तो घर में सभी लोग थे, सास-ससुर व पति। मैंने संकोच

के साथ उन्हें बताया कि मैं आज बचेंद्रीजी से मिलने गई थी। उन्होंने कहा है कि अब तुम एवरेस्ट पर जाने की तैयारी करो। वे चाहती हैं कि मैं एवरेस्ट पर भारत का झंडा फहराऊँ और झारखंड से एवरेस्ट पर जानेवाली पहली महिला बनूँ।

जब घर में सास-ससुर के सामने मैंने यह बात रखी तो मेरे ससुरजी ने कहा कि जब बचेंद्रीजी ने कहा है तो तुम्हें जाना चाहिए। फिर मैंने बताया कि मुझे तीन महीने घर से बाहर रहना होगा। उससे पहले एवरेस्ट पर चढ़ने के लिए तैयारी करनी होगी। उसमें भी काफी समय लगेगा। बहुत ज्यादा मेहनत करनी होगी खुद को एवरेस्ट पर चढ़ने लायक बनाने के लिए। अपनी उम्र के हिसाब से तो मुझे कई गुना ज्यादा मेहनत करनी होगी। खूब प्रैक्टिस करने की जरूरत है।

फिर पति बोले, 'तुम घर की बिल्कुल चिंता मत करो। घर मैं सँभाल लूँगा। तुम बस, एवरेस्ट पर जाने की तैयारियों में जुट जाओ।'

घरवालों से सहमति मिलने के बाद मैंने अपनी बेटी को फोन लगाया, क्योंकि अब उसकी शादी हो चुकी थी। वह सास-ससुरवाली हो चुकी थी। दामाद से भी बात की, क्योंकि मैं सबको साथ लेकर चलना चाहती थी। दामाद भी बोले, 'आप अपनी तैयारी कीजिए। आपके इस निर्णय से यहाँ सभी लोग खुश हैं।' मैंने अपनी छोटी बेटी को भी फोन लगाया कि मैं एवरेस्ट के लिए जाना चाह रही हूँ। तो वह भी बोली, 'मम्मी, किसी को कहाँ ऐसा मौका मिलता है। बचेंद्री आंटी आप पर कितना भरोसा करती हैं। टाटा स्टील आप पर भरोसा कर रहा है। ऐसे में आपको जरूर जाना चाहिए।'

अब यहाँ सारी बात विश्वास पर टिकी थी, भरोसे पर टिकी थी। परिवार और रिश्तेदारों से मिले इस भरोसे ने मुझे आत्मविश्वास से भर दिया। अब मुझे भी एक नया लक्ष्य मिल गया। परिवार से मुझे हमेशा ही सहयोग मिला, तभी मैं अब तक इतना सब कर चुकी थी। अब एक बार फिर से परिवार व बच्चों का, रिश्तेदारों का सहयोग मेरे साथ था। उनका आशीर्वाद और विश्वास मेरे साथ था, साथ ही इतनी सारी उम्मीदें। ये सब चीजें जहाँ मुझे आत्मविश्वास से भर रही थीं, वहीं इस बात का अहसास भी करा रही थीं कि मुझे सबकी उम्मीदों पर खरा उतरकर दिखाना है। मैं किसी को निराश नहीं कर सकती थी, उनका भरोसा नहीं तोड़ सकती। मुझे सच्चे मन से, हिम्मत से इस लक्ष्य को पूरा करना ही है, चाहे इसके लिए मुझे कितनी ही कठोर मेहनत क्यों न करनी पड़े, दिन-रात एक क्यों न करना पड़े। जब भगवान् ने ऐसा मौका मेरी झोली में डाला है तो मुझे इसे हाथ से नहीं जाने देना चाहिए।

फिर मैंने महसूस किया कि मुझे एक बार फिर से एडवांस कोर्स करना चाहिए।

इससे मेरी प्रैक्टिस भी अच्छी हो जाएगी। वैसे भी, उसमें मुझे 'बी' ग्रेड मिला था, जिससे मैं संतुष्ट नहीं थी। लेकिन उससे पहले अगस्त 2010 में मैं रॉक क्लाइंबिंग का कोर्स करने माउंट आबू गई। बारिश होने और खराब मौसम के बावजूद मैंने वहाँ प्रैक्टिस की। वहाँ के इंस्ट्रक्टर ने मुझे काफी अच्छी ट्रेनिंग दी। वहाँ की प्रिंसिपल चावला जागीरदार मेरी दोस्त थीं। उनके इंस्ट्रक्टर को जब पता चला कि मैं एवरेस्ट जाने वाली हूँ तो उन्होंने मुझे बहुत प्रोत्साहित किया। मैं उनकी भी हमेशा आभारी रहूँगी, उन्होंने मेरी सही समय पर मदद की। उसके बाद अक्तूबर 2010 में मैं फिर दार्जिलिंग गई एडवांस कोर्स के लिए। इस बीच दीवाली भी आ रही थी। दीवाली पर घर से बाहर रहना मुझे भी अखर रहा था। फिर मेरी सास भी बोलने लगीं कि 'अरे, दीवाली पर घर पर नहीं रहोगी?' इस पर मेरे पति बोले कि दीवाली तो हर साल आती है, लेकिन यह मौका बार-बार नहीं आएगा। पति की इस बात ने मुझे अंदर तक छू लिया। विमल ने कदम-कदम पर जिस प्रकार मुझे सहयोग दिया, उसी सहयोग की वजह से मैं इस कठिन काम के लिए खुद को भीतर से तैयार कर पा रही थी। पति का मुझ पर विश्वास और सहयोग मुझे भीतर से बहुत मजबूत कर रहा था।

एडवांस कोर्स करने के बाद भी मैं अंदर-ही-अंदर महसूस कर रही थी कि मुझे अभी और ट्रेनिंग की जरूरत है। मैं स्नो क्राफ्ट एवं आइस क्राफ्ट की और ट्रेनिंग लेना चाहती थी। विमल ने कहा कि जब लग रहा है तो ट्रेनिंग ले लो। फिर मैं दो शेरपाओं को लेकर सिक्किम चली गई। साथ में एक कुक भी था। इस प्रकार हम चार लोग सिक्किम गए।

18 दिसंबर, 2010 को हम लोग घर से निकले। उस समय बहुत ज्यादा ठंड थी। सबसे पहले हम यॉकसम से बक्किम गए। रात को बक्किम में ही ठहरे। उस दिन बहुत ज्यादा ठंड थी। मेरा स्लीपिंग बैग भी ठंड नहीं रोक पा रहा था। जब मैंने शेरपा से कहा कि मुझे बहुत ठंड लग रही है, एक कंबल का इंतजाम कर दो, तो शेरपा एक बदबूदार कंबल लेकर आया और मेरी ओर बढ़ा दिया। किसी तरह से मैंने अपनी नाक बंद करके मजबूरी में उसे ओढ़ लिया। उस समय मेरे पास कोई और चारा भी नहीं था। ठंड असहनीय थी और बहुत ज्यादा डरावनी भी। दूर-दूर तक कोई नहीं था। इस डर के साए में मेरे लिए रात काटना कितना मुश्किल भरा समय था, यह मैं ही जानती हूँ। जिस लकड़ी के चरमराते हुए-से एक घर में हमने शरण ली थी, वह अपने आप में ही बहुत डरावना लग रहा था। अगर कोई धीरे-धीरे भी चलता तो पूरे लकड़ी के बने इस घर में चर्र-चर्र की आवाज आती, जो रात में बहुत डरावनी लग रही थी, मानो किसी हॉरर मूवी का कोई सीन हो। वैसे भी, रात

के सन्नाटे में तो कई तरह की डरावनी कल्पनाएँ आकार लेने लगती हैं। रात के 2 बजे थे और मुझे बाथरूम जाने की जरूरत महसूस होने लगी। काफी समय तक तो कंट्रोल करती रही; लेकिन जब मुझे लगा कि अब मैं और ज्यादा कंट्रोल नहीं कर सकती तो इस डरावनी रात के सन्नाटे में मैं किसी तरह डरती-डरती कमरे से बाहर निकली। चरमराती सीढ़ियों से नीचे उतरकर देखा तो शेरपा सो रहे थे। मैंने धीरे से दरवाजा खोला, बाहर जंगल में गई और फिर वहाँ से फ्री होकर वापस जल्दी से सोने के लिए कमरे में चली गई। यह जो पल था, वह मैंने किस प्रकार जिया, यह मैं ही जानती हूँ और कभी जिंदगी में भूल नहीं सकती। फिर डरते-डरते सुबह 5 बजे का इंतजार करने लगी। मन-ही-मन सोच रही थी कि मैं यहाँ अकेली क्यों आ गई? फिर सोचा, मेरे साथ आता भी तो कौन? मुझे इस प्रकार की नकारात्मक बातें नहीं सोचनी चाहिए। अभी तो मैं अपनी मंजिल से बहुत दूर हूँ। ऐसे में अगर मैं यूँ ही डरने लगूँगी और नकारात्मक बातें सोचकर खुद को निराश करूँगी तो काम कैसे चलेगा? फिर खुद ही अपने आपको समझाने लगी कि अब मुझे केवल अपने लक्ष्य के बारे में सोचना चाहिए। इस समय मेरे आगे सिर्फ अपने लक्ष्य तक पहुँचने का मकसद है, जिसे मुझे पूरा करना है। न जाने कितने ही लोग मुझसे उम्मीद लगाए बैठे हैं। मुझे इस प्रकार की फिजूल की नकारात्मक बातें सोचकर खुद को निराश नहीं करना चाहिए।

सुबह के 5 या 6 बजे होंगे कि नीचे से स्टोव के जलाने की बात होने लगी, तब जाकर मेरी जान में जान आई। यहाँ आकर मैंने महसूस किया कि मैंने सही निर्णय लिया, जो मैं यहाँ आई। फिर से एडवांस कोर्स करने के बाद भी जो कमी मैं महसूस कर रही थी, वह यहाँ आकर काफी हद तक पूरी हुई। एवरेस्ट मेरे लिए एक बहुत बड़ा टास्क था, जिसे पूरा करने के लिए मैं कोई कसर बाकी नहीं छोड़ना चाहती थी।

एवरेस्ट पर जाने से पहले पूजा

14 या 15 मार्च, 2011 की बात है। मैं दिल्ली में थी। साथ में बचेंद्रीजी और विमल भी थे। मेरे माता-पिता व चाचा-चाची वृंदावन आए हुए थे। मैं एवरेस्ट पर जाने से पहले उनसे आशीर्वाद लेना चाहती थी, क्योंकि मैं सिलीगुड़ी नहीं जा पाई थी। जब मैंने दिल्ली से उन्हें फोन लगाया तो वे बोले, 'तुम भी वृंदावन आ जाओ, यहाँ से भगवान् का आशीर्वाद लेकर जाना।' फिर मैं, बचेंद्रीजी और मेरे पति हम तीनों वृंदावन चले गए। वहाँ हमने वृंदावन की होली खेली, मंदिर में भगवान् के

दर्शन किए। मेरे माता-पिता और चाचा-चाची ने भगवान् पर चढ़ाया हुआ एक दुपट्टा मुझे दिया और कहा कि इसे एवरेस्ट तक साथ लेकर जाना। यह भगवान् का दुपट्टा तुम्हारी हर मुसीबत में रक्षा करेगा और तुम्हें सफलता दिलाएगा। मेरी भी ईश्वर में गहरी आस्था है, इसलिए मैंने ऐसा ही किया। मैं मानती हूँ कि सच में वह दुपट्टा भगवान् का आशीर्वाद रूप ही था, जो मेरे साथ एवरेस्ट तक बना रहा और उसने रास्ते में कई बार मेरी रक्षा की। यह दुपट्टा आज भी मेरे पास है, मेरे लिए मेरे सुरक्षा कवच की तरह।

माउंट एवरेस्ट का सफर

25 मार्च, 2011 को मैं काठमांडू पहुँची। मेरे साथ बचेंद्रीजी, विमल, मेरे दोनों भाई और मेरी बेटियाँ भी थीं। सभी मुझे छोड़ने आए हुए थे। सभी ने मुझे मेरी सफलताओं की कामना करते हुए मुझे विदा किया और भारत चले गए। जब सब लोग चले गए तो मेरे शेरपा छिरिंग ने मुझसे कहा, 'आपकी बेटी कहाँ है?'

मैंने कहा, 'वह तो चली गई।'

वह बोला, 'कहाँ चली गई?'

मैंने कहा, 'घर।'

फिर वह बहुत हैरानी से मेरी ओर देखने लगा।

मैंने शेरपा से पूछा, 'क्या बात है, आप क्यों पूछ रहे हैं?'

शेरपा बोला, 'क्या वह एवरेस्ट नहीं जा रही है?'

मैंने जवाब दिया, 'एवरेस्ट पर मेरी बेटी नहीं, मैं जा रही हूँ।'

मेरी बात सुनकर वह हँसने लगा। बोला,

'आप जा रही हो?' इस उम्र में?

शेरपा की यह बात सुनकर मुझे बहुत बुरा लगा। बहुत दुःख भी हुआ। मुझे उसकी हँसी चुभने लगी। मैं सोचने लगी कि हमारे देश में लोगों की यह सोच क्यों है कि यदि कोई औरत 40 साल पार कर लेती है तो वह शारीरिक रूप से कमजोर हो जाती है? जबकि यह सोच विदेशी लोगों में बिल्कुल नहीं है। अब तक के अपने कैंपों में ट्रेनिंग के दौरान मैं कई विदेशी लोगों से मिल चुकी हूँ और देख चुकी हूँ कि वे इस तरह का भेदभाव नहीं रखते।

खैर, शेरपा से बात करने के बाद मुझे यह बात अच्छी तरह समझ आ चुकी थी कि मेरी 48 साल उम्र की वजह से शेरपा को मुझ पर भरोसा नहीं है। बाद में अभियान के दौरान मुझे अहसास हुआ कि इसके अविश्वास की वजह भी पूरी तरह

से गलत नहीं है, क्योंकि उसे पूरे अभियान के दौरान मेरे साथ रहना था। मेरी छोटी सी असावधानी या शारीरिक अक्षमता मेरे और उसके दोनों की जान पर आफत बन सकती थी। फिर मैंने छिरिंग को अपने एडवांस कोर्स और अब तक किए गए अभियानों के कुछ किस्से सुनाए तो थोड़ा सा उसका भरोसा मुझ पर बढ़ा, लेकिन ज्यादा नहीं।

29 मार्च को मैं, नरेंद्र और सुनीता अपने शेरपाओं के साथ काठमांडू से निकले और एक छोटे से विमान द्वारा लुकला आ गए। हमारी टीम के बाकी सदस्य हमें कुछ दिनों बाद एवरेस्ट बेस कैंप में मिलने वाले थे। हम कुछ समय पूर्व इसलिए भी आ गए थे, क्योंकि हमें पहले आईलैंड पीक पर चढ़ना था, ताकि हमारी कुछ प्रैक्टिस हो जाए और कुछ वहाँ के तापमान के साथ हमारा शरीर ढल जाए। इस पीक की ऊँचाई 20,600 फीट है और यहाँ मैं दूसरी बार आ रही थी। इससे पहले मैं बचेंद्रीजी के साथ इस पीक पर आई थी और हमने सफलतापूर्वक अपनी चढ़ाई की थी। एवरेस्ट जाने के लिए दो रास्ते हैं—साउथ फेस और नॉर्थ फेस। साउथ फेस से जाने के लिए काठमांडू से लुकला होकर जाना होता है, जबकि नॉर्थ फेस के लिए चाइना की तरफ से जाना होता है। हम साउथ फेस की ओर से गए। सन् 1953 में हिलेरी और तेनजिंग भी इसी पोल से माउंट एवरेस्ट पर गए थे।

लुकला पहुँचने के बाद हम लोग अपने अभियान पर निकल गए और देर शाम तक फाकडिंग (Phakding) पहुँचे। यह एक छोटा सा गाँव था, जहाँ हम तीनों लोग रुके। अगले दिन यानी 30 मार्च को हम नामचे बाजार गए, जो कि 10,959 फीट की ऊँचाई पर स्थित है। यह दुनिया का सबसे ऊँचाई पर स्थित बाजार है। नामचे बाजार उत्तर-पूर्व नेपाल के सागरमाथा क्षेत्र में स्थित है। यह रास्ता मेरा जाना-पहचाना था, क्योंकि इसी रास्ते से होते हुए मैंने वर्ष 2004 में आइसलैंड पीक पर चढ़ाई की थी। इतने साल बाद फिर मैं उसी रास्ते से होकर गुजर रही थी तो दिल व दिमाग में पुरानी यादें भी ताजा हो आईं। उस समय तो सोचा भी नहीं था कि दोबारा इस राह से फिर गुजरना होगा; लेकिन सब किस्मत का खेल है। इनसान का प्रयास है, जो उसे हारने नहीं देता, हमेशा कुछ नया करने के लिए प्रेरित करता रहता है; जैसे मुझे बचेंद्रीजी और मेरे परिवार ने प्रेरित किया, जिनकी प्रेरणा व प्रोत्साहन और बहुत सारी उम्मीदों के साथ मैं आज फिर से इस रास्ते से दोबारा गुजर रही थी। यह मुझे भविष्य में एक नई पहचान देने वाला था, जिसका पता मुझे उस समय नहीं था कि पहचान इस कदर मिलेगी। उस समय तो बस, दिमाग में यही चल रहा था कि मुझे माउंट एवरेस्ट पर तिरंगा फहराना है, टाटा स्टील का झंडा फहराना है, जिनकी बदौलत मैं इतना सब कर पा रही हूँ।

चूँकि नामचे बाजार काफी ऊँचाई पर है, इसलिए हमारे शेरपा ने हमें सलाह दी कि अब आप लोग छड़ी का सहारा लेकर चलने की प्रैक्टिस भी करें। यह प्रैक्टिस एवरेस्ट के दौरान आपके बहुत काम आएगी। आगे आपको छड़ी की बहुत जरूरत पड़ने वाली है। नामचे के दुकानदारों के लिए भी यहाँ अपनी दुकान लगाना आसान काम नहीं है। इतनी ऊँचाई तक पहले सामान लाना और फिर बेचना। इसलिए नामचे बहुत महँगा बाजार भी है। वहाँ मैंने पानी की एक बोतल खरीदी, जो मुझे सौ रुपए में मिली। मैं कीमत सुनकर दंग रह गई; लेकिन क्या करते, पानी तो पीना ही था। कोई और चारा भी नहीं था। गरमी से बुरा हाल था। मन भी बहुत फीका हो रहा था, इसलिए हमने दो संतरे भी खरीदे। एक संतरा दोनों शेरपाओं को दे दिया और एक हम तीनों ने मिलकर खाया। खैर, उस दिन हमने अपनी रात नामचे में गुजारी और याद करती रही कि पिछली बार जब मैं यहाँ आई थी तो दो दिन यहाँ ठहरी थी और कैसे मैंने अपने सारे कपड़े, जैसे ही थोड़ी सी धूप नजर आई, सुखाने को डाल दिए थे। उस समय मैं नई-नई पर्वतारोही जो बनी थी, इसलिए समझ नहीं पाई कि यह जमशेदपुर का 40 डिग्री तापमानवाला क्षेत्र थोड़ा है, जो थोड़ी ही देर में मेरे कपड़ों को सुखा देगा। मैं खुद पर हँस रही थी कि उस समय मैं कितनी अनाड़ी थी! साथ ही यह भी सोच रही थी कि अनुभव इनसान को कितना कुछ सिखा देता है, कितना कुछ बिना किसी के बताए समझा भी देता है! अब तक मैं भी काफी कुछ सीख व समझ चुकी थी।

31 मार्च को हम लोग नामचे बाजार से 12,398 फीट की ऊँचाई पर ट्रेनिंग करते हुए खुनजुंग के लिए रवाना हुए। हवा बहुत ज्यादा तेज चल रही थी। हमारे लिए कैप पहनना भी बहुत मुश्किल हो गया था। डर लग रहा था कि कहीं कैप उड़ न जाए। खैर, खुनजुंग पहुँचते-पहुँचते हम बहुत थक भी चुके थे। खुनजुंग बहुत ही सुंदर गाँव है। यह शेरपाओं का गाँव है। इस गाँव की एक खासियत तो यह थी कि यहाँ सारे मकान एक जैसे थे। खुनजुंग एक मोनेस्ट्री भी है। यहाँ येती की खोपड़ी भी रखी हुई है। 'येती' एक विशालकाय स्नो मैन को कहते हैं।

1 अप्रैल को हम खुनजुंग से टेंगबोचे पहुँचे, जो कि 12,660 फीट की ऊँचाई पर है। टेंगबोचे का बौद्ध मठ खुनजुंग की सबसे बड़ी मोनेस्ट्री है। जो भी पर्वतारोही एवरेस्ट की चढ़ाई के लिए जाते हैं, वे यहाँ जरूर आते हैं और अपनी सफल व सुरक्षित यात्रा और अच्छे मौसम के लिए प्रार्थना करते हैं। हमने भी यहाँ प्रार्थना की और अपनी सफल व सुरक्षित यात्रा के लिए दुआ माँगी।

यह जगह भी मुझे बहुत सुंदर लगी। अब तो हर तरफ हमें प्राकृतिक सौंदर्य के

अद्‌भुत नजारे ही देखने को मिल रहे थे, जिनका वर्णन शब्दों में कर पाना बहुत मुश्किल काम है। ऐसे सौंदर्य को तो बस महसूस ही किया जा सकता है। ऐसा लग रहा था जैसे हम अब किसी और ही दुनिया में आ गए हैं। प्रकृति के बहुत ज्यादा करीब। इतने ज्यादा करीब पहुँचकर ऐसा लग रहा था जैसे हमारा तन-मन सब बहुत शुद्ध होता जा रहा है। एक शुद्धता का अहसास अपने भीतर हो रहा था। बल्कि करीब शब्द भी थोड़ी दूरी का अहसास करता है, मैं तो कहना चाहूँगी कि हम प्रकृति के बीच में थे। उस शुद्ध अहसास को जी रहे थे, उसमें साँस ले रहे थे और खुद को शुद्ध कर रहे थे, अपनी अंतरात्मा को शुद्ध कर रहे थे।

जैसे-जैसे हम आगे बढ़ते जा रहे थे, ठंड भी बढ़ती जा रही थी। 2 अप्रैल को हम डिंगबोचे पहुँचे। डिंगबोचे की ऊँचाई 14,249 फीट थी। हम बहुत ज्यादा थक चुके थे। स्नो फॉल भी होने लगा था। मेरे पैर में भी अब बहुत दर्द होने लगा था। घर से यहाँ के लिए आते समय मेरी बैंगलोरवाली ननद मंजू दीदी ने मुझे एक तेल दिया था और कहा था कि पैर में दर्द हो तो इसे मल लेना, फायदा मिलेगा। उस तेल ने यहाँ भी काम किया। मुझे जब भी पैर में दर्द की शिकायत होती, मैं पैर में तेल की मालिश कर लेती। खैर, अब तक अच्छी बात यह भी थी कि मेरे फोन का सिग्नल बना हुआ था, जिस वजह से परिवार से मेरी बातचीत जारी थी। बीच-बीच में कभी मैं घर फोन लगा रही थी तो कभी घर से फोन आ रहा था। वे भी मेरी कुशलता के बारे में जानने को उत्सुक थे। मुझे भी एक-एक पीक पार करके आगे बढ़ते जाने की खबर देना अच्छा लग रहा था। बचेंद्रीजी भी मेरे संपर्क में थीं। मेरे एक बहनोई ने अपने घर रायपुर में मेरी कुशलता व सफलता के लिए देवी माँ का पाठ रखा हुआ था। लेकिन मैंने किसी को अपने पैर के दर्द की बात नहीं बताई, क्योंकि मैं यही सोच रही थी कि मेरे इस अभियान के पीछे इन सब लोगों का कितना सपोर्ट है। मुझ पर इन लोगों को कितना भरोसा है। मैं बार-बार यही बात सोचती और फिर से खुद को ऊर्जा से भरा पाती और आगे के लिए खुद को तैयार करने लगती।

3 अप्रैल को हमने डिंगबोचे में अपने कपड़े धोए और फिर अगले दिन यानी 4 अप्रैल को ट्रैकिंग करते हुए लोबुचे पहुँचे, जो कि 16,203 फीट की ऊँचाई पर था। फिर वहाँ से हम छुकुंग गए और फिर ट्रैकिंग करते हुए खुंगमाला पहुँचे। वहाँ की ऊँचाई 18,208 फीट थी। बहुत तेज हवा चल रही थी। ठंड के मारे पूरे शरीर में कँपकँपी मच रही थी। शरीर ठंड से काँप रहा था। ऐसी ठंड से सामना भी जिंदगी में पहली बार हुआ था। छुकुंग 'आइसलैंड पीक' का बेस कैंप है। यहाँ हमें 6 दिन रुकना था। इस समय तक मैं अपने साथ करीब 18 किलो वजन लादे चल रही थी।

शेरपा ने कहा, 'तुम इतना सामान मत उठाओ, वरना तुम्हारी एनर्जी खत्म हो जाएगी।' लेकिन उस समय मुझे बचेंद्रीजी की वह बात याद आ गई कि तुम जितना ज्यादा सामान लेकर चलोगी, एवरेस्ट पर चढ़ने में उतनी आसानी होगी।

लुकला से जब चले थे, तब हम तीन लोग थे। नरेंद्र और सुनीता दोनों हरियाणा से ही थे। हमारे साथ दो शेरपा भी थे—छीरिंग और नीमा। हम सभी लोग खुद को बहुत फिट महसूस कर रहे थे। अगले दिन हम लोगों को हाइटगेन के लिए जाना था। मौसम बहुत खराब था। तेज हवाएँ चल रही थीं। हम फिर भी आगे बढ़ते जा रहे थे। तभी रास्ते में हमें कुछ लोग मिले, जो सम्मिट करके वापस लौट रहे थे। उन्होंने हमें बताया कि आप लोग आगे मत जाओ, क्योंकि मौसम बहुत खराब हो चुका है। हमने उनकी बातों पर गौर किया और फैसला किया कि कल मौसम ठीक होने पर प्रैक्टिस कर लेंगे, आज वापस चलते हैं। अगले दिन हम हाइट-गेन के लिए गए और हमने फैसला किया कि हम रात को आइसलैंड पीक पर चढ़ाई करने जाएँगे। रात को 12.30 बजे हम लोग पीक पर चढ़ाई के लिए निकले और काफी बाधाओं को पार करते हुए 8 अप्रैल को हम तीनों ने आइसलैंड पीक पर अपने देश का तिरंगा फहरा दिया। यह हमारी बहुत बड़ी सफलता थी, क्योंकि आइसलैंड पीक पर चढ़ाई करना आसान काम नहीं था। यहाँ हमें बर्फ की विशाल दीवारों और दर्रों से होकर गुजरना पड़ा था, जिसके लिए हमें बहुत धैर्य से काम लेना पड़ा। बहुत साहस की जरूरत थी। साथ ही ऐसे दुर्गम रास्तों में हिम्मत बनाए रखना भी अपने आप में बड़ी चुनौती थी।

आइसलैंड पीक पर अपने देश का झंडा फहराने के बाद हम लोग वापस बेस कैंप में आ गए। हम बहुत बुरी तरह थक चुके थे। न कुछ खाया और न ही कुछ पिया। बस, जो कपड़े हमने पहने थे, उन्हीं कपड़ों में हम लोग सो गए। कुछ घंटे बेसुध सोए रहे। उसके बाद शेरपाओं ने हमारे लिए पानी गरम किया और हमारे खाने-पीने का इंतजाम किया, हमें जगाया। तब तक हमारी थकान भी काफी हद तक मिट चुकी थी। खाने-पीने के बाद और तसल्ली हो गई। यह हमारी पहली सीढ़ी की सफलता की थकान थी, जो उस समय बहुत ही आनंददायक लग रही थी। बहुत खुशी महसूस हो रही थी कि जिस दिशा में हम लोग आगे बढ़ रहे हैं, जो हमारा लक्ष्य है, उसमें हमने पहली सीढ़ी पार कर ली है। लेकिन अभी मंजिल हमसे बहुत दूर थी।

11 अप्रैल को हम लोग फिर से ट्रैकिंग करते हुए डिंगबोचे वापस आ गए और 12 अप्रैल को फिर से ट्रैकिंग करते हुए लोबुचे पहुँचे, जिसके लिए हमें खड़ी

चढ़ाई करनी पड़ी। यानी दीवार की तरह बर्फीले पहाड़ों को पार करके हम वहाँ पहुँचे थे। सच में, पहाड़ों पर चढ़ना साहस के साथ-साथ बहुत ही धैर्य का काम भी है। इसके लिए आपको बहुत अच्छी ट्रेनिंग की जरूरत होती है। आपका सकारात्मक होना, साथ ही एक मजबूत इनसान होना भी बहुत जरूरी है। गंभीर व कठिन चुनौतियों को लेने का माद्दा भी आपके अंदर होना चाहिए, तभी आप पहाड़ों से सामना कर सकते हैं, वह भी बर्फीले पहाड़, जिनके मिजाज के बारे में कुछ नहीं कहा जा सकता। न जाने कितने ही लोग, जो एवरेस्ट पर चढ़ने का सपना लेकर घर से निकले थे, लेकिन कभी घर नहीं लौट सके। ऐसा नहीं कि उनके हौसले बुलंद नहीं थे, लेकिन कई बार हम प्रकृति की शक्ति का अंदाजा भी नहीं लगा पाते। वहाँ के मौसम का मिजाज नहीं भाँप पाते। सच में, यहाँ आकर इस बात को बहुत ही गहराई से महसूस किया कि इस दुनिया में यदि सबसे ज्यादा ताकतवर कुछ है तो वह प्रकृति है। यहाँ भी हमारी कोशिश प्रकृति को चुनौती देना नहीं थी, बल्कि प्रकृति को करीब से जानने और महसूस करने की थी। माउंट एवरेस्ट दुनिया की सबसे ऊँची चोटी थी। वहाँ पहुँचकर प्रकृति के अद्‌भुत नजारों को अपनी आँखों से साक्षात् देखने और उसका आनंद लेने की थी।

हमारे चारों ओर कई कैंप लगे थे। ये सभी अलग-अलग एजेंसियों के कैंप थे। हमारी एजेंसी का नाम था 'एशियन ट्रैकिंग कंपनी'। इस कंपनी के मालिक थे दावा स्टीवन। सभी को अपना-अपना अलग कैंप मिला। अब हम यहाँ 6 भारतीय थे, जिसमें से एक जोड़ा पति-पत्नी भी थे। किचन कैंप में हम लोगों के लिए खाना बनता था। सुबह से ही खाना बनाने की तैयारी शुरू हो जाती। कई बार बर्फीली आँधी चलती। उसके बाद भी वे हमारे लिए पानी गरम करते, चाय बनाते। उनकी सेवा-भावना को देखकर उनके प्रति श्रद्धा पैदा होती। कितना कर रहे हैं यह हमारे लिए! हमारी उपलब्धियों में इनकी भी बहुत महत्त्वपूर्ण भूमिका है, बहुत बड़ा योगदान है।

अभी हमें एक महीना और बेस कैंप में रहना था, क्योंकि हमारा एवरेस्ट चढ़ाई का समय 20 मई के बाद का था और हम लोग 13 अप्रैल को बेस कैंप पहुँच चुके थे। यहाँ कई कैंप लगे थे। ऊँचाई पर चढ़कर देखने से ऐसा लग रहा था, जैसे कोई छोटा सा गाँव हो। थोड़ी-थोड़ी दूरी पर लगे वे अलग-अलग रंग के कैंप बहुत सुंदर लग रहे थे । बेस कैंप में मुझे कई नामी पर्वतारोहियों से मिलने का मौका मिला। वहीं हमारी मुलाकात अप्पा शेरपा से भी हुई, जो कि हमारी गाइड एजेंसी 'एशियन ट्रैकिंग' से ही जुड़े थे। अप्पा शेरपा को 'सुपर शेरपा' के नाम से

भी जाना जाता है। जिस एवरेस्ट पर एक बार ही चढ़ना बड़ा मुश्किल भरा काम होता है, उस एवरेस्ट पर अप्पा शेरपा ने 21 बार चढ़ाई की। मेरी मुलाकात दुनिया के पहले एवरेस्ट अभियान को सफल बनानेवाले पर्वतारोही तेनजिंग नौरगे के पुत्र जामलिंग नौरगे से भी हुई और पारक यंग से भी मैं मिली। पारक यंग का नाम भी पर्वतारोहियों में एक बड़ा नाम है। उन्होंने न केवल एवरेस्ट पर विजय पाई थी, बल्कि दुनिया के अनेक पहाड़ों पर अमिट छाप भी छोड़ी थी। सन् 2013 में कंचनजंगा के अभियान के दौरान उनकी मृत्यु हो गई। इसके अलावा, कई विदेशी पर्वतारोहियों से मेरी मुलाकात हुई, जिनमें कुछ ऐसे थे, जो दूसरी व तीसरी बार एवरेस्ट अभियान की सफलता के लिए प्रयासरत थे।

14 अप्रैल को हमें हाइटगेन के लिए जाना था। हम लोग 'ब्लैक पीक' तक गए और फिर शाम को वापस बेस कैंप आ गए। 15 अप्रैल को हम लोगों ने पूरा दिन आराम किया और थोड़ा आस-पास के क्षेत्र में घूमे। हमारे चारों ओर बर्फीले पहाड़ थे। बहुत ही अद्‍भुत व सुंदर नजारा था। प्रकृति का इतना सुंदर रूप कि देखते-देखते आँखें न थकें। मन न भरे। बस, देखते रहने का मन करे। अब चूँकि हमें और ऊँचाई की ओर बढ़ना था, इसलिए अब हमें ऊँचाई पर आनेवाली चुनौतियों और समस्याओं के बारे में भी विस्तार से बताया जा रहा था कि जैसे-जैसे हम ऊँचाई पर चढ़ेंगे, हमें क्या-क्या शारीरिक परेशानियाँ हो सकती हैं और हमें उनका सामना करने के लिए खुद को किस प्रकार तैयार रखना है। इस दौरान ऑक्सीजन की कमी एक बड़ी समस्या बनकर सामने आती है। सिर में दर्द और साँस फूलना जैसी शिकायतों का सामना भी पर्वतारोहियों को अकसर करना पड़ता है। भूख न लगना, नींद न आना, चक्कर आना जैसी परेशानियों की संभावना भी बनी रहती है। बहुत ज्यादा या कम तापमान में ठंड की वजह से हाथ व पैर की अँगुलियों का सुन्न हो जाना भी एक बड़ी समस्या है, जिसकी वजह से इनसान का बार-बार गिरना और गिरने से सुन्न हो चुकी अंगुलियों के टूटने का खतरा भी बन जाता है। साथ ही 'सन बर्न' की समस्या भी रहती है। यही वजह थी कि मैं जब भी किसी अभियान से लौटती तो हमेशा मेरा चेहरा बहुत काला पड़ चुका होता था।

ऐसे में बहुत जरूरी है कि हाई एल्टीट्यूड बीमारियों से अपने को बचाकर रखें। ऐसे में एक पर्वतारोही होने के नाते आपको अपने शरीर को अच्छी तरह पहचानना व समझना होता है। यह हर पर्वतारोही के लिए बहुत जरूरी है, क्योंकि 8,000 फीट से ऊपर जब आप चढ़ते हैं तो चाहे कितने ही फिट हैं, मजबूत हैं, लेकिन ऊँचाई पर आनेवाली दिक्कतें आपको प्रभावित कर सकती हैं। फिर जो लोग नियमित रूप से

ऊँचाइयों पर नहीं जाते, वे इन समस्याओं से ज्यादा प्रभावित होते हैं। जबकि शेरपा लोगों को ऊँचाई पर चढ़ने में कोई खास समस्या नहीं आती, क्योंकि वे कई बार ऊँचाइयों तक चढ़ने व उतरने का अनुभव प्राप्त कर चुके होते हैं। यह उनका काम है, जिसके वे अभ्यस्त होते हैं।

17 अप्रैल को हम लोगों को पूजा करनी थी। एक दिन पहले यानी 16 तारीख से वहाँ मंदिर बनाने की और उस एरिया को सजाने की तैयारी शेरपा लोगों ने शुरू कर दी थी। हम विश्व के 22 लोग उस समय वहाँ थे, जिनमें से 6 भारतीय थे। यह एक परंपरागत पूजा है, जो हर पर्वतारोही और अभियान दल की टीमें करती हैं। इस पूजा को लेकर यह मान्यता है कि देवी सागरमाथा, माउंट एवरेस्ट को शेरपा लोग 'सागरमाथा' कहते हैं, पूजा के माध्यम से देवी सागरमाथा को प्रसन्न किया जाता है। सारे पर्वतारोही इस पूजा को करते हैं, जो कि यहाँ के रिवाज का अंग है। पूजा के दौरान घंटियाँ बजाई जाती हैं। बौद्ध प्रार्थनाएँ व मंत्रों का उच्चारण किया जाता है। शेरपा लोग अपना परंपरागत नृत्य भी इस दौरान करते हैं। यह बहुत ही स्लो मूवमेंट वाला नृत्य होता है। इस दिन खूब सारा खाना बनाया जाता है, जो कि रुटीन के खाने से अलग होता है। लगभग तीन घंटे तक यह पूजा चली। बेशक यहाँ की पूजा में पढ़े गए मंत्र समझ में नहीं आ रहे थे, लेकिन इनकी ध्वनि कानों को बहुत सुकून दे रही थी। हर कोई मंत्रों को ध्यानपूर्वक श्रद्धा के साथ सुन रहा था। पूजा में यात्रा के दौरान काम आनेवाले सभी औजार व उपकरण भी रखे गए थे। पूरे क्षेत्र को रंग-बिरंगी झंडियों से सजाया गया था। एक मंदिर बनाया गया था, जहाँ पूजा हो रही थी। इस पूजा का मकसद यही होता है कि सभी की यात्रा सफल हो। सभी सुरक्षित अपना लक्ष्य पाकर लौटें। इस दौरान मौसम ठीक रहे। फिर सबने साथ मिलकर खाना खाया और खूब खाया। इस दिन के खाने की बात ही कुछ और थी।

पूजा के बाद अगला दिन हम लोगों ने प्रैक्टिस में बिताया, जिसमें अब हमें स्नो में चलने की प्रैक्टिस करनी थी, जिसमें मुख्य रूप से लैडरक्रॉसिंग की प्रैक्टिस की। लैडरक्रॉसिंग में सीढ़ियों के माध्यम से एक खाई से दूसरी खाई के बीच में सीढ़ियाँ रखी जाती हैं और उन सीढ़ियों पर चढ़कर ही दूसरी ओर पहुँचा जा सकता है। यह बहुत ही दिल दहला देनेवाला काम होता है। चूँकि अब आगे के अभियान में हमें अपनी यात्रा में न जाने कितनी खाइयों को इन लैडरक्रॉसिंग के माध्यम से ही पार करना था, इसलिए यह अभ्यास हमारे लिए बहुत जरूरी था।

इस दौरान हम 'सफाई करो अभियान' से भी जुड़े। इस अभियान का मकसद एवरेस्ट पर फैले कई टन कचरे को नीचे लेकर आना था। इस अभियान से केवल

पर्वतारोही ही नहीं, बल्कि शेरपा भी जुड़े थे।

किसी भी पर्वतारोही के लिए उसका शेरपा उसकी टीम का बहुत महत्त्वपूर्ण सदस्य होता है। वह उसे आगे का रास्ता बताता है। इसलिए किसी भी पर्वतारोही के लिए यह बहुत जरूरी है कि वह अपने शेरपा के साथ अच्छा तालमेल बनाकर रखे। आप वहाँ कुछ भी काम अपनी मरजी से नहीं कर सकते, क्योंकि आपका एक गलत कदम वहाँ आपके लिए बड़ी मुसीबत बन सकता है।

यहाँ आकर वैसे तो हमें बहुत कुछ सीखने का मौका मिला, लेकिन सबसे बड़ी बात यह थी कि हमें अपनी क्षमता का पता चला कि हम क्या हैं और क्या कर सकते हैं। मैंने इस बात को बहुत गहराई से महसूस किया कि अब तक मैं अपनी क्षमता का 10 प्रतिशत भी इस्तेमाल नहीं कर रही थी। लेकिन पर्वतारोहण से जुड़कर मैंने अपनी असली क्षमता को पहचाना। अब मैं जिंदगी में बहुत कुछ कर सकती हूँ। अपनी क्षमता का पूरा इस्तेमाल कर सकती हूँ और अब मैं लोगों को भी इसके लिए प्रेरित करूँगी। खासतौर पर महिलाओं को, क्योंकि महिलाएँ ही अपने घरेलू कामों में इतनी ज्यादा डूबी रहती हैं कि खुद को पहचान नहीं पातीं। अब मैं उन औरतों के लिए एक उदाहरण पेश करूँगी कि जब मैं एक घरेलू महिला होकर इतना कठिन काम कर सकती हूँ तो आप क्यों नहीं।

18 अप्रैल से हमने रोटेशन शुरू किया, यानी पहले ऊपर जाना और फिर वहाँ से वापस नीचे आना। यह एक प्रकार से हमारा अभ्यास था एवरेस्ट पर चढ़ने के लिए। अपने पहले रोटेशन में हमें आइसफॉल के आधे रास्ते तक जाकर वापस आना था। यह समय ऐसा था, जहाँ हम आगे की यात्रा के लिए बहुत उत्साह से भरे हुए थे, वहीं थोड़ा सा डर भी था; लेकिन हमें अपने डर पर जीत प्राप्त करनी थी। मन में डर लेकर आगे नहीं बढ़ा जा सकता, इसलिए जरूरी था कि हम ज्यादा-से-ज्यादा प्रैक्टिस करें। जितनी ज्यादा प्रैक्टिस करेंगे, उतना ही हमारे अंदर आत्मविश्वास आएगा, साहस आएगा। खुंबू आइसफॉल, जो कि बेस कैंप के आगे है, उस पर रस्सियों और सीढ़ियों की सहायता से ही चढ़ा जा सकता है। यहाँ चढ़ने के लिए बहुत अभ्यास की जरूरत है। यहाँ के खतरनाक दर्रे और खाइयाँ, साथ ही पैरों से खिसकती बर्फ इनसान के संतुलन को तुरंत खराब कर देती हैं। इसलिए यहाँ चढ़ना बहुत ज्यादा खतरनाक है। कई पर्वतारोही यहाँ के बर्फीले तूफान की चपेट में आकर अपनी जान गँवा चुके हैं। शेरपाओं ने हमें बताया कि केवल पर्वतारोही ही नहीं, बल्कि अनुभवी शेरपा भी खराब मौसम की मार झेल चुके हैं। इसलिए अधिकांश पर्वतारोही चाहते हैं कि इस क्षेत्र से हम जल्दी से गुजर जाएँ। इन दर्रे और खाइयों को

पार करने के लिए शेरपाओं की टीम और 'नेपाल माउंटेनियरिंग एसोसिएशन' की तरफ से एल्युमीनियम की सीढ़ियाँ क्रेवैसिज को आर-पार करने के लिए बिछाई जाती हैं। इन्हें पार करना बहुत खतरों से भरा काम है। जो भी इन्हें पार करता, पहले अपने इष्ट देव को याद करता है, उसके बाद ही एक कदम आगे बढ़ाने की हिम्मत जुटा पाता है। मैं भी लगातार 'हनुमान चालीसा' पढ़ती जा रही थी। एक पल के लिए भी मैंने अपनी जुबान से भगवान् को याद करना नहीं छोड़ा। सच में, ईश्वर का नाम लेने से इनसान के अंदर बहुत शक्ति आ जाती है।

इस दौरान कुछ चढ़ाई हमने रस्सियों के सहारे भी की। ऐसे में रस्सियों का मजबूत होना भी बहुत जरूरी है। पुरानी और गली हुई रस्सियाँ आपको मुसीबत में डाल सकती हैं, इसलिए नई और मजबूत रस्सी का ही सहारा इस दौरान लिया जाना चाहिए। साथ ही रस्सी मजबूत है या नहीं, यह जाँचना-परखना भी आना चाहिए, जो कि हमें वहाँ सिखाया गया। कई ऐसी जरूरी जानकारियाँ थीं, जो यहाँ अब हमारे लिए जानना बहुत जरूरी था। हमारा फोकस उन बातों को समझने में भी था; जैसे—पैरों के नीचे से सरकती हुई बर्फ में पैर कैसे जमाने हैं? शरीर का बैलेंस कैसे बनाए रखना है? ऊँचाई पर खुद को फिट कैसे रखना है? बर्फीले तूफान का सामना हमें किस प्रकार करना है? इस खतरनाक व दुर्गम रास्ते पर खुद को सुरक्षित रखते हुए कैसे आगे बढ़ना है आदि-आदि।

खुंबू आइसफॉल ऐसी जगह है कि अगर किसी से कोई चूक हुई या किस्मत ने साथ नहीं दिया और गलती से पैर फिसल गया तो वह इनसान बर्फीले दर्रे के बीच में फँसकर सीधा कई फीट नीचे पहुँच जाएगा, जहाँ से उसे बचा पाना उसके शेरपा या उसके दल के किसी अन्य सदस्य के लिए संभव नहीं होगा। जिस तेजी से वहाँ बर्फीली आँधी चलती है और देखते-ही-देखते बर्फ की चादर बिछ जाती है, उससे कब वह व्यक्ति बर्फ में समा गया, इसका भी कुछ पता नहीं चलता। एक बार यदि कोई बर्फ की इस चादर के नीचे आ गया तो उसका पता लगाना भी संभव नहीं। खैर, इस खतरनाक दौर ने हमें भी अंदर तक हिला दिया था, क्योंकि हमें भी कई क्रेबैसेज इस दौरान पार करने पड़े, जो बहुत ही दिल दहला देनेवाला अनुभव रहा। न आँखें बंद कर सकते थे और आँखें खोलते तो गहरी बर्फीली खाइयाँ और दर्रे इस कदर दिल को दहला रहे थे कि उसे शब्दों में व्यक्त कर पाना बहुत मुश्किल है। मैं तो एक-एक कदम ईश्वर का नाम ले-लेकर आगे बढ़ रही थी। जब हम अपने लक्ष्य पर पहुँच गए तो बहुत तसल्ली हुई। फिर हम कुछ देर वहाँ रुके और हमने फल खाए तथा वहाँ से वापस आने के लिए तैयार होने लगे।

माउंट एवरेस्ट पर तिरंगा लहराते हुए।

यूरोप स्थित माउंट एल्ब्रस की चोटी पर तिरंगा फहराते हुए।

गुरु और मार्गदर्शक बचेंद्री पाल के साथ।

क्रासटेज पिरामिड के अभियान के दौरान दो पहाड़ों के बीच की खाइयों को पार करते हुए।

दक्षिण अमेरिका स्थित माउंट अकांकागुआ अभियान के रास्ते में।

माउंट अकांकागुआ के बेस कैंप में विदेशी साथियों के लिए भारतीय व्यंजन बनाते हुए।

उत्तरी अमेरिका स्थित माउंट डेनाली के रास्ते पर 14,000 फीट की ऊँचाई पर योगाभ्यास करते हुए।

उत्तरी अमेरिका स्थित माउंट डेनाली अभियान के दौरान बर्फीली आँधियों से बचने के लिए बर्फ की सिल्लियाँ काटकर बर्फ की दीवार बनाते हुए।

उत्तरी अमेरिका स्थित माउंट डेनाली अभियान के दौरान पीठ पर लगभग 25 कि.ग्रा. सामान और 30 कि.ग्रा. वजनी सामान को कमर से बाँधकर ले जाते हुए।

अंटार्कटिका स्थित माउंट विन्सन की चोटी पर तिरंगा लहराते हुए।

अंटार्कटिका में स्थित माउंट विन्सन अभियान के दौरान स्कीइंग करते हुए।

एवरेस्ट अभियान के दौरान बर्फ की खाइयों को पार करते हुए।

उत्तरी अमेरिका स्थित माउंट डेनाली की चोटी पर तिरंगा और टाटा स्टील का झंडा लहराते हुए।

उत्तरी अमेरिका स्थित माउंट डेनाली के रास्ते में।

इंडोनेशिया स्थित माउंट क्रासटेज अभियान के दौरान वहाँ के स्थानीय कबीलाई आदिवासियों के साथ।

झारखंड के पूर्व मुख्यमंत्री अर्जुन मुंडा से 'झारखंड गौरव सम्मान' प्राप्त करते हुए।

दक्षिण अफ्रीका स्थित किलिमंजारो की चोटी पर अपनी गुरु बचेंद्री पाल व अन्य साथियों तथा देश के तिरंगे के साथ।

अपनी दोनों बेटियों के साथ माउंटेनियरिंग में आने के बहुत पहले की तस्वीर।

मेरे सास-ससुर, मेरी दोनों ननदें, दोनों बेटियों एवं दामाद अमर अग्रवाल के साथ।

माँ के साथ।

दुनिया का मानचित्र, जहाँ पर मैंने अपने देश का तिरंगा लहराया।

सातों शिखर पर तिरंगा फहराकर लौटने के बाद अपने घर पर माता-पिता के साथ।

मेरे विवाह के समय हम सात बहनों में से छह बहनें।

विवाह के दिन अपने पति विमलजी के साथ।

विवाह के पल।

2014 में आइसलैंड पीक अभियान पर जाने से पहले
पूर्व राष्ट्रपति डॉ. ए.पी.जे. अब्दुल कलाम से मिलते हुए।

राष्ट्रपति मान. श्री प्रणब मुखर्जी से 'पद्मश्री' पुरस्कार ग्रहण करते हुए।

1 जनवरी, 2015 को डेजर्ट सफारी अभियान के दौरान अमृतसर में भारत के गृहमंत्री श्री राजनाथ सिंह से सम्मान ग्रहण करते हुए।

मेरी दोनों बेटियाँ मेरी गुरु बचेंद्री पाल के साथ।

एवरेस्ट अभियान से वापस लौटकर अपनी दोनों बेटियों एवं बड़े दामाद अमर के साथ।

मेरी सासू माँ और ससुरजी, जिनके आशीर्वाद से मैंने इतनी उपलब्धियाँ प्राप्त कीं।

एवरेस्ट पर चढ़ाई के बाद नेपाल सरकार द्वारा सम्मान।

खुंबू आइसफॉल जाने के लिए सबसे बेहतर है कि आप बिल्कुल सुबह-सुबह ही चढ़ाई करें। चूँकि दिन के समय जैसें ही सूर्य निकलता है, बर्फ पिघलने लगती है, इसलिए यदि आपने समय पर खुंबू आइसफॉल पार कर लिया तो आप लगभग 20 फीट की ऊँचाई पर स्थित बेस कैंप 2 पहुँच जाते हैं। एक खतरनाक पड़ाव को पार कर लेने की खुशी के अहसास को भी महसूस कर रहे होते हैं।

अगले दिन हमें अपना दूसरा रोटेशन करना था, जिसमें तय किया गया था कि हमें पहले कैंप 1 तक जाना है और वहाँ रात गुजारनी है। हम लगभग पाँच घंटे के भीतर ही कैंप 1 पहुँच चुके थे, जबकि हम सुबह 4.30 बजे के निकले हुए थे। हमें वहाँ जल्दी पहुँचना था, क्योंकि दूसरी टीम के सदस्य भी कैंप 1 की तरफ रवाना हो चुके थे, जिस वजह से रास्ते में भीड़ की संभावना बन जाती, यदि हम जल्दी न पहुँचते।

कैंप 1 में रहना हमारे लिए जरूरी था। इसका कारण यह था कि हमारे लिए यहाँ के वातावरण और मौसम के अनुकूल खुद को ढालना बहुत जरूरी था। यदि हम जल्दी-जल्दी करके आगे बढ़ते तो उससे हमारी ऊर्जा पर इसका नकारात्मक असर पड़ता, वह ज्यादा खर्च हो जाती। हमें अपनी ऊर्जा को आगे के लिए बचाकर रखना था। कैंप 1 के सामने की घाटी 'खामोश घाटी' कहलाती है। यह एक बहुत ही सपाट-सा इलाका है। यहाँ बहुत ज्यादा बर्फ पड़ती है। साथ ही यहाँ गहरी खाइयाँ और दर्रे हैं। यहाँ भी हिमखंड पिघलकर गिरते रहते हैं, यानी एक और खतरनाक क्षेत्र।

कैंप 1 में ही मुझे अर्जुन वाजपेयी भी मिले। वह एवरेस्ट पर चढ़नेवाला सबसे कम उम्र का लड़का और मैं एवरेस्ट पर चढ़नेवाली सबसे ज्यादा उम्र की महिला। बहुत अच्छा लगा, जब हम मिले। एक बहुत ही यूनीक कॉम्बिनेशन और इसे संयोग ही कहा जा सकता है कि हम दोनों ही भारत से थे और दोनों ही भविष्य में रिकॉर्ड बनाने जा रहे थे। बहुत ही मिलनसार लड़का लगा मुझे अर्जुन। वह हमारे साथ कैंप 2 तक रहा।

कैंप 1 से वापस आते वक्त मेरे पैर में फिर से बहुत दर्द होने लगा। मेरे सीधे पैर में जो घाव था, वह इस कदर दुखने लगा था कि [illegible] अब असहनीय होता जा रहा था। बार-बार घाव रगड़ खा रहा था, जिस वजह से घाव से खून बहने लगा। शेरपा ज़ल्दी उतरने को बोल रहा था, क्योंकि मैं बहुत धीरे-धीरे उतर रही थी। मेरे साथ उस समय नरेंद्र, पवन और सुनीता भी थी। ये सभी लोग जल्दी से नीचे उतर चुके थे। विकास भी जल्दी उतर जाता, लेकिन अपनी पत्नी सुषमा के लिए उसे रुकना

पड़ रहा था; क्योंकि वह भी धीरे-धीरे ही नीचे उतर रही थी। जब मैं नीचे आई तो देखा, मेरे पैर से खून बह रहा है। फिर जल्दी से मेरी ड्रेसिंग की गई। मेरे पैर की हालत देखकर मेरा शेरपा छिरिंग बहुत डर गया। बोला, 'मैडम, आप इतनी तकलीफ में थीं और मैं आपको जल्दी नीचे उतरने के लिए बोल रहा था। आपने अपने पैर की तकलीफ के बारे में पहले बताया नहीं। आपके पैर में यह चोट कैसे लगी?' आदि सवाल करने लगा। मैंने कहा कि 'मैंने अब तक जितना पर्वतारोहण किया है, सब इसी पैर से किया है। इसलिए अब घबराओ मत, सब ठीक हो जाएगा।' वह बोला, 'यह एवरेस्ट है मैडम, यहाँ आपको लंबे समय तक अप ऐंड डाउन करना होगा। जिस दिन आपको रेस्ट मिलेगा, उस दिन भी आपको हाइट गेन के लिए जाना होगा अपने शरीर को यहाँ की जलवायु के अनुसार ढालने के लिए। चढ़ाई का अभ्यास करना होगा।'

मैंने सोचा, अब घबराकर कोई फायदा नहीं। जो होना होगा, हो जाएगा। मैं जितना कर सकती थी, कर ही रही थी और बाकी सबकुछ मैंने भगवान् भरोसे छोड़ दिया। मुझे बार-बार बचेंद्रीजी की यह बात याद आ रही थी कि प्रकृति हमें बहुत कुछ प्रदान करती है और उसमें सब बीमारियों को ठीक करने की क्षमता होती है। बस, अपनी सेहत ठीक रखना, अपने मनोबल को कमजोर मत होने देना।

अब हम लोग काला पत्थर के बेस कैंप तक आ चुके थे। आज हमें काला पत्थर तक जाना था। काला पत्थर पुमोरी पीक के साउथ फेस पर है, जिसकी हाइट 7,161 मीटर है, यानी 13,490 फीट है। पर्वतारोही काला पत्थर को 'एवरेस्ट की बेटी' भी बोलते हैं। यहाँ से माउंट एवरेस्ट का दृश्य बहुत ही मनोरम दिखाई देता है। जबकि बेस कैंप से माउंट एवरेस्ट नहीं दिखाई देता। काला पत्थर पुमोरी पीक से एक ब्राउन टीले की तरह दिखाई देता है। 'पुमोरी' शेरपाओं की भाषा में 'अविवाहित लड़की' को कहते हैं। यह नाम प्रसिद्ध पर्वतारोही जॉर्ज मैलोरी ने दिया था। जॉर्ज मैलोरी की सन् 1924 में एवरेस्ट चढ़ते समय मृत्यु हो गई थी। इसीलिए काला पत्थर को पर्वतारोही 'एवरेस्ट की बेटी' के नाम से पुकारते हैं।

हम सभी भारतीय साथी पुमोरी बेस कैंप के लिए निकले। बहुत चढ़ाई थी। मुझे ऊपर जाने में यानी चढ़ाई करने में बिल्कुल दिक्कत नहीं हो रही थी। मैं अपने बाकी सभी साथियों से आगे चल रही थी। मेरे सभी साथी मुझे कह रहे थे कि आप बहुत स्ट्रॉन्ग हैं, आंटी। यह सुनकर बहुत अच्छा भी लग रहा था। लेकिन मैं मन-ही-मन सोचने लगी कि बच्चो, चढ़ाई के समय तो आंटी तुमसे आगे ही रहेगी, लेकिन उतरते समय तुम्हारी आंटी की बत्ती गुल हो जाएगी। और हुआ भी कुछ ऐसा

ही। नीचे उतरते समय सभी लोग जल्दी-जल्दी नीचे उतर गए और मैं अपने पैर, जिसका कि बैलेंस बिगड़ रहा था और साथ ही दर्द भी होने लगा था, के कारण अपना बैलेंस ठीक करने में लग गई। मुझे उस समय खुद को बैलेंस कर पाने में बहुत मुश्किल हो रही थी। इस समय मैं इतनी ज्यादा लाचार स्थिति में थी कि बस, खड़े होकर ऊपर की ओर देख रही थी। सुनीता, नरेंद्र और पवन तीनों भागते हुए नीचे उतर रहे थे और मैं सोच रही थी कि कुछ घंटे पहले चढ़ाई के दौरान मैं इन सबसे आगे थी और सभी बोल रहे थे कि 'आंटी, आप कितनी स्ट्रॉन्ग हो, सबसे आगे चल रही हो।' उस समय मुझे ऐसा लग रहा था कि जाते वक्त जिस तरह मैं आत्मविश्वास से भरी हुई थी, वह आत्मविश्वास अब डगमगाने लगा है। खैर, किसी तरह धीरे-धीरे मैं नीचे उतर गई।

अगले दिन सुबह जल्दी ही कैंप 2 की चढ़ाई करने के लिए हम लोग तैयार हो गए थे। हवा भी बहुत तेज चल रही थी। हमारे किचन के एक लड़के ने हमें जल्दी ही उठा दिया था, क्योंकि हमें बेस कैंप से सीधा कैंप 2 पहुँचना था। हमारे कुक ने हमें नाश्ते में दलिया खाने को दिया और रास्ते के लिए हमारा लंच पैक कर दिया। लंच में सेब, चॉकलेट एवं बिस्कुट थे और एक थर्मस में गरम पानी। साथ ही मैंने गरम पानी की एक बोतल और रख ली। वहाँ हमारे साथ थर्मस का होना बहुत जरूरी था, क्योंकि पानी ठंड में तुरंत ही जम जाता था।

दिन के लगभग 3.30 बजे तक हम वहाँ पहुँच गए। कुछ देर आराम किया। मैंने एक सेब खाया और पानी पिया। फिर हम लोग कैंप 2 के लिए चल दिए। आज हमें यहीं रुकना था। बहुत लंबा रास्ता था। पूरी घाटी बर्फ से ढकी हुई थी। कैंप 1 तक तो हम चढ़ाई करते हुए जा रहे थे, लेकिन अब आगे का रास्ता इतना चढ़ाईवाला नहीं था। सोचा, अब ज्यादा चढ़ाई नहीं है, इसलिए अब हम आराम से चलेंगे। मगर रास्ता खत्म होने का नाम ही नहीं ले रहा था। हम लोग चलते-चलते थककर चूर हो गए। कहीं-कहीं ऐसा भी हुआ कि हम सभी लोग बोलने लगे, 'अब और नहीं शेरपा।' लेकिन शेरपा कह रहा था कि वह सामने कैंप दिख रहा है। फिर हम सभी को लगा कि हाँ, दिखाई तो देने लगा है। अब हम जल्दी ही वहाँ पहुँच जाएँगे। यही सोचकर फिर से सबने अपने अंदर आगे बढ़ने के लिए हिम्मत जुटाई और आगे की ओर चलने लगे। लेकिन हम जैसे-जैसे आगे बढ़ते जा रहे थे, ऐसा लग रहा था कि हमारे साथ-साथ कैंप 2 भी आगे की ओर बढ़ता जा रहा है और रास्ता खत्म होने का नाम ही नहीं ले रहा। धूप बहुत तेज होती जा रही थी। ऐसा लग रहा था कि जैसे हमारे सिर में पाइप लगी है और उससे हमारी सारी एनर्जी बाहर निकल रही है।

हमारे शरीर का सारा पानी ही खत्म हो जाएगा, जैसे कि टी.वी. पर एक विज्ञापन में भी दिखाया जाता है।

किसी तरह हम अपनी सारी ऊर्जा खर्च करके आखिरकार कैंप 2 पहुँच ही गए और दूसरे दिन वापस बेस कैंप आ गए। वहाँ हमने दो दिन रेस्ट किया, क्योंकि अब हमें कैंप 3 को टच करने जाना था। जब हम कैंप 3 टच करने के लिए जाने वाले थे। रात को मुझे अपनी तबीयत ठीक नहीं लग रही थी। मुझे लूज मोशन हो गए थे। सुबह हमें 3 बजे उठना था, क्योंकि लगभग एक घंटा तो हमें तैयार होने में ही लगना था। सुबह 4 बजे हमें निकलना था। मैं डीहाइड्रेशन की वजह से रात भर सो नहीं पाई थी। 3 बजे उठी तो टॉयलेट होकर आई। 4 बजे मैं पूरी तरह से तैयार हो चुकी थी; लेकिन ऐसा लग रहा था कि जैसे शरीर में जान ही नहीं है। फिर मैं दावा स्टीवेन, जो कि हमारे लीडर थे, उनके पास गई और कहा कि मैं जाने के लिए तैयार हूँ, लेकिन मेरी तबीयत ठीक नहीं है। दावा बोले, 'आप आराम कर लो, क्योंकि अभी चढ़ाई के लिए समय है।' मैं अपने टेंट में आ गई और आराम करने लगी। मेरे सभी साथी कैंप 3 के लिए रवाना हो गए। मुझे बहुत खराब लग रहा था कि मैं अपनी तबीयत की वजह से इन लोगों के साथ नहीं जा पा रही हूँ, क्योंकि कैंप 3 को टच करना मेरे लिए भी बहुत जरूरी था। फिर 10 बजे के करीब मैं डॉक्टर से मिली। डॉक्टर ने मुझे कुछ दवाएँ दीं और आराम करने की सलाह दी, क्योंकि मुझे इन्फेक्शन हो गया था। थोड़ी देर बाद मैंने देखा कि सुनीता भी आ गई थी। मगर वह दूसरे दिन भी फिर कैंप 3 टच करने गई। जबकि तबीयत ठीक न होने की वजह से मैं दूसरे दिन भी कैंप 3 टच करने नहीं जा सकी। मुझे तीसरे दिन भी टेंट में अकेले ही गुजारना पड़ा, क्योंकि अब तो मुझे पानी भी नहीं पच पा रहा था। इस दौरान हमारा कुक और एक और लड़का था, वहाँ वह मेरी बहुत देखभाल कर रहा था, उन्होंने मुझे मांड और भात खाने को दिया, जिससे मुझे कुछ ताकत महसूस हुई। फिर मैंने दवाएँ भी नियमित लीं। अब मेरी तबीयत पहले से थोड़ी ठीक थी। फिर मैंने अपने शेरपा से कहा कि अब मैं भी जाऊँगी कैंप 3 टच करने।

मेरी एक वुलन पैंट भी खराब हो चुकी थी, जिसे मैंने धोकर वहीं छोड़ दिया था। अगले दिन मैं सुबह 4 बजे कैंप 3 टच करने के लिए तैयार हो चुकी थी। मैंने एक ब्रेड के साथ चाय ली। भगवान् का नाम लिया और मिशन के लिए निकल पड़ी।

एवरेस्ट बेस कैंप के बाद हमें अपना ह्यूमन वेस्ट भी अपने साथ लाना पड़ता है। उसे बेस कैंप में ऊपर नहीं छोड़ सकते। अपने ह्यूमन वेस्ट के लिए सभी को बैग

दिए जाते हैं। जब आप पहाड़ों पर जाते हैं तो वहाँ किसी भी प्रकार की गंदगी को फैलने से रोकना आपका महत्त्वपूर्ण फर्ज भी होता है।

अब हम खुंबू आई फॉल क्रॉस कर रहे थे। एक बार तो मैं गिर गई थी, लेकिन मैंने तुरंत खुद को सँभाल लिया और आगे चलने लगी। यह देख मेरे शेरपा ने मुझे कहा कि आप ध्यान से चलिए। यदि चलने में थोड़ी भी दिक्कत हो रही है तो कोई बात नहीं, हम वापस चलते हैं। मेरा शरीर तो मेरा साथ नहीं दे रहा था, लेकिन मैंने अपने मन को कड़ा करते हुए फिर भी कहा कि नहीं, मैं ठीक हूँ। आगे चलना चाहती हूँ। मेरा शेरपा हरदम मेरी मदद करने को तैयार रहता था। उसका ध्यान हमेशा मेरी सुरक्षा पर रहता था। मुझे भी अपने शेरपा छिरिंग पर पूरा यकीन था कि बेशक वह मुझ पर मेरी उम्र की वजह से यकीन नहीं कर पा रहा है, लेकिन मुसीबत की घड़ी में यह मेरी सहायता जरूर करेगा। इस घटना ने मेरे विश्वास को और बढ़ा दिया था।

अब मुझे टॉयलेट जाने की जरूरत महसूस होने लगी थी। लेकिन खुंबू आइस फॉल को क्रॉस करना था। वहाँ हम ज्यादा देर तक नहीं रुक सकते थे। उस समय हमारे लिए जितना जल्दी हो सके, कैंप 1 पहुँचना बहुत जरूरी था।

जब मैं कैंप 1 पहुँची तो सोचने लगी कि हमारा मन कितना चंचल होता है। पल-पल हमारा दूसरों को देखने का नजरिया भी कई बार बदलता रहता है। जब छिरिंग मेरे पैर की तकलीफ को लेकर मुझ पर गुस्सा होता था, तब मुझे उस पर बहुत गुस्सा आने लगता था। मुझे लगता था कि यह मुझे निराश व हताश क्यों करना चाहता है? लेकिन जब वह मुझसे ठीक से बातें करता तो मेरा गुस्सा ठीक हो जाता। आज तो उसने मेरी जान बचाई थी।

कैंप 1 पहुँचकर हम सभी ने थोड़ी देर आराम किया और फिर कैंप 2 के लिए चल दिए। मुझे कमजोरी महसूस हो रही थी, मगर इस बार कैंप 2 मुझे पहले से आसान लग रहा था। कैंप 2 के पहले ही मुझे टॉयलेट जाना पड़ा। उसके लिए अलग से रेस्ट टॉप बैग होता है और उसी में करना होता है। वहाँ जाकर पर्यावरण की रक्षा करना भी हमारे फर्ज में शामिल हो चुका था। ऐसा नहीं था कि कहीं भी जाकर बैठ गए। शेरपा मेरे साथ था। मैंने उसे बताया कि 'मुझे टॉयलेट करना है, इसलिए तुम दूसरी तरफ मुँह करके खड़े हो जाओ।' वह बोला, 'लेकिन आप दूर मत जाना। दरअसल वहाँ का मौसम हर पल बदलता रहता है। जरा भी आप आँखों से ओझल हुए तो कुछ भी हो सकता है।' इस समय मेरे लिए सबसे दुःखदायी स्थिति यह थी कि जिस पिट्ठू बैग में मैंने अपना खाना यानी स्नैक्स रखे थे, उसी में अब मुझे अपना

ह्यूमन वेस्ट भी रखना था। खैर, पहली बार ऐसा हो रहा था कि खाने के साथ ह्यूमन वेस्ट रखना पड़ रहा था। उसे मैं पर्यावरण खराब करने के लिए वहीं नहीं छोड़ सकती थी। फिर मैंने अपने मन को समझाया कि कोई बात नहीं, यह तेरा ही है। समझ ले, पहले पेट के अंदर था, अब बाहर है। बस, इतना सा ही तो फर्क है। यही सोचकर फिर मैं आगे की यात्रा पर निकल पड़ी। कुछ समय बाद जब कैंप 2 पहुँची तो बहुत अच्छा लग रहा था।

कल हमें कैंप 3 तक जाकर वापस कैंप 2 में एक रात और रहना है। उसके बाद फिर बेस कैंप वापस जाना था। इस तरह हम वहाँ के मौसम के अनुसार अच्छी तरह घुल-मिल चुके थे। इस समय तक मुझे ऑक्सीजन मास्क की जरूरत नहीं पड़ी थी।

एक रात कैंप 2 में रहने के बाद अगले दिन सुबह 7.30 बजे तक हम तैयार हो चुके थे कैंप 3 जाने के लिए। हमने लगभग 8 बजे से चढ़ाई शुरू की। अब हम धीरे-धीरे चल रहे थे और ल्होत्से वॉल पहुँच गए। वहाँ से कैंप 3,300 मीटर था, जो कि पहाड़ों पर 300 मीटर से भी बहुत ज्यादा होता है।

ल्होत्से वॉल पर चढ़ना बहुत ही दुर्गम था। ब्लू आइस, जिस पर बहुत ताकत से कुल्हाड़े मारने पड़ते हैं और उसके लिए काफी एनर्जी की जरूरत पड़ती है, अब वह एनर्जी मुझमें खत्म हो चुकी थी। शेरपा ने देखा और कहा कि आप बहुत अच्छे समय में यहाँ आ गई हो। अब यहाँ से हम वापस कैंप 2 चलते हैं। आज रेस्ट करके कल बेस कैंप चलेंगे। यह सुनकर मेरी जान में जान आई और हम लोग वहीं से वापस कैंप 2 आ गए। रात को वहीं रुके और अगले दिन बेस कैंप वापस आ गए। बेस कैंप पहुँचने तक मेरी सेहत में भी काफी सुधार आ गया था। मेरे सभी साथी वहीं थे। अब हमें काला पत्थर जाना था।

आखिर वह दिन आ ही गया, जो इतने दिनों तक माइनस 20 से माइनस 30 डिग्री के तापमान में कठिन प्रैक्टिस और अपने आपको ऐसे तापमान में रहने के लिए हम अपने शरीर को ढाल रहे थे। हमारे टीम लीडर ने हमें बुलाया और बताया कि अब हमें सम्मिट के लिए तैयार होना है और अगले दिन सुबह निकलने के लिए तैयारियाँ शुरू करनी हैं। फिर हमें ऑक्सीजन मास्क के बारे में बताया गया। साथ ही यह भी बताया कि सभी को पाँच-पाँच ऑक्सीजन सिलेंडर मिलेंगे। प्रत्येक सिलेंडर का वजन पाँच किलो होगा। इनका इस्तेमाल हमें एवरेस्ट पर चढ़ते और उतरते वक्त तक करना होगा। आमतौर पर ऑक्सीजन मास्क की जरूरत कैंप 3 से पड़ती है। लेकिन कुछ पर्वतारोहियों को कई बार कैंप 2 से भी इसकी जरूरत महसूस होने

लगती है। हम सभी ने ऑक्सीजन मास्क के महत्त्व और उसके इस्तेमाल से जुड़ी जानकारियों को ध्यान से सुना। यह भी पता चला कि ऑक्सीजन मास्क के साथ चलना शुरू-शुरू में थोड़ा बंधन की तरह लगता है, क्योंकि अभी तक हमें उसकी आदत नहीं है। लेकिन आदत तो डालनी ही थी, क्योंकि अब एवरेस्ट तक ऑक्सीजन मास्क को हमारे साथ रहना था। खैर, हमने अपना सारा सामान पैक किया—जो साथ लेकर जाना था, वह भी और जो बेस कैंप में छोड़कर जाना था वह भी।

अगले दिन सुबह 3 बजे हम सब तैयार हो गए और सबने गरम कॉफी पी तथा थोड़ा-थोड़ा नाश्ता किया। अपने थर्मस में गरम पानी भरा और भगवान् को याद कर हमारी टीम एवरेस्ट अभियान के लिए निकल पड़ी। इस बार हमें सीधा कैंप 2 जाकर रुकना था। वहाँ से कैंप 4 और फिर कैंप 4 से हमें सम्मिट के लिए निकलना था।

कैंप 4 को 'डेथ जोन' कहा जाता है। ज्यादातर यहाँ कैंप तो लगाया जाता है, पर यहाँ रात में जल्दी से कोई नहीं रुकता, क्योंकि यहाँ से एवरेस्ट अभियान के अंतिम पड़ाव की शुरुआत होती है। यहाँ पर ऑक्सीजन और चढ़ाई के अन्य उपकरणों को चेक करके और थोड़ा आराम करके अभियान की शुरुआत की जाती है।

इन रास्तों से कैंप 2 तो हम लोग कई बार ऊपर-नीचे जा चुके थे। खैर, कठिन रास्तों और खतरों का सामना करते हुए हम कैंप 2 पहुँच गए। वहाँ हम लोगों ने आराम किया और फिर कैंप 4 के लिए तैयार होने लगे। अगले दिन हमें कैंप 3 तक पहुँचना था। हम लोग देर रात जागते रहे और फिर उजाला होने से पहले ही निकल पड़े; क्योंकि हमें दिन के वक्त ही कैंप 3 पहुँचना था, जिससे कि अभियान के लिए हम लोग कैंप 4 से रात के समय ही निकल सकें। हम लोग कैंप 2 से आगे बढ़े और कुछ घंटों का सफर तय कर कैंप 3 तक भी पहुँच गए। सभी ने ऑक्सीजन मास्क लगा लिये थे। मौसम खराब होने लगा और हल्की-हल्की बर्फबारी होने लगी। कैंप 3 में हमें रुकना था और अगले दिन सुबह फिर कैंप 4 की ओर रवाना होना था। हम लोग सुबह 5 बजे कैंप 4 की ओर निकल पड़े; पर हवा तेज होने लगी। फिर भी हम आगे बढ़ते जा रहे थे। कुछ ही देर में बर्फीली आँधी चलने लगी। हमारे टीम लीडर ने आदेश दिया कि इसी वक्त हमें वापस लौटना है। सूचना के अनुरूप मौसम और खराब होने का अनुमान है। कुछ लोग कैंप 4 में फँसे हुए हैं, इसलिए तुरंत लौटो। हम कैंप 4 के नजदीक पहुँचने वाले थे। इतने आगे तक आकर वापस जाने का मन किसी का भी नहीं कर रहा था। हम सभी अपनी मंजिल के काफी करीब तक पहुँच चुके थे और लौटने का मतलब अभियान का असफल हो जाना था। सभी बहुत निराश हो गए। लेकिन इस समय अपनी जान बचाना भी बहुत जरूरी था। इस वक्त

मुझे बचेंद्रीजी की वह बात भी याद आ रही थी कि प्रकृति से लड़ने का प्रयास मत करो। पहाड़ कहीं नहीं जाएगा। इसलिए पहले अपनी जान बचाओ। जान बच जाए तो फिर दोबारा प्रयास करो। खैर, उस समय हम सभी ने वापस लौटना ही ठीक समझा। हम सभी ने सोचा कि हम कैंप 3 तक जाएँगे और मौसम ठीक होने पर फिर से कैंप 4 की ओर रुख करेंगे। लेकिन जब कैंप 3 पहुँचे तो नजारा और निराशाजनक था। वहाँ हमारे सारे टेंट उखड़ चुके थे। हमारा खाने-पीने का सामान भी सब अस्त-व्यस्त हो चुका था। हमें फिर आदेश मिला कि 'रुको मत, कैंप 2 पहुँचे।' फिर हम कैंप 2 की तरफ चल दिए। कैंप 2 पहुँचे, लेकिन मौसम में सुधार की कोई सूचना हमें नहीं मिल रही थी। हमारे पास कोई चारा नहीं था। हमें फिर से बेस कैंप तक आना पड़ा। हम सभी बहुत निराश हो चुके थे। इस बीच हमारे ऑक्सीजन सिलेंडर भी खत्म हो चुके थे। हमारे टीम लीडर ने बताया कि मौसम की जानकारी यह मिल रही है कि आनेवाले कुछ दिनों तक मौसम ऐसा ही रहने वाला है। जो लोग हमारे आगे चल रहे थे, उनका भी सम्मिट नहीं हो पाया था। वे भी किसी प्रकार जान बचाकर वापस लौट आए थे। स्थिति यह थी कि आगे क्या होगा, हम सम्मिट फिर से कर भी पाएँगे या नहीं, कुछ नहीं कहा जा सकता था। हमारे पास बेस कैंप में इंतजार करने के अलावा कोई चारा नहीं था। दावा स्टीवन ने हमें आश्वासन दिया कि वह काठमांडू से और ऑक्सीजन सिलेंडर मँगाने का प्रयास करेंगे। हमारे पास मौसम के ठीक होने का इंतजार करने के अलावा कोई चारा नहीं था। कुछ अखबारों में हमारे अभियान में आई इस रुकावट की खबरें भी प्रकाशित हो चुकी थीं। इस बीच घर पर मेरी सबसे बातचीत हुई। सबने मेरी हिम्मत बढ़ाई। लेकिन इस बीच मैं इस सोच में डूबी हुई थी कि टाटा स्टील ने मेरे ऊपर इतने पैसे खर्च किए हैं और अगर यह अभियान नहीं होगा तो यह मेरे माउंटेनियरिंग कैरियर का अंत होगा। लोग तो यह कहेंगे कि प्रेमलता चढ़ नहीं सकी। क्या जरूरत थी इस उम्र में परिवार को छोड़कर यह सब करने की? सबको कैसे बताऊँगी कि किसी अभियान में मौसम की कितनी बड़ी भूमिका होती है। इनसान तो बस, कोशिश करता है। प्रकृति की ताकत से लड़ा नहीं जा सकता। इस बीच जब पिताजी से फोन पर बातचीत हुई तो उनकी बातों में नाराजगी झलक रही थी। वे बोले, 'मैंने अखबार में पढ़ा है कि तुम वापस आ रही हो।' वे बोले, 'जब कदम बढ़ा दिया है तो फिर वापस क्यों लौटीं? आदमी तो रोड पर चलते हुए भी मर जाता है।' पर मैं कुछ नहीं बोली। चुप रह गई और मन-ही-मन सोचने लगी कि ठीक ही तो बोल रहे हैं। इस बार मौका मिला, पर सफल नहीं हो पाई तो क्या मुँह दिखाऊँगी?

यहाँ मैं यह भी बताना चाहती हूँ कि पर्वतारोहण बहुत ही महँगा स्पोर्ट्स है और हम भारतीयों के पास बिना किसी प्रायोजक के इतने बड़े अभियान को कर पाना मुश्किल है। जब इतनी बड़ी राशि लगती है तो मेरे जैसे पर्वतारोही असफलता से निराश हो जाते हैं और किसी भी हद तक अपने आप को खतरों में डाल देते हैं। वहीं जो विदेशी पर्वतारोही होते हैं, कभी अपनी जान को जोखिम में नहीं डालते और असफल होने के बाद पुनः प्रयास करते हैं। वे सब्र करते हैं कि फिर से पैसे आएँगे तो कोशिश करेंगे। लेकिन हम भारतीयों में इतना सब्र कहाँ? दूसरी बात, दोबारा मौका कैसे मिलेगा? पैसे कहाँ से आएँगे दोबारा आने के लिए? एक बड़ी बात यह भी है कि अभी हमारे देश में इस स्पोर्ट्स के प्रति इतनी जागरूकता नहीं है कि एडवेंचर स्पोर्ट्स को भी अन्य खेलों की तरह हार-जीत का खेल समझें। यानी किसी भी कारण यदि किसी का सम्मिट पूरा नहीं होता तो उसे हारा हुआ माना जाता है।

कुछ दिनों के इंतजार के बाद दावा स्टीवन ने पूरी टीम को बुलाया और बताया कि मौसम की ताजा जानकारी के अनुसार फिर से अभियान की शुरुआत की जा सकती है। अब ऑक्सीजन सिलेंडर भी आ गए हैं। हमें कल ही आगे की ओर बढ़ना है। यह सुनते ही हम सब खुशी से झूम उठे और आगे की तैयारियों में जुट गए। मैं अपने सामान को अस्त-व्यस्त नहीं छोड़ना चाहती थी। इस बार मैंने अपने आप से वादा किया कि मैं असफल होकर वापस नहीं आऊँगी। मुझे मेरे पिताजी की बातें याद आ रही थीं। कई प्रकार की बातें मेरे दिमाग में घूम रही थीं। कभी बच्चों की याद आ रही थी, कभी विमलजी की तो कभी घर की बहुत याद आ रही थी। कई प्रकार के विचार मन में आ रहे थे। मैं अपने आपसे भीतर-ही-भीतर लड़ रही थी। सो भी नहीं पा रही थी। इस मौके पर मैंने अपने इष्टदेव को याद किया और उसके बाद पूरी 'हनुमान चालीसा' पढ़ी। फिर से थोड़ा सोने का प्रयास किया। हमें सुबह 4 बजे निकलना था। मुझे नींद तो आई नहीं, पर 2 बजे उठी और नित्यकर्म करने के बाद अपना माउंटेनियरिंग का सूट पहना और बूट व क्रेमपोंस यानी बर्फ में चलने के लिए जूतों के नीचे बाँधनेवाला उपकरण पहनकर किचन टेंट में आ गई। किचन स्टाफ सुबह की चाय की तैयारी कर रहा था। कुछ ही देर में अभियान पर निकलनेवाले टीम के सारे सदस्य एकत्र हो गए। सबने कॉफी पी, हल्का नाश्ता किया और कुछ सेब व चॉकलेट रास्ते के लिए रख लिये और आगे के सफर के लिए निकल गए।

हमारी टीम में हम 6 भारतीय एवं 1 विदेशी पर्वतारोही था, साथ ही अपने-अपने शेरपा। हम सबने भगवान् को याद किया और अभियान के लिए चल दिए।

अब सबके सामने एक चुनौती थी— अपने लक्ष्य को प्राप्त करने की। हालाँकि सभी अच्छी तरह एक्लामाटाइज थे और काफी फिट भी थे। मुझे अच्छी तरह पता था कि कोई भी माउंटेनियर कितना भी योग्य या अनुभवी हो, अंततः भाग्य पर भी निर्भर करता है कि पहाड़ पर किसे शिखर पर पहुँचने में सफलता मिलेगी और किसे नहीं! कितने ही लोग इस प्रयास में मृत्यु को प्राप्त कर चुके हैं। कितने ही लोग बर्फीले तूफान की चपेट में आकर विकलांग हो गए। मौसम और पहाड़ दोनों के साथ संघर्ष करना बहुत कठिन होता है। पता नहीं कब मौसम का मिजाज बदल जाए, यह किसी को पता नहीं होता। पर्वतारोहियों का लंबे समय का कठिन परिश्रम धरा-का-धरा रह जाता है।

हम करीब सुबह 9 बजे खुंबू आइस फॉल के खतरनाक दर्रे को पार करते हुए कैंप 1 पहुँच गए और वहाँ थोड़ी देर आराम करने के बाद हम कैंप 2 के लिए निकल पड़े। मौसम पूरा साथ दे रहा था। हमें कैंप 2 में ही रात बितानी थी। हम जैसे-जैसे ऊपर की ओर जा रहे थे, तापमान गिरता जा रहा था। हम सभी आपस में एक-दूसरे को दिलासा दे रहे थे कि हम जरूर सफल होंगे। हमें हिम्मत नहीं हारनी चाहिए। हम सब एक-दूसरे का मनोबल बढ़ा रहे थे।

अगले दिन सुबह हमें कैंप 3 जाना था। कुछ ने ऑक्सीजन मास्क लगा लिया। अब हमारी चढ़ाई और भी चुनौतीपूर्ण होने जा रही थी। हमें अब ल्होत्से वॉल पर चढ़ना था, जो कि 80 डिग्री की एक खड़ी दीवार थी, जिसे पार कर हमें कैंप 3 पर पहुँचना था। किसी तरह साँसों को थामे हम आगे बढ़ते जा रहे थे। यह वही जगह थी, जहाँ से हम पिछली बार वापस आए थे। हम अपनी पूरी ऊर्जा का इस्तेमाल करते हुए आगे बढ़ रहे थे। कुछ ही देर में हम लोग कैंप 3 पर पहुँच गए। वहाँ हमने अपने-अपने टेंट लगाए। पानी गरम कर पिया और मैगी बनाकर खाई। मैगी खाकर हम लोग अपने-अपने टेंट में आ गए। स्लीपिंग बैग निकाला और आराम करने लगे। अब हमें शरीर को अच्छी तरह आराम देने की भी जरूरत थी। हम सभी ने ऑक्सीजन मास्क लगा लिया और लेट गए। रात को तेज हवाएँ चलने लगीं। टेंट फड़फड़ा रहे थे। तापमान लगातार गिरता जा रहा था। हम लोग लगभग 24,000 हजार फीट की ऊँचाई तक पहुँच चुके थे। ठंड से हाथ-पैर ठिठुर रहे थे। किसी तरह हमने रात काटी और सुबह-सुबह उठ गए। अब हमें कैंप 4 में जाना था। बहुत ही ज्यादा ठंड थी। ऐसा लग रहा था जैसे नसें जम-सी गई थीं। लेकिन हम जानते थे कि जैसे ही हम चलना शुरू करेंगे तो थोड़ा आराम मिलेगा। अब आगे की चढ़ाई और ज्यादा कठिन थी। अब हमें आगे की चढ़ाई रस्सियों के सहारे करनी थी। अब हमें अपने

पैरों को जोर से मारकर बूट्स में लगे क्रैमपेन को बर्फ में धँसाते हुए आगे कदम रखना था। यह चढ़ाई बहुत ही थका देने वाली थी। इस तरह चलने में बहुत ज्यादा ताकत का इस्तेमाल करना पड़ रहा था। साथ ही ऑक्सीजन मास्क को लगाकर चलना बंधन जैसा लग रहा था। अभी तक हमें ऑक्सीजन मास्क की आदत भी नहीं पड़ी थी। लेकिन अब हमारे लिए बहुत जरूरी था कि हम ऑक्सीजन मास्क की आदत डाल लें, क्योंकि अब इसे हमारे साथ एवरेस्ट तक रहना था और वापसी में भी कुछ समय तक हमें इसके साथ ही चलना था। करीब चार घंटे चलने के बाद हम लोग येलो बैंड के पास पहुँचे, जो कि कैंप 4 के आधे रास्ते पर स्थित है।

येलो बैंड एक पथरीली चट्टान है, जिसे पार करना काफी मुश्किल लग रहा था। इस प्रकार दो घंटे के बाद हम जेनेवा स्पर पहुँच गए। यह एक बड़ी चट्टान है, जिसका फेस बर्फ से ढका हुआ है। इसे भी हमने रस्सियों के सहारे चढ़कर पार किया। अब हम कैंप 4 के बहुत करीब थे। धीरे-धीरे हमारी टीम के सभी सदस्य कैंप 4 पर पहुँच गए। दिन का करीब डेढ़ बजा होगा। अब हम लोग 26,300 फीट पर नजर आ रहे थे। हमें यहाँ से एवरेस्ट नजर आ रहा था। लेकिन एवरेस्ट की जिस चोटी तक हमें पहुँचना था, वह अभी नजर नहीं आ रही थी।

यह वह स्थान है, जहाँ पहुँचकर पर्वतारोही एवरेस्ट के लिए अपनी अंतिम तैयारी करते हैं। हम बादलों की सतह से भी ऊपर थे। दूर-दूर तक ऊपर का आसमान बिलकुल साफ था और नीचे बादल नजर आ रहे थे। अब हमें पूरी ऊर्जा बटोरनी थी। हम काफी थक चुके थे। टीम लीडर ने कहा कि हमें रात के 10 बजे सम्मिट के लिए निकलना है।

हम लोगों ने अपने-अपने टेंट लगाए और कुछ खाया। पर वहाँ इतनी मेहनत व थकावट के बाद भी भूख नहीं लग रही थी। मौसम लगभग ठीक था। हवाएँ चल रही थीं। तापमान लगभग माइनस 40 डिग्री सेल्सियस था। फिर हम लोगों ने थोड़ी देर आराम करने की कोशिश की। पर आराम कहाँ से होता? मन में इतने सारे सवाल उठ रहे थे कि मैं क्या वाकई पहुँच पाऊँगी? मेरे पैरों के घाव में बूट से बार-बार रगड़ने के कारण काफी तकलीफ हो रही थी। दवा भी नहीं खा पा रही थी। डर था कि कहीं दवा से दर्द कम होने के बजाय पेट में कुछ गड़बड़ी न हो जाए। अकसर दर्द की दवाएँ पेट में गैस उत्पन्न करती हैं। वैसे तो मैं खाना भी बहुत कम खा रही थी। खाली पेट और अधिक तकलीफ देता है। शाम को हमने अपने सारे उपकरण चेक किए। पानी गरम करके थर्मस में भरा और खाने के लिए कुछ चॉकलेट लीं। अपने इष्ट देवता को याद किया।

19 मई तारीख थी और रात के 10 बज चुके थे। कैंप 4 से अब हम अपने अभियान के अंतिम पड़ाव की ओर बढ़े। अब हम एवरेस्ट के दक्षिणी छोर, जिसे 'बालकोनी' कहते हैं, वहाँ पर थे। वहाँ की ऊँचाई करीब 27,500 फीट थी और हम उस ऊँचाई पर और आगे के लिए चढ़ाई कर रहे थे। हमारी चाल बहुत धीमी हो गई थी। देश-विदेश के और भी पर्वतारोही वहाँ धीरे-धीरे आगे बढ़ रहे थे। यह ऐसी जगह है, जहाँ कोई साथ-साथ नहीं चल पाता। अपनी ही टीम के लोग भी आगे-पीछे चलते हैं, लेकिन साथ में नहीं। यहाँ पर सभी अपनी-अपनी इच्छा-शक्ति और एनर्जी के अनुसार ही आगे बढ़ते जाते हैं। रात के अँधेरे में सभी लोग अपने-अपने सिर पर लगे हेडलैंप की रोशनी के सहारे आगे बढ़ रहे थे। हवा तेज होती जा रही थी और मुझे ऑक्सीजन लेने में थोड़ी कठिनाई हो रही थी। हाथ में भारी दस्ताने थे, जिस वजह से मैं अपने मास्क को ठीक से एडजेस्ट भी नहीं कर पा रही थी। कुछ दूर तक तो यूँ ही चलती रही, लेकिन जब मुझे लगा कि ऑक्सीजन मास्क ठीक किए बिना अब आगे मुझसे नहीं चला जाएगा तो मैंने ऑक्सीजन मास्क को खुद ही ठीक करना चाहा। दस्ताना बहुत मोटा था, इसलिए मास्क ठीक से पकड़ में नहीं आ पा रहा था। इसलिए मैंने अपने एक हाथ का दस्ताना उतार दिया और मास्क ठीक किया। इतने में देखा कि मेरा उतारा हुआ दस्ताना तेज हवा में कहीं उड़ गया। सब तरफ नजर दौड़ाई, पर कहीं दिखाई नहीं दिया। दस्ताना क्या उड़ा, मेरे तो होश ही उड़ गए। मेरे हाथ-पैर ठंडे पड़ने लगे। अब क्या होगा? इतने में मेरे शेरपा ने पीछे मुड़कर देखा तो डाँटने लगा कि पीछे क्यों रुक गई हो? आगे चलो। मैं भगवान् को याद करने लगी और मन-ही-मन मैंने तय किया कि मैं एवरेस्ट पर जरूर जाऊँगी। अगर नहीं जा सकी तो भगवान् के पास ही चली जाऊँगी, लेकिन खाली हाथ घर नहीं लौटूँगी। मुझे हर हाल में, चाहे बिना दस्ताने के ही सही, एवरेस्ट पर चढ़ना है। बर्फीली ठंड से मेरा हाथ सुन्न पड़ता जा रहा था। भगवान् को याद करते हुए मैंने आगे चलने के लिए जैसे ही अपना एक कदम आगे बढ़ाया, मैं ईश्वर का चमत्कार देखकर दंग रह गई। मेरे पास ही सामने एक ऊनी दस्ताना पड़ा था। वह भी सीधे हाथ का। मैंने तुरंत उसे उठाया और पहन लिया। पहनते ही ऐसा लगा जैसे जान में जान आ गई हो। मैं हैरान थी और महसूस कर रही थी कि चमत्कार क्या इसे ही कहते हैं? इसे नहीं कहते तो फिर किसे कहते हैं? भगवान् के प्रति मैं पहले से ही बहुत ज्यादा आस्थावान् रही हूँ; लेकिन यह घटना तो ईश्वर का चमत्कार ही थी। मैंने उस दस्ताने को ईश्वर का आशीर्वाद समझकर पहना और पूरी हिम्मत व जुनून के साथ आगे बढ़ना शुरू किया। अब मैं अपने लक्ष्य के काफी करीब थी।

और कुछ ही देर बाद मैंने भगवान् की कृपा से, अपनों के प्यार और आशीर्वाद से और अपनी गुरु बचेंद्री पाल के विश्वास को कायम रखते हुए अपनी दृढ इच्छा-शक्ति की बदौलत दुनिया की सबसे ऊँची चोटी माउंट एवरेस्ट पर तिरंगा फहरा दिया। मैंने बचेंद्रीजी की इस बात को साबित कर दिया कि सफलता के साथ उम्र का कोई संबंध नहीं है। उम्र तो मात्र एक नंबर है—10, 20, 30, 40, 50...।

खुद पर विश्वास नहीं हो पा रहा था। मेरी आँखों के सामने सबके चेहरे नजर आ रहे थे। ऐसा लग रहा था मानो वे लोग मेरी कामयाबी को देख रहे हैं। मैंने भगवान् को ,बचेंद्री दीदी को, अपने पूरे परिवार को, अपने गुरुओं को— सबको नमन किया। वहाँ पहुँचकर ज्यादा सोचने-समझने की शक्ति नहीं रह जाती, क्योंकि ज्यादा वक्त नहीं मिल पाता—ज्यादा-से-ज्यादा दस-पंद्रह मिनट, क्योंकि फौरन वापस नीचे उतरना पड़ता है। वैसे भी, मेरे हाथ में जो दस्ताना था वह पता नहीं कितनी देर तक मेरे हाथों को सही-सलामत रख सकता था, क्योंकि वह एक सामान्य ऊनी दस्ताना था। हमने जल्दी से अपने देश का तिरंगा निकाला और उसे फहराया। फिर टाटा स्टील के झंडे को फहराया। कुछ तसवीरें खिंचवाईं और नीचे उतरने की तैयारी करने लगे।

अभी तक एवरेस्ट अभियान पूर्ण नहीं हुआ था। संपूर्ण अभियान तभी माना जाएगा, जब तक सकुशलता से जिस मार्ग द्वारा चढ़ाई की थी, उसी मार्ग द्वारा पूरे बेस कैंप तक वापस नहीं पहुँचते। तभी अभियान पूरी तरह से सफल माना जाएगा। चढ़ते समय तो मैं अपनी टीम में सबसे आगे थी, पर सुनीता ने मुझे उस समय क्रॉस किया, जब मैं मास्क ठीक करने के लिए कुछ देर के लिए रुक गई थी। फिर भी, बाकी टीम से मैं बहुत पहले ही पहुँच गई थी। छिरिंग, जिसे कि मेरी क्षमता पर हमेशा संदेह रहता था, उसे भी मेरी कामयाबी पर बहुत खुशी थी। मेरी असली परीक्षा तो अब थी, मेरे नीचे उतरने की थी। मेरे पैरों में एक पुराने एक्सीडेंट की वजह से थोड़ी दिक्कत थी। अब दिक्कत यह थी कि न तो मेरे पास पीने का पानी था, न ही खाने का कोई सामान। और मेरे पेट में हल्का-हल्का दर्द होने लगा। छिरिंग के पास भी कुछ नहीं था। दो घंटे का वापसी का सफर तय करते-करते मेरे पेट का दर्द तेज हो गया और मैं वहीं पेट पकड़कर बैठ गई। मैं बैठे-बैठे ही फिसलकर उतरने की कोशिश करने लगी। तभी एक विदेशी पर्वतारोही, जो नीचे उतर रहा था, उसने मुझे अपने थर्मस से एक घूँट पानी दिया और साथ ही एक बड़ी चॉकलेट भी खाने को दी। मैंने उसे धन्यवाद किया, क्योंकि उस समय अगर उसने मुझे पानी न पिलाया होता और खाने के लिए चॉकलेट न दी होती तो शायद

मैं मर ही जाती। पर जैसे ही कोई विपरीत परिस्थिति आ रही थी, कोई-न-कोई शक्ति थी, जो कि मुझे हर बार मदद कर रही थी। किसी तरह पेट दर्द को बरदाश्त करते हुए मैं कैंप 4 पर वापस पहुँची। वहाँ देखा तो टेंट में रखा हमारा खाने का सामान गायब था। शायद उसे मुझसे ज्यादा किसी जरूरतमंद ने उठा लिया हो। वहाँ हमने फिर से थर्मस में गरम पानी भरा और कैंप 3 की ओर बढ़ गए। खाने का सुख हमें कैंप 2 में जाकर मिला। अब हमारी टीम के सभी सदस्य, जो कि अलग-अलग हो गए थे, अपने-अपने शेरपाओं के साथ नीचे आने लगे।

उतरते समय हमें सैटेलाइट फोन द्वारा खबर मिली कि हमारी टीम ने सफलता प्राप्त कर ली है।

माउंट एवरेस्ट से वापसी के बाद भव्य स्वागत

माउंट एवरेस्ट की चढ़ाई करके मैं वापस काठमांडू पहुँची, जहाँ हमारा भव्य स्वागत किया गया। कंपनी के लोगों ने 'खदा' यानी सफेद दुपट्टा ओढ़ाकर हमारा स्वागत किया। फिर हम लोगों को अपने-अपने होटल तक पहुँचाया गया। मेरे पति मुझे लेने दिल्ली से आने वाले थे, लेकिन मैं समय से पहले ही पहुँच चुकी थी। मुझे बहुत ज्यादा भूख लगी थी; लेकिन मैं होटल का खाना नहीं खाना चाहती थी। कई दिनों से घर का सामान्य भोजन नहीं खाया था, इसलिए मैं इसी तरह का कुछ साधारण सा खाना चाहती थी। मैंने अपना सामान होटल के कमरे में रखा और बाहर खाने की खोज में निकल पड़ी। लगभग आधे घंटे तक यूँ ही घूमती रही, लेकिन कहीं भी मुझे खाना नहीं मिल पा रहा था। हर कोई यही जवाब देता कि 12 बजे के बाद ही हम दिन का खाना सर्व करते हैं। फिर मैं एक रेस्तराँ में पहुँची। वहाँ भी यही जवाब मिला कि अभी खाना तैयार नहीं है।

मैंने कहा, 'अभी क्या-क्या बन चुका है आपके यहाँ?'

रेस्तराँवाला बोला, 'चावल और सब्जी बन चुकी है, दाल बननी बाकी है।'

मैंने कहा, 'आप मुझे चावल और सब्जी ही दे दीजिए।'

शायद वह भी समझ गए होंगे कि इस औरत को बहुत ज्यादा भूख लगी है। इसलिए उन्होंने मुझे चावल और आलू-मटर की सब्जी दे दी। खाना देखकर मेरी भूख और ज्यादा बढ़ गई और मैं खाती चली गई। मैं अकेली ही लगभग इतना खाना खा गई, जितना तीन लोग मिलकर खाते हैं। होटलवाला मुझे देखता रह गया। सोच रहा होगा, क्या औरत है! दिखने में तो एकदम दुबली-सी लग रही है, लेकिन खाती कितना है!

जब मैं एवरेस्ट के लिए घर से निकली थी, उस समय मेरा वजन 57 किलोग्राम था, जो कि अब केवल 45 किलो रह गया था। खैर, मैंने खूब खाया और पैसे देकर वापस होटल आ गई। मैं बहुत थकी हुई थी, साथ ही मेरा शरीर भी खूब जकड़ा हुआ था। कई दिनों से नहाई नहीं थी, इसलिए होटल पहुँचकर मैं देर तक नहाती रही। मेरा शरीर सन बर्न की वजह से काला पड़ चुका था। कई बार चेहरा धोया, मगर चेहरे का कालापन जा ही नहीं रहा था। महीनों बाद चेहरा शीशे में देखा तो खुद ही अपने आपको पहचान नहीं पा रही थी। लेकिन जीत की खुशी से मेरा मन आनंद से सराबोर था। बहुत रिलैक्स महसूस कर रही थी मैं उस समय। जीत और मन की खुशी ने मुझे आत्मविश्वास से भर दिया था, जो कि रंग-रूप से बहुत ऊपर की बात थी। बेशक मेरा चेहरा बहुत काला पड़ चुका था, लेकिन वह मुझे अखर नहीं रहा था, परेशान नहीं कर रहा था।

तब तक मेरे पति होटल पहुँच चुके थे। इसलिए रिसेप्शन से फोन आया— आपसे मिलने कोई आए हैं। मैं समझ गई, विमल ही आए होंगे। मैं उनसे मिलने होटल के कमरे से सीधा लॉबी में आ गई। जैसे ही उन्होंने मुझे देखा तो कुछ देर तक यूँ ही देखते रहे, जैसे पहचानने की कोशिश कर रहे हों। मैं तो उन्हें देखते ही सीधा उनसे लिपटकर रो पड़ी। इतने दिनों के वियोग का दु:ख और फिर मिलने की खुशी और न जाने कितने ही भावों से मैं भरी हुई थी, जो उस समय सँभाले नहीं सँभल रहे थे और आँसुओं की धार के रूप में बहे जा रहे थे।

उस दिन हम काठमांडू में ही रहे। मैं दिन भर विमल को अपने एवरेस्ट अभियान के अनुभव बताती रही। कई बार रोई। वे भी भावुक हुए और मेरी बातों को बहुत उत्सुकता से सुनते रहे। फिर मैंने अपनी दोनों बेटियों से बात की, घर में सास-ससुरजी से बात की। अपने माता-पिता से बात की। फिर भाई-भाभी को भी फोन लगाया तो पता चला कि वे कल मुझसे मिलने काठमांडू आ रहे हैं। माँ ने कहा, 'तुम्हें क्या चाहिए?' मैंने कहा, 'माँ, तुम्हारे हाथ का बना खाना चाहिए। और हो सके तो कुछ कपड़े भेज देना।' मैं जो कपड़े काठमांडू छोड़ गई थी, वे अब मुझ पर बहुत ढीले हो रहे थे।

अगले दिन मेरे भाई-भाभी और मेरी बहन सुषमा जाने कितनी ही बाधाओं को पार करते हुए सिलीगुड़ी से काठमांडू पहुँच गए। सिलीगुड़ी में उस दिन हड़ताल थी, जिस वजह से उन्हें काफी दिक्कतों का सामना करना पड़ा था। छोटी भाभी ने मेरे लिए कपड़े भेजे हुए थे। वे लोग मेरे लिए घर का बना खाना भी लेकर आए थे। माँ के हाथ का बना वह खाना अमृत के समान लग रहा था। खाना खाते-खाते मैं

भाई-भाभी, सुषमा और विमल को अपने अनुभव सुनाती जा रही थी। भइया मुझे बहुत प्यार से देख रहे थे कि कैसे मैंने इतना सबकुछ कर लिया। सबकी आँखें खुशी से डबडबाई हुई थीं। दूसरे दिन मैं सबके साथ काठमांडू घूमती रही। हम सबने तय किया कि पहले हम सभी यहाँ से सिलीगुड़ी जाएँगे और फिर वहाँ से अपने शहर टाटानगर लौटेंगे। पर उसी समय टाटा स्टील से मुझे खबर आई कि दो दिन बाद दिल्ली में मेरे लिए एक प्रेस कॉन्फ्रेंस रखा गया है और मुझे काठमांडू से दिल्ली पहुँचना है। अगले दिन मुझे नेपाल सरकार से सर्टिफिकेट मिलना था और कार्यक्रम बदलने के कारण भाई-भाभी व सुषमा वापस सिलीगुड़ी चले गए। मैं विमल के साथ अपना सर्टिफिकेट लेकर दिल्ली आ गई। दिल्ली आकर मैंने सबसे पहले अपनी गुरु बचेंद्री पालजी को फोन लगाया। जैसे ही उन्होंने मेरी आवाज सुनी, उनकी आवाज भी भर आई। ऐसा लग रहा था जैसे वे मेरी खुशी से अभिभूत होकर भावुक हो गईं। उन्होंने कहा, 'तुमने तो मुझे दोबारा एवरेस्ट पर चढ़ा दिया। तुम कहाँ हो?' मैंने कहा, 'मैं दिल्ली में हूँ।' वे बोलीं, 'मैं भी तो दिल्ली में ही हूँ। तुमने मुझे बताया क्यों नहीं। मैं एयरपोर्ट आ जाती तुम्हें रिसीव करने।' मैंने कहा, 'मैं आ रही हूँ आपके पास।' फिर मैं टाटा स्टील के गेस्ट हाउस पहुँची। मुझे देखते ही उन्होंने मुझे गले लगा लिया और मानो दुनिया भर का प्यार उनकी आँखों में मेरे लिए उस समय भर आया। मेरी आँखें डबडबा गईं। अपनी उपलब्धियों के बाद पहली बार अपनी गुरु से मिलने का वह क्षण मैं अपने जीवन में कभी भूल नहीं सकती। वहाँ पर मेरे कई और पर्वतारोही मित्र आए हुए थे, जिन्हें लेकर बचेंद्रीजी एक अभियान के लिए भूटान जाने वाली थीं। सभी ने मुझे बधाइयाँ दीं और हमने अपने पुराने अनुभवों को ताजा किया। मैंने बचेंद्रीजी से कहा कि कल प्रेस कॉन्फ्रेंस है और आपको मेरे साथ रहना है। अगले दिन उन्हें भूटान जाना था, लेकिन उन्होंने अपने दल को रवाना किया और खुद मेरी प्रेस कॉन्फ्रेंस के लिए रुक गईं तथा उसके बाद भूटान के लिए रवाना हुईं।

दिल्ली के होटल ताज मानसिंह में प्रेस कॉन्फ्रेंस हुई। बहुत सारे मीडियावाले आए। फोटोग्राफरों ने कई फोटो खींचीं। पत्रकारों ने खूब सवाल किए। सब लोग घेरकर खड़े थे। बहुत गर्व हो रहा था। पहली बार मुझे अहसास हुआ कि मैंने कुछ बड़ा प्राप्त किया है। मुझे याद आ रहा था कि बचपन में मैं किस प्रकार जीत की खुशी पाने के लिए तरसती रहती थी। सोचती थी, मुझे कब ट्रॉफी मिलेगी। मेरे लिए कब लोग ताली बजाएँगे? आज मेरे बचपन का वह सपना भी पूरा हो गया था। खूब बधाइयाँ, तारीफें, पुरस्कार और तालियाँ मिल रही थीं। मेरी यह जीत केवल एवरेस्ट

पर जानेवाली भारतीय महिला की ही जीत नहीं थी, बल्कि इस जीत से मुझे सबसे अधिक उम्र में एवरेस्ट पर जानेवाली महिला पर्वतारोही का गौरव भी प्राप्त हो गया।

दिल्ली में मुझे बहुत सम्मान मिला। अगले दिन सभी अखबारों में, टी.वी. चैनलों पर मेरी जीत की खबरें थीं। दिल्ली से ढेर सारा प्यार और सम्मान पाकर हम लोग जमशेदपुर के लिए रवाना हो गए। अगले दिन 11 बजे ट्रेन टाटानगर स्टेशन पहुँचने वाली थी। गाड़ी जैसे ही प्लेटफॉर्म पर पहुँची तो बाहर कुछ नगाड़ों के बजने की आवाज सुनाई पड़ी। हम अपना सामान निकालने लगे। बाहर बहुत शोर था तथा नगाड़ों की आवाज और तेज हो गई थी। जैसे ही मैं डिब्बे के गेट पर पहुँची, मैंने देखा कि प्लेटफॉर्म पर हजारों की भीड़ लगी हुई थी। मुझे डब्बे के गेट पर ही फूलों के हारों से लाद दिया गया। कुछ महिलाओं ने मुझे तिलक लगाया और मेरी आरती उतारी। मैं हैरान थी। यह सारी भीड़ मेरे स्वागत के लिए खड़ी थी। शहर के गण्यमान्य स्त्री-पुरुष वहाँ मौजूद थे। स्टेशन पर इतनी भीड़ थी कि पैर रखने तक की जगह नहीं नजर आ रही थी। परिवार के बहुत से लोग मुझे लेने आए हुए थे। लोगों ने मुझे इस तरह घेरा हुआ था कि उन्हें मुझ तक पहुँचने में भी बहुत दिक्कत हो रही थी। स्टेशन से 10 मिनट का रास्ता है हमारे घर का; लेकिन उस दिन यह रास्ता तय करने में हमें तीन घंटे से भी ज्यादा का समय लगा। मैं एक खुली जीप में थी, जो कि रेंगती हुई ही आगे बढ़ पा रही थी। सड़क के दोनों ओर लोगों की भीड़ थी, जो कि मेरा स्वागत करने के लिए खड़ी थी। मेरे ऊपर फूलों की बारिश लगातार हो रही थी। जगह-जगह पर मेरे बैनर लगे थे, जिसमें मुझे जीत के लिए मुबारकबाद दी गई थी। ऐसा दृश्य था उस समय का, जिसकी मैंने कभी स्वप्न में भी कल्पना नहीं की थी। कहते हैं कि कल्पना का कोई दायरा नहीं होता, लेकिन यह दृश्य मेरी कल्पना के दायरे से बाहर का था। समाज के वही लोग, जो कल तक मेरे घर आकर मेरी सास को भड़काने की कोशिश में लगे रहते थे, वे आज फूलों की माला लिये मेरे स्वागत के लिए खड़े थे। अच्छा लगा यह देखकर कि मेरी जीत ने उनकी सोच को बदलने का काम भी किया है।

घर पहुँची तो मेरी सास आरती की थाली लिये खड़ी थीं। उन्होंने मेरी आरती उतारी और मैंने उनका आशीर्वाद लिया। यह जीत केवल मेरी जीत नहीं थी, मेरे परिवार के हर सदस्य की जीत थी, सभी की उम्मीदों और आशाओं की जीत थी।

उसी दिन शाम को टाटा स्टील के एम.डी. श्री एच.एम. निरूरकर और वी.पी. श्री संजीव पॉल ने मुझे सम्मानित किया। हमारे पूरे परिवार को बुलाकर उनका सम्मान किया। इस मौके पर मेरे जिम के साथी भी आए हुए थे। सभी लोग बहुत खुश थे।

मैं तो समझ ही नहीं पा रही थी कि मैं क्या और कैसे यह सब कर गई। मैं कल तक एक घरेलू औरत थी, आज एक सेलिब्रिटी की तरह लोग मुझे देख रहे हैं। साथ ही मैं यह भी नहीं समझ पा रही थी कि कैसे सभी लोगों का नजरिया मुझे लेकर बदल चुका है। कई ऐसे लोग भी इस मौके पर मुझे मुबारकबाद देने आए, जो कल तक मुझ पर हँसते थे और हर पहाड़ को एवरेस्ट ही समझते थे।

उसके बाद तो लंबे समय तक लगातार सम्मान समारोहों का सिलसिला चलता रहा। जिस भी समारोह में मैं जाती, वहाँ लोग मुझे बोलने के लिए माइक थमा देते। यह काम मुझे बहुत मुश्किल लगता था। मुझे समझ ही नहीं आता था कि मैं बोलूँ तो क्या बोलूँ? मंच पर लोगों को संबोधित करना मुझे बहुत मुश्किल काम लगता है। आज भी जब कहीं जाती हूँ तो लोग कहते हैं— कुछ बोलिए, और मुझे समझ ही नहीं आता कि मैं क्या बोलूँ? लोगों के बीच मैं आज भी खुलकर बोल नहीं पाती, जिस प्रकार अन्य लोग बोल पाते हैं। कई बार मैं मजाक में कहती भी हूँ कि मेरे लिए किसी पहाड़ पर चढ़ना तो आसान काम है, लेकिन मंच पर लोगों के बीच बोलना मुझे बहुत मुश्किल लगता है।

मेरे एवरेस्ट पर फतह करने का एक फायदा यह भी हुआ कि जब मैं पहले अपने आस-पास की महिलाओं से कहती थी कि आप लोग फिट रहने के लिए योग किया करिए तो कोई मेरी बात नहीं सुनता था, ध्यान नहीं देता था। लेकिन एवरेस्ट से लौटने के बाद उनका मुझ पर विश्वास हो गया। मेरी बातों और सलाह पर वे ध्यान देने लगे। उसके बाद हमारे आस-पास की करीब 20 से 25 औरतें मुझसे योग सीखने आने लगीं, जिसमें 60 साल की महिलाएँ भी शामिल थीं। इन क्लासेज में मैं योग के साथ-साथ एरोबिक और टी.एस.ए.एफ. के सहयोग से आर्टिफिशियल वॉल क्लाइंबिंग व वाटर राफ्टिंग कराने भी ले जाने लगी। मैं महिलाओं को हमेशा यही कहती हूँ कि जो मैं कर सकती हूँ, वह आप लोग भी कर सकते हो। बस, आपको सबसे पहले खुद पर विश्वास करना होगा।

□

8

माउंट एवरेस्ट की विजय के बाद क्या

माउंट एवरेस्ट क्लाइंब करने के बाद लोगों का विश्वास मुझ पर बढ़ गया था। अब लोग मेरी बात पर ध्यान देने लगे थे। यही वजह है कि जब मैंने दालमा हिल में ट्रैकिंग करने के लिए लोगों से कहा तो भारी संख्या में मुझे लोगों का समर्थन मिला। इस बार मैं 100 लोगों को दालमा हिल में ट्रैकिंग पर लेकर गई, जिसमें सभी उम्र के लोग शामिल थे। 60 साल की महिलाओं से लेकर 90 किलो वजनवाली भारी शरीर की महिलाएँ भी दल में शामिल थीं। यह एक बहुत बड़ा क्रांतिकारी परिवर्तन था, जो मैं देख रही थी। मुझे बहुत खुशी भी हो रही थी और सबसे बड़ी बात यह कि मैं यही तो चाहती थी कि लोगों की सोच बदले, जिसे बदलने में मुझे काफी हद तक सफलता भी मिलनी शुरू हो गई थी। यह परिवर्तन समाज में साफ दिखाई भी देने लगा था।

अब मैं एक आम स्त्री से विशेष महिला बन चुकी थी, या यूँ कहूँ कि सेलिब्रिटी बन चुकी थी। लंबे समय तक लगातार मेरी माउंट एवरेस्ट की जीत का जश्न चलता रहा। लोग मेरे लिए स्वागत व सम्मान कार्यक्रम आयोजित करते रहे। कहीं कोई मुझे चीफ गेस्ट के तौर पर बुला रहा था तो कभी स्कूलों में बच्चों को प्रोत्साहित करने के लिए बुलाया जाता। लेकिन अब मेरे आगे जो सबसे बड़ा सवाल खड़ा हो रहा था, वह यह था कि एवरेस्ट पर तो तिरंगा झंडा फहरा दिया, अब आगे क्या? भविष्य के लिए अब मेरे पास क्या योजनाएँ हैं? लोग भी पूछने लगे थे कि अब आप आगे क्या करने वाली हैं? मीडियावाले भी सवाल करते कि एवरेस्ट के बाद अब क्या नया करने जा रही हैं? आगे की क्या योजनाएँ क्या हैं? सभी की उम्मीदें बढ़ने लगी थीं। मैं खुद भी इस सवाल का जवाब

खोजना चाहती थी कि सच में अब मैं आगे क्या करूँगी? सबसे ऊँची चोटी पर तो तिरंगा फहरा दिया है। अब मेरे पास करने के लिए बचा ही क्या है? लगातार यही सब सोच-सोचकर मन में थोड़ी निराशा भी होती जा रही थी। अंदर-ही-अंदर यह सवाल मुझे बहुत परेशान करने लगा था। मैं इसी उधेड़-बुन में थी कि अब आगे क्या करूँगी? फिर मैंने सोचा कि मुझे कम-से-कम अब टाटा स्टील जाकर उनके अधिकारियों का आभार तो व्यक्त करना ही चाहिए। और मैंने उस समय के टाटा स्टील के वाइस प्रेजीडेंट श्री संजीव पॉल से मिलने का समय लिया और विमलजी के साथ उसी शाम उनके ऑफिस में गई।

पॉल साहब उस समय ऑफिस में नहीं थे। हम लोग रिसेप्शन में बैठे उनका इंतजार करने लगे। हम बैठे-बैठे वहाँ रखी कुछ पत्र-पत्रिकाओं को पढ़ रहे थे। तभी अचानक एक पृष्ठ पर विमलजी की नजर पड़ी, जिस पर लिखा था—'कर विजय, हर शिखर'। उन्होंने मुझसे कहा, 'देखो, पढ़ो इस स्लोगन को।' स्लोगन पढ़कर मैं थोड़ा सोच में पड़ गई। बचेंद्रीजी ने मुझे बताया था कि बहुत से पर्वतारोही सेवन सम्मिट करते हैं, यानी विश्व के सभी सातों महाद्वीपों की सबसे ऊँची चोटी पर जाना। इस स्लोगन में मुझे अपना लक्ष्य दिखाई देने लगा। मैं सोचने लगी कि मैं भी तो विश्व के सातों महाद्वीपों की ऊँची चोटियों को छू सकती हूँ। लेकिन फिर मन में कई सवाल और भी उठे कि इतना पैसा कहाँ से आएगा? एक बार तो मैं जोखिम ले चुकी हूँ, लेकिन क्या बार-बार यह जोखिम ले सकती हूँ? मैं यह सोच ही रही थी कि इतने में पॉल साहब ऑफिस में आ गए। मुझे देखते ही बोले, 'अरे, आइए, आइए' और हमें अपने कमरे में बुला लिया। पूछा, 'कैसे आना हुआ?' मैंने कहा, 'मैं आपका और टाटा स्टील का आभार व्यक्त करने आई हूँ। आप लोगों के सहयोग के बिना मैं इतनी ऊँचाइयों पर नहीं पहुँच सकती थी।' उन्होंने कहा, 'आपने देश और टाटा स्टील का मान बढ़ाया है। आप सभी के लिए प्रेरणा बनी हैं।' उसके बाद पॉल साहब ने भी मेरे आगे फिर यही प्रश्न रख दिया कि अब आगे का क्या प्लान है? लेकिन इस बार मेरे पास इस सवाल का जवाब था। मैंने तुरंत जवाब दिया—'कर विजय, हर शिखर'। वे मुसकराने लगे। बोले, 'यह तो टाटा स्टील का स्लोगन है।' मैंने कहा, 'अब मेरा भी यही लक्ष्य है।' फिर मैंने उन्हें सेवन सम्मिट के विषय में बताया, जिसमें से मैं एवरेस्ट और किलिमंजारो यानी दो सम्मिट कर चुकी थी। अब पाँच बाकी थे। मेरी बात सुनकर पॉल साहब बहुत प्रभावित हुए और बोले, 'बहुत अच्छा

विचार है।' आगे उन्होंने हमें सलाह दी कि हमें इस विषय में एमडी को एक पत्र लिखना चाहिए।

अगले ही दिन हमने टाटा स्टील के तत्कालीन एम.डी. श्री एच.एम. निरूरकरजी को पत्र लिखा, जिसमें मैंने अपने आगे के लक्ष्य को विस्तार से बताया और इस अभियान में मेरा सहयोग करने का प्रस्ताव भी रखा। करीब दस दिन के बाद मेरे पास पॉल साहब के ऑफिस से फोन आया कि वे मुझसे मिलना चाहते हैं। मैं जब उनसे मिलने गई तो उन्होंने मुझे देखते ही बधाई दी और कहा, 'आपका 'कर विजय हर शिखर' प्रस्ताव स्वीकार कर लिया गया है।'

क्या है सेवन सम्मिट?

'सेवन सम्मिट' सात महाद्वीपों के सबसे ऊँचे पहाड़ों को कहा जाता है। जिस प्रकार एवरेस्ट विश्व का सबसे ऊँचा पर्वत है, जो कि एशिया महाद्वीप में स्थित है, उसी प्रकार दूसरे अन्य महाद्वीपों पर स्थित सबसे ऊँचे पर्वतों को एक साथ 'सेवन सम्मिट' कहा जाता है।

हर पर्वतारोही का यह सपना होता है कि वह कभी-न-कभी इन सातों महाद्वीपों के सर्वोच्च पर्वतों पर चढ़ने का अभियान पूरा करे। दुनिया में गिने-चुने लोगों ने ही इसमें सफलता प्राप्त की है। ऑस्ट्रेलिया की जो सबसे ऊँची पर्वत चोटी है, वह है माउंट कोस्यासको, जिसकी ऊँचाई 7,310 फीट है। इस पर्वत को भी सेवन सम्मिट की एक पीक माना जाता है। कुछ पर्वतारोही इसी पीक के साथ अपना सेवन सम्मिट पूरा करते हैं। कुछ पर्वतारोहियों का मानना है कि ऑस्ट्रेलिया महाद्वीप के इंडोनेशिया में न्यूगुनिया स्थित क्रासटेज पिरामिड, जिसकी ऊँचाई 16,024 फीट है और यह पीक काफी चैलेंजिंग भी मानी जाती है। इसलिए क्रासटेज पिरामिड को सम्मिट का हिस्सा मानते हैं। इस प्रकार कुछ पर्वतारोही, जो ज्यादा चैलेंजिंग सम्मिट करना चाहते हैं, वे क्रासटेज की चढ़ाई के साथ अपना सेवन सम्मिट पूरा करते हैं। मैंने अपना सेवन सम्मिट क्रासटेज की चढ़ाई के साथ पूरा किया।

एवरेस्ट चढ़ने के बाद मैंने जब अपना सेवन सम्मिट अभियान शुरू किया तो मुझे केवल अन्य पाँच महाद्वीपों के ऊँचे पर्वतों पर चढ़ाई करनी थी। अफ्रीका महाद्वीप का सबसे ऊँचा पर्वत किलिमंजारो मैंने वर्ष 2008 में बचेंद्री पालजी के नेतृत्व में पहले ही पूरा कर लिया था। माउंट एवरेस्ट सहित बाकी के छह पर्वत

शिखरों को मैंने मात्र दो वर्ष के अंदर छुआ। यानी लगभग हर चार से पाँच महीने में एक पर्वत शिखर को छुआ। हमारे देश से अभी तक केवल एक ही पुरुष पर्वतारोही ने सेवन सम्मिट पूरा किया है। दूसरे नंबर पर मेरा नाम आता है। अगर महिला पर्वतारोही की बात करें तो मैं भारत की सेवन सम्मिट चैलेंज को पूरा करनेवाली प्रथम भारतीय महिला बनी।

□

9

सेवन सम्मिट

किलीमंजारो अभियान
(29 जून, 2008 में फतह किया)

बछेंद्रीजी हर बार की तरह एक 'महिला पर्वतारोहण अभियान का नेतृत्व' को लीड कर रही थीं। इस बार उन्होंने दक्षिण अफ्रीका की सबसे ऊँची चोटी माउंट किलिमंजारो का चयन किया गया। जब बचेंद्रीजी ने मुझे बताया कि वे हर बार की तरह फिर इस बार भी मुझे अपने इस अभियान का हिस्सा बना रही हैं तो मैं बेहद उत्साहित हो गई, क्योंकि मैंने यह नहीं सोचा था कि मैं विदेश जाकर पर्वतारोहण करूँगी। हमें बताया गया कि 18 जून को हमें जमशेदपुर से रवाना होना है। हमारी टीम में कुछ सदस्य जमशेदपुर से जाने वाले थे और बाकी लोग हमें दिल्ली में मिलने वाले थे।

हम लोगों की ट्रेन सुबह 8 बजे की थी, लेकिन मौसम का हाल यह था कि लगातार हो रही बारिश की वजह से अधिकांश ट्रेन रद्द हो गई थीं। दिल्ली पहुँचना हमारे लिए बहुत जरूरी था, इसलिए बचेंद्रीजी ने आनन-फानन में राँची से हवाई मार्ग से जाने का निश्चय किया। हमारी फ्लाइट 3 बजे की थी और हमें तुरंत निकलना था। लेकिन मौसम इतना ज्यादा खराब था कि राँची पहुँचते-पहुँचते हमारी फ्लाइट निकल चुकी थी। फिर हम लोग रात की फ्लाइट से दिल्ली पहुँचे। जमशेदपुर से बचेंद्रीजी के साथ मैं, अन्नपूर्णा और अनीता जा रहे थे। दिल्ली पहुँचने पर सुषमा, चेतना, पारुल, लवली और राजोल हमें मिले।

अगले दिन दिल्ली में हम लोग प्रेस से मिले और अगले दिन के समाचार-

पत्रों व टी.वी. चैनलों पर हमारे अभियान की खबरें प्रमुखता से प्रकाशित की गई थीं। मैंने सभी अखबारों की कटिंग सँभालकर रख लीं, क्योंकि कई तसवीरों में मेरा भी चेहरा दिखाई दे रहा था। मैं इन कटिंग्स को घर पहुँचकर सभी को दिखाना चाहती थी। किसी राष्ट्रीय अखबार में मेरी तसवीर छपी थी, इसलिए ऐसा महसूस हो रहा था कि मैं किसी बड़े अभियान पर जा रही हूँ। दिल्ली में दो से तीन दिन हमारी तैयारियों में निकल गए। चूँकि हम लोग अफ्रीका जा रहे थे, इसलिए हमें 'येलो फीवर' का टीका भी लेना था। 23 तारीख की सुबह 3 बजे की हमारी फ्लाइट थी। इसलिए हम लोग रात को 10 बजे ही एयरपोर्ट पहुँच गए। फ्लाइट में मेरे बगल में चेतना बैठी थी। बाकी लोग आगे-पीछे बैठे थे। हम सब लोग आपस में बात तो नहीं कर पा रहे थे, बस एक-दूसरे को देखकर मुसकरा देते या फिर हाथ हिला देते। फ्लाइट के साथ-साथ मेरा मन भी उड़ान भर रहा था। अपने जीवन की एक ऐतिहासिक यात्रा की शुरुआत कर रही थी। दुनिया भर की कल्पनाओं के साथ उड़ते हुए हम अपने गंतव्य की ओर बढ़ते जा रहे थे। 28 घंटे की उड़ान थी। रास्ते में हमने दो बार फ्लाइट बदली। जब हम नैरोबी पहुँचे तो अधिकतर लोग फ्लाइट से उतर चुके थे। अब हम कुछ ही लोग रह गए थे। जब हमने फिर आगे के लिए उड़ान भरी तो थोड़ी देर में हमें किलिमंजारो की वह चोटी दिखाई दे रही थी, जहाँ हमें चढ़ाई करनी थी। मैं खिड़की से तब तक उस चोटी को निहारती रही, जब तक वह मेरी आँखों से ओझल नहीं हो गई। मैं बहुत उत्साहित थी। थोड़ी ही देर में हमारा विमान किलिमंजारो पहुँचा, जहाँ से हमें अपने अभियान की यात्रा शुरू करनी थी। एयरपोर्ट के बाहर हमें क्रस्टीना मिली, जो साउथ अफ्रीकन मूल की बड़ी ही प्यारी सी लड़की थी। वह साउथ अफ्रीका के टाटा स्टील के कार्यालय में कार्यरत थी और हमारे अभियान में हमारी टीम की एक सदस्य भी थी। एयरपोर्ट से निकलकर हम लोग बस द्वारा मोसी (तंजानिया का एक शहर) के लिए रवाना हुए, जहाँ हमें दो दिन रुककर अपनी तैयारियाँ करनी थीं और अभियान के लिए आगे बढ़ना था।

यहाँ मैं बता दूँ कि माउंट किलिमंजारो साउथ अफ्रीका महाद्वीप के तंजानिया में स्थित है, जिसकी ऊँचाई 19,349 फीट है और मीटर में कहें तो 5,895 मीटर है। यह एक स्थिर ज्वालामुखी है। हालाँकि इसकी चढ़ाई टेक्निकल नहीं है, पर किसी भी पहाड़ की चढ़ाई करना सरल नहीं होता। किसी भी पहाड़ पर चढ़ते हुए बहुत सारी विपरीत परिस्थितियों से होकर गुजरना होता है। नदी, जंगल, बड़े-बड़े ग्लेशियर्स को तो पार किया जा सकता है, पर जब मौसम अपना विकराल रूप ले

ले तो घुटने भी टेकने पड़ते हैं। बहुत ही ज्यादा ठंड थी वहाँ। बर्फीले पहाड़ मुझे इस अभियान में सब जगह मिले, लेकिन सबसे ज्यादा वहाँ की ठंड चुनौती बनकर सामने आई।

किलिमंजारो पर चढ़ाई करने के सात रास्ते हैं। कुछ आसान हैं तो कुछ कठिन भी हैं। हमें वहाँ सुझाव दिया गया कि आप लोग महिलाएँ हैं, इसलिए आपको आसान रास्ता अपनाना चाहिए। आपने अपने लिए जो रूट तैयार किया है, वह मचामे रूट है। यह तो सबसे कठिन रास्ता है। अच्छे-अच्छे पर्वतारोही भी इस रास्ते से नहीं जाते। इतना सुनना था कि बचेंद्रीजी उनपर बरस पड़ीं। वे बोलीं कि 'आप लोग हमें इतना कम क्यों आँक रहे हैं? हम लोग पर्वतारोही हैं, कोई टूरिस्ट नहीं हैं। मैं और मेरी टीम इसी रूट से जाएगी।' दो दिन की तैयारियों के बाद बस द्वारा हम रवाना हुए। वहाँ से दो घंटे का रास्ता था और रास्ते में पूरी टीम गाना गा रही थी। पूरी टीम अपनी देश का झंडा किलिमंजारो की चोटी पर लहराने के लिए बेकरार थी। रास्ते में बचेंद्रीजी अपनी एवरेस्ट-यात्रा के कुछ अनुभवों को भी हमारे साथ बाँट रही थीं। हम लोगों के साथ हमारा अफ्रीकन मूल का गाइड अगस्टीन भी था। और हमें गाता देखकर वह भी खूब इंजॉय कर रहा था; लेकिन उसकी समझ में कुछ नहीं आ रहा था। हाँ, उसे थोड़ी-बहुत अंग्रेजी आती थी, ठीक वैसी ही जैसे मुझे आती है, यानी टूटी-फूटी।

हम 11 बजे मचामे गेट पहुँच गए और एंट्री पर अपने पासपोर्ट व अन्य कागजात की जाँच कराकर 11.50 पर भगवान् का नाम लेकर अपने अभियान पर निकल गए। रास्ते में दोनों ओर घना जंगल था और रास्ता कीचड़ से भरा हुआ था, क्योंकि हम लोग रेन फॉरेस्ट से होकर गुजर रहे थे। पूरी टीम आत्मविश्वास से आगे बढ़ रही थी। हम 2 बजे तक चलते रहे। भूख लग आई थी; पर कहीं बैठने की जगह नहीं मिल रही थी। हम लोगों ने खड़े-खड़े ही अपना पैक लंच खाया और जंगल, झाड़ियों व नालों को पार करते हुए 6 बजे अपने पहले पड़ाव मचामे हाट पर पहुँचे। हमारे गाइड अगस्टीन ने कहा कि इंडियन वूमेन क्लाइंबिंग गुड। हम सभी खुश हो गए। हालाँकि 6 बज गए थे, लेकिन काफी उजाला था। हम लोग चाय-नाश्ता कर कुछ दूर यूँ ही टहलने के लिए चले गए, ताकि मौसम और जलवायु के अनुसार अपने शरीर को वहाँ रहने के लिए तैयार कर सकें। हम लोग 7 बजे तक वापस लौट आए और खाना खाकर अपने-अपने टेंट में चले गए। हम लोगों का 'टू मैन टेंट' था, यानी एक टेंट में दो लोग। मैं बचेंद्रीजी के टेंट में थी।

दूसरे दिन हम लोग तैयार होकर अपनी मंजिल की ओर निकल पड़े। अब

थोड़ी ऊँचाई शुरू हो गई थी। रास्ते में बड़े-बड़े पत्थर थे। थोड़ी ठंड भी थी और चढ़ाई करते वक्त पसीना निकल रहा था। हमारे साथ जो पोर्टर्स थे, जो कि पीठ पर भारी बोझ के साथ चढ़ाई कर रहे थे, वे पसीने से लथपथ हो गए थे। उन्होंने रेडियो लिया हुआ था और रास्ते में गाना सुनते हुए आगे बढ़ रहे थे। साथ ही खुद भी गुनगुना रहे थे— जैसे रेडियो का संगीत उनकी थकान व बोझ से उन्हें कुछ राहत दे रहा हो। रास्ते में वे हमसे अपनी भाषा में पूछते, यू जंबो, यानी आप कैसे हो? हम जवाब देते— 'सी जंबो', यानी हम लोग ठीक हैं। तीन-चार दिनों में हम लोगों ने भी कुछ अफ्रीकन शब्द सीख लिये थे। हम आगे बढ़ते जा रहे थे। अब रास्ता बहुत ही लुभावना होता जा रहा था। अब जंगल खत्म होते जा रहे थे और पहाड़ों पर ज्वालामुखी से निकला हुआ रॉक व सिलिकॉन बिखरा हुआ था। कहीं-कहीं कुछ फूल भी नजर आ रहे थे। कभी अचानक तेज धूप हो जाती और कभी अचानक पूरे रास्ते भर में धुंध छा जाती। हम आगे बढ़ते जा रहे थे। जब थोड़ी धुंध छँटी तो हमें दूर किलिमंजारो का पर्वत नजर आया। हम जी भरकर पहाड़ को देख भी नहीं पाए थे कि धुंध ने पहाड़ को ढक लिया। हमारे गाइड ने कहा 'दिस माउंटेन चेंज लाइक अ कमीलिअन', यानी यह 'पहाड़ गिरगिट की तरह रंग बदलता है।'

हमारा अगला पड़ाव सिरसा कैंप था, जो कि 3,410 मीटर की ऊँचाई पर था यानी 12,500 फीट पर था। हम लोग बढ़ते जा रहे थे और सभी एक-दूसरे की फोटो भी खींचते जा रहे थे। मेरे और अनु के पास कैमरा नहीं था। कभी-कभी यह बात बहुत अखरती थी कि हमारे पास भी अपना कैमरा होना चाहिए था। अब आगे की चढ़ाई काफी खड़ी चढ़ाई थी। कहीं-कहीं पर बर्फ की परतें जमा थीं, जो कि अब सूरज की किरणों के पड़ने पर पिघल रही थीं, जिस वजह से हम लोगों के लिए रास्ता काफी फिसलन भरा हो गया था। अब हमें आगे काफी सँभलकर चलना था। जरा सी थकावट होने पर बचेंद्रीजी सबसे हँसी-मजाक करने लगतीं और खुद भी गाना गाने लगतीं। इससे सारी टीम के सदस्य फिर से उत्साह से भर जाते। सभी की थकान मानो अचानक गायब हो जाती। अब हमारा कैंप ज्यादा दूर नहीं था। हमें चारों ओर रंग-बिरंगे फूल नजर आ रहे थे। इन फूलों का नाम 'एवरलास्टिंग' था, क्योंकि ये तीन महीने तक यूँ ही खिले रहते थे।

लगभग साढ़े पाँच घंटे की चढ़ाई के बाद हम लगभग 2 बजे लंच के समय अपने दूसरे पड़ाव सिरा कैंप तक पहुँच चुके थे। सिरा कैंप में करीब पचास कैंप लगे हुए थे। हमारे अलावा काफी विदेशी पर्वतारोही भी वहाँ थे। ऐसा लग रहा था

मानो कोई छोटा सा गाँव हो। लंच के बाद हम लोगों ने कुछ देर आराम किया और 3.30 बजे बचेंद्रीजी ने आकर सबको कहा कि उठो और अक्लाइमटाइजेशन के लिए चलो। समय है तो इसका मतलब यह नहीं कि आराम करो, अक्लाइमटाइजेशन पहाड़ों पर जरूरी है। फिर हम बाहर निकले और हाइट गेन के लिए रवाना हो गए। हम 13,000 फीट तक की ऊँचाई पर गए और शाम को 6.30 बजे कैंप में वापस पहुँचे। वापस आकर हम लोगों ने खाना खाया, खूब मस्ती की। कोई चुटकुले सुना रहा था, कोई गाने गा रहा था। चुटकुले सुनाने में चेतना सबसे आगे रहती थी। गाने में सुषमा मास्टर थी। वह बहुत अच्छा गाती भी थी। अनु भी अच्छा गा लेती है। हम तो केवल सुन लेते थे। गाने की कोशिश तो करते थे, लेकिन आवाज साथ ही नहीं देती थी।

27 जून, 2008—आज हमें अपने अगले पड़ाव वरैंको कैंप पहुँचना था। कम-से-कम आठ घंटे की ट्रैकिंग होगी और ठंड बढ़ती जाएगी। हम लोग सुबह 8 बजे सिरा कैंप से निकल पड़े। जब चले तो काफी ठंड थी, लेकिन थोड़ी ही देर बाद तेज धूप निकल आई। पर्वतों में मौसम तेजी से बदलता है। जैसे-जैसे हम आगे बढ़ते जा रहे थे, हरियाली कम होती जा रही थी। जैसे ही सूरज पर बादल छा जाते, ठंड बढ़ जाती और बादल हटते ही धूप तेज हो जाती। चलने पर ठंड महसूस ही नहीं होती, लेकिन नाक से पानी बहने लगता और पता भी नहीं चलता। जैसे-जैसे ऊँचाई बढ़ रही थी, ठंड बढ़ती जा रही थी। और फिर अचानक बहुत तेज स्नोफॉल होने लगा और सभी ने अपना रेनप्रूफ जैकेट पहनना शुरू कर दिया। हमारी अफ्रीकी टीम की सदस्य क्रिस्टीना के सिर में तेज दर्द होने लगा। वह सहन नहीं कर पा रही थी, बचेंद्रीजी ने हमसे कहा कि धीरे-धीरे चलो और उसके साथ आओ। हम धीरे-धीरे उसके साथ चलते हुए 3 बजे वरैंको कैंप पहुँच गए। वहाँ पर हमें थोड़े-बहुत पेड़-पौधे नजर आ रहे थे। हमने अपने टेंट लगाए और जल्दी ही खाना खाया और सो गए।

28 जून—अब हम अपनी यात्रा के अंतिम पड़ाव में थे। हम लोगों ने 6.30 बजे ही खाना खा लिया और सोने चले गए, ताकि शरीर को कुछ आराम मिल सके, क्योंकि अब हमें रात भर चलना है। रात को 10.30 बजे गाइड ने हमें जगाया और चाय-बिस्कुट दिए। उसके बाद हम लोग सम्मिट के लिए निकल गए। अब मंजिल पास आती जा रही थी और रास्ता कठिन होता जा रहा था। आज का रास्ता काफी ऊँचा-नीचा था। आसमान साफ नजर आ रहा था, पर सामने बादल नजर आ रहे थे। जहाँ थोड़ी समतल जगह दिखती, वहाँ पर थोड़ी देर आराम करते।

रास्ते में ही हम लोगों ने लंच किया। क्रिस्टीना के सिर में आज भी दर्द था। बहुत हिम्मत जुटा-जुटाकर हम लोग आगे बढ़ रहे थे। लेकिन 17,000 फीट तक चलने के बाद क्रिस्टीना, जो कि अफ्रीकन लड़की थी, उसने हिम्मत छोड़ दी। वह एक कदम भी आगे नहीं रख पा रही थी। उसकी स्थिति बहुत खराब थी, जिस कारण उसे वापस भेजा गया। उसकी स्थिति देखकर हमें डर लग रहा था कि कहीं हमारा मनोबल भी इस ठंड की वजह से टूट न जाए। हमारे भी दो-तीन साथी बहुत धीरे-धीरे चल रहे थे। जिस प्रकार का माहौल बनता जा रहा था, उससे हमें डर था कि यदि इतनी धीमी गति से हम आगे बढ़ेंगे तो कहीं हमारा यह अभियान अफसल न हो जाए।

अफ्रीका महाद्वीप में यह हम लोगों का पहला अभियान था, जिसमें हमारे साथ अफ्रीकन महिलाएँ थीं। दूसरी बात यह भी थी कि टाटा स्टील ने हमारे ऊपर लाखों रुपए खर्च किए थे, जिनके सहयोग से हम इस यात्रा को कर पा रहे थे। ऐसे में हमें हर हाल में इस अभियान को सफल बनाना ही था। फिर बचेंद्री पालजी ने मुझे कहा कि 'प्रेम, टीम में जो स्ट्रॉन्ग पर्वतारोही सदस्य हैं, तुम उन्हें लेकर आगे जाओ। हम धीरे-धीरे चलनेवाले सदस्यों को लेकर आएँगे।' इस तरह हम पाँच लोग उन्हें छोड़कर आगे चलने लगे। तापमान -20^0 से -30^0 डिग्री तक जा चुका था। मैंने छह से सात लेयर कपड़े पहने हुए थे, फिर भी ठंड से हाल बेहाल था। जितने भी कपड़े मैं लेकर गई थी, सभी पहन लिये, लेकिन ठंड थी कि सारी लेयर्स को भी चीरती हुई अंदर आ रही थी। हम पाँचों की गति अच्छी थी। इस तरह हम पाँच लोग सुबह 8 बजे किलिमंजारो की चोटी पर पहुँच गए। हमारे लगभग एक घंटे बाद बचेंद्री मैडम भी टीम के बाकी सदस्यों को लेकर लगभग 9 बजे किलिमंजारो पीक पर पहुँच गईं। उसके बाद हमने किलिमंजारो की चोटी पर भारत का तिरंगा फहराया। एक-दूसरे की फोटो खींची। उसके बाद टाटा स्टील का झंडा भी फहराया। हम सभी ने एक-दूसरे को अपने इस अभियान की सफलता के लिए बधाई दी।

अकांकागुआ अभियान
(10 फरवरी, 2012 में फतह किया)

टाटा स्टील ने मेरे 'सेवन सम्मिट' के प्रस्ताव को स्वीकार कर लिया था, जिसमें से दो सम्मिट मैं पहले ही पूरे कर चुकी थी। अब बचे थे बाकी के पाँच सम्मिट। मौसम को ध्यान में रखते हुए मैंने अपना तीसरा सम्मिट एकांकागुआ

को चुना। इसकी ऊँचाई 22,837 फीट है। एशिया के बाहर यह सबसे ऊँचा पहाड़ है। सातों पहाड़ों की ऊँचाइयों में यह दूसरे नंबर में आता है। यह पहाड़ दक्षिण अफ्रीका के अर्जेंटीना के मेंडोजा प्रांत के निकट है।

इस बार एकांकागुआ के लिए बचेंद्रीजी ने दो और लोगों को मेरे साथ भेजने का निर्णय लिया—मेघलाल महतो और विनीता सोरेन। दोनों झारखंड के आदिवासी समुदाय से थे। साल 2012 में उन्हें एवरेस्ट अभियान पर टाटा स्टील भेजने वाली थी। इसलिए उनके लिए भी एवरेस्ट की तैयारी का यह अच्छा मौका था और मेरा एक्सपेंडेशन भी इसी साल जनवरी में था। इस बार मेरे साथ न तो बचेंद्रीजी जा रही थीं और न ही मेरी भाषा समझनेवाले नेपाली गाइड ही थे। मैं बहुत नर्वस हो रही थी। फिर सोचा, चलो, अपने देश के दो लोग तो साथ में हैं ही। आपस में ही बात कर लेंगे। अर्जेंटीना में स्पेनिश भाषा बोली जाती है। मैंने बोलचाल के कुछ जरूरी शब्द कंप्यूटर में नोट कर लिये थे, जो कि वहाँ पर मेरे बहुत काम आ सकते थे।

27 जनवरी, 2012

आज सुबह हमें 'गीतांजलि एक्सप्रेस' से कोलकाता के लिए रवाना होना था और रात 8.30 पर कोलकाता से हमारी फ्लाइट थी। इसलिए मैं सुबह 4 बजे ही सोकर उठ गई। एक घंटा मैंने योग और प्राणायाम किया। एक बार फिर से अपना सारा सामान चेक किया और नाश्ते में सत्तू के पराँठे बनाए। कुछ पराँठे रास्ते के लिए पैक भी कर लिये।

हमेशा की तरह मेरी सास ने मुझे टीका लगाया, मुँह मीठा कराया। चाँदी का एक सिक्का दिया और ढेर सारा आशीष दिया। ससुरजी ने 'हनुमान चालीसा' देकर कहा कि भगवान् तुम्हारी रक्षा करेंगे। तुम्हें सफलता मिलेगी। जब मैं घर से निकली तो मेरी सासू माँ का मन भर आया। वे अपने आँसू रोकने की कोशिश कर रही थीं। मैं भी भावुक हो गई, इसलिए मैंने जल्दी ही मुँह फेर लिया, ताकि जाते हुए उनका और मेरा मनोबल न टूटे। मैं भी अपने आँसू उनसे छिपाना चाहती थी।

स्टेशन में बचेंद्रीजी, कपाड़िया सर, महतो सर बुके लेकर हमें विदा करने आए थे। मुझे विदा करते वक्त बचेंद्रीजी भावुक हो गईं। बोलीं, 'अपना खयाल रखना। सफल होकर लौटना। साथ ही इंजॉय भी करना।' हम लोग दोपहर 1 बजे कोलकाता पहुँच गए। टाटा स्टील की गाड़ी हमें एयरपोर्ट छोड़ने आई थी। रात 8.30 बजे हमारी फ्लाइट थी, इसलिए हमारे पास बहुत टाइम था। एयरपोर्ट के पास ही मेरी बहन मंजू का घर था, इसलिए हम तीनों उससे मिलने चले गए। उसने हमें

अदरकवाली चाय पिलाई और घर की बनी पावभाजी खिलाई। हम लोगों ने जी भरकर पावभाजी खाई। हम यही सोच रहे थे कि अब पता नहीं कितने दिनों बाद घर का बना खाना मिले।

शाम 5.30 बजे हम लोग एयरपोर्ट के लिए रवाना हुए। हमारी सं. अ. अमीरात की फ्लाइट थी। अपनी घड़ी के अनुसार हम लोग रात को 12 बजे दुबई पहुँचे। हमारी दूसरी फ्लाइट सात घंटे बाद थी— ब्यूनेस आयरश के लिए, जो कि रियो होकर जानी थी। हम लोग दुबई एयरपोर्ट पर कुछ देर घूमते रहे, फिर वहीं बैठे-बैठे कुछ सोते, कुछ जागते हुए सुबह हो गई। अब हम ब्यूनेस आयरश के लिए दूसरी फ्लाइट में बैठे और करीब 14 घंटों के लंबे सफर के बाद हम लोग रियो पहुँचे। वहाँ पर हमें फ्लाइट से उतरना पड़ा। शायद विमान की सफाई हो रही थी। दो घंटे बाद हम लोग उसी फ्लाइट में ब्यूनेस आयरश के लिए बैठे। एक जगह और फ्लाइट बदलकर हम मेंडोजा पहुँचे।

भारतीय समय और अर्जेंटीना के समय में साढ़े आठ घंटे का फर्क है, जिसका नतीजा यह हुआ कि हमारे सोने, जागने और खाने के समय में काफी परिवर्तन हो गया। लंबी यात्रा और घड़ी के बदलाव ने हमें काफी थका दिया। यहाँ हम किसी की भी भाषा समझ नहीं पा रहे थे, न कोई हमारी भाषा समझ पा रहा था। शुक्र है, हमारे गाइड ने हमारे लिए एयरपोर्ट पर गाड़ी भेजी हुई थी, ताकि हम होटल तक पहुँच जाएँ। होटल पहुँचकर पता चला कि हमें 4 बजे मीटिंग हॉल में पहुँचना है। हम तीनों एक ही कमरे में ठहरे। भूख, नींद और आराम की हमें सख्त जरूरत थी। दो रातें हम एयरपोर्ट में गुजार चुके थे। न नींद नसीब हुई थी, न शरीर को आराम मिला था। अभी तक यहाँ की घड़ी के अनुसार हम एडजस्ट भी नहीं हो पा रहे थे। इसलिए जल्दी से फ्रेश होकर हम कुछ खाना चाहते थे। फिर हमने सोचा, होटल में खाना खाएँगे तो बहुत ज्यादा महँगा पड़ेगा। इसलिए हमने बाहर किसी छोटे रेस्तराँ में खाने का निश्चय किया।

लेकिन जिस भी रेस्तराँ में गए, वहाँ मेन्यू में क्या लिखा है, कुछ समझ नहीं आ रहा था; न कोई हमारी भाषा समझ पा रहा था। मैं लगातार लोगों से पूछती जा रही थी— यू नो इंग्लिश। हर कोई एक ही तरह का इशारा करता कि उसे मेरी बात समझ नहीं आ रही। फिर एक लड़की मिली, जिसे इंग्लिश आती थी। मैंने अपनी टूटी-फूटी अंग्रेजी में उसे कहा कि हमें इनकी भाषा नहीं आती और हमें वेज फूड चाहिए। उसने वेटर को बुलाया और समझाया। फिर वेटर सैंडविच, अजीब सा पास्ता और साथ में सलाद लाया, जिसमें एक टमाटर, कुछ पत्ते और गाजर थी।

किसी तरह हमने वह खाया और होटल पहुँचे।

4 बजे हम मीटिंग हॉल पहुँचे। यहाँ हम अपनी टीम के सभी सदस्यों से मिले। हमारी टीम में हम तीन भारतीय, दो ब्राजील, दो चिली, दो ब्यूनेस आयरश और दो लोग अमेरिका से थे। साथ में दो गाइड भी थे, जिसमें से एक गाइड को अंग्रेजी आती थी। हमारी टीम में दो और लड़कियाँ थी, जिन्हें अंग्रेजी आती थी; लेकिन उनका उच्चारण ऐसा था कि हमें कुछ ही शब्द समझ आ पाते थे। खैर, हमारे लिए इतना भी काफी था। मीटिंग के बाद गाइड ने हमारे उपकरण चेक किए। कुछ सामान हमें खरीदना पड़ा और कुछ भाड़े में लेना पड़ा। शाम के 6.30 बज चुके थे। अभी हमें अपनी तैयारी भी करनी थी। अपनी नींद को हम लोग कंट्रोल नहीं कर पा रहे थे। फिर हम लोग अपने रूम में आकर बिना डिनर किए ही सो गए। रात को 3 बजे हमारी नींद खुली और हमने अपना सामान पैक किया। थकावट काफी हद तक दूर हो गई थी, मगर फिर भी तीनों को कमजोरी महसूस हो रही थी। इस यात्रा से यह बात तो अच्छी तरह समझ आ गई कि यदि किसी अभियान के लिए लंबी यात्रा करके पहुँचना हो तो दो दिन का समय आपके पास शरीर को आराम देने के लिए होना चाहिए। खैर, अनुभव ही इनसान को सिखाता है।

हमें सुबह 8 बजे अपने अभियान के लिए निकलना था। तारीख 30 जनवरी, 2012। हमारी भारतीय घड़ी के अनुसार शाम के 4.30 बजे का समय होगा, लेकिन यहाँ के हिसाब से समय था सुबह के 8 बजे। ब्रेकफास्ट में काफी कुछ खाने को था, लेकिन सबकुछ नॉनवेज। मैंने जूस पिया और ब्रेड खाई। तब तक वैन आ चुकी थी। हम सबने अपना-अपना सामान वैन में लोड किया और अपने अभियान के पहले पड़ाव की ओर पुनटा-डेल-इंका नामक स्थान, जो कि 5,700 फीट की ऊँचाई पर था, वहाँ के लिए रवाना हुए।

हमें परमिट लेते-लेते वहाँ से निकलने में 12 बज चुके थे। इस प्रकार हम लोग 3 बजे पुनटा-डेल-इंका पहुँचे। वहाँ पहुँचकर सबसे पहले हमने लंच किया। लंच में उबली हुई स्पैगेटी, साथ में कुछ सलाद के पत्ते, एक टुकड़ा गाजर और टमाटर मिला, जिसमें न साथ में नमक था, न कोई अन्य मसाला। वहाँ एक होटल था, जहाँ हमें दो रूम दिए गए। हम 11 लोग थे। एक कमरे में मैं, मेघलाल, विनीता, चिली से आया एक नवविवाहित जोड़ा—हम सब रुके थे। दूसरे कमरे में बाकी के छह लोग रुके थे। डिनर के लिए हमें पूछा गया कि क्या आपके पास चावल हैं तो उसे उबाल देंगे। कुक को इंग्लिश नहीं आती थी। जब हम खाने बैठे तो सबके लिए नॉनवेज खाना था और हमारे लिए चावल। साथ में न दाल, न सब्जी, न अचार—

बस, चावल मैंने एक चम्मच चावल जैसे ही मुँह में डाला तो दूसरा चम्मच खाने की हिम्मत नहीं हुई, क्योंकि चावल कच्चे थे। विनीता और मेघलाल ने तो कुछ भी नहीं खाया। डिनर के बाद हमारी मीटिंग थी। हमें कल से ट्रेनिंग शुरू करनी थी और फिर नींद आने लगी थी। फिर थकान महसूस होने लगी। भूख तो लगनी ही थी, कुछ खाया जो नहीं था। भारत से मैं थेपला भी बनाकर ले गई थी, लेकिन वह हमने रास्ते में ही खा लिया था। खाकरा भी चूरा हो गया था। चनाचूर बचा था थोड़ा सा, हमने वही खाया। इस बीच गाइड क्या बोल रहे थे, कुछ समझ नहीं आ रहा था।

31 जनवरी, 2012

11 बजे हमने ट्रैकिंग शुरू की। धूप बहुत तेज थी। हम लोगों ने अपना कुछ सामान खुद कैरी कर लिया। कुछ पोर्ट्स भी हमारे साथ थे। फिर सबने चार घंटों की ट्रैकिंग की। 3 बजे हम लोग कनफ्लूएनसिया पहुँचे, जो कि 10,825 फीट की ऊँचाई पर था। वहाँ पहुँचकर सबने अपने टेंट लगाए।

1 फरवरी, 2012

आज हमें हाइट गेन के लिए जाना था। साथ ही अपने शरीर को वहाँ के मौसम के अनुकूल ढालना भी था। आज हमें प्लाजा फ्रानसिया, जो कि 13,500 फीट पर था, वहाँ तक जाना था और वापस कनफ्लूएनसिया आना था। आज भी तेज धूप थी। चलना बहुत मुश्किल लग रहा था। हवा जब चलती तो इतनी तेज कि जैसे आँधी चल रही हो। 6 से 7 घंटे के इस सफर ने हमें बुरी तरह थका दिया था। अब हमें अपना-अपना टेंट भी लगाना था। हमने सोचा, अभी यह हाल है तो आगे क्या होगा? रात में टेंट के अंदर बहुत गरमी लग रही थी, जबकि यहाँ की ऊँचाई 11,450 फीट थी। रात के 1 बज गए थे। नींद आने का नाम ही नहीं ले रही थी। मुझे अपनी बेटियों की याद आने लगी। कल 20 किलोमीटर की ट्रैकिंग करनी है। सोचा, थोड़ी देर मेडिटेशन ही कर लेते हैं। कम-से-कम शरीर और मन को थोड़ी शांति मिलेगी।

2 फरवरी से 7 फरवरी तक हमें प्लाजा डे-मुलाज में रहना था। यह हमारा अंतिम बेस कैंप था। यहाँ हमें छह दिन रहना था। यहाँ पर काफी ठंड थी, क्योंकि यह जगह 14,000 फीट से भी ज्यादा ऊँचाई पर थी। हमारे गाइड लाउचे ने कहा, 'अब हमें रोज 8-9 घंटों की ट्रैकिंग करनी है।' शुरू के चार घंटे तो काराकोरम

पास जैसा ही लगा। दोनों तरफ पहाड़, पथरीला रास्ता, तेज धूप या फिर हवा इतनी तेज चल रही थी कि शरीर को अंदर तक चीर जाए। यहाँ हमें रोज एक्लामाटाइज और प्रैक्टिस के लिए हाइटगेन के लिए जाना था और अपना कुछ सामान कैंप 1, जो कि 16,100 फीट पर था, वहाँ पहुँचाना था। शाम तक वापस बेस कैंप लौटना भी था। यह सिलसिला अलग-अलग जगहों पर रोज प्रैक्टिस करना, कैंप 1 तक सामान पहुँचाना और अपने शरीर को मौसम के अनुसार ढालने में बीत गया। हम लगभग रोज बेस कैंप 1 प्रैक्टिस के लिए जाते। वहाँ तक पहुँचने में ही हमें 8 से 9 घंटे लग जाते। तेज हवा और लंबा सफर हमें बुरी तरह थका देता। लेकिन इस बीच पूरी टीम में बहुत अच्छी दोस्ती भी हो गई थी। यहाँ बेस कैंप में एक डाइनिंग टेंट और एक किचन टेंट था। कभी-कभी हम सब लंच लेकर डाइनिंग टेंट में ही बैठ जाते। हम आपस में एक-दूसरे से घुल-मिल गए थे। वे हमारी भाषा सीखने की कोशिश करते और हम लोग भी स्पेनिश के कुछ शब्द सीख गए थे। दिन में धूप निकलने से ठंड कम हो जाती थी। एक दिन हम टेंट से बाहर निकलकर योगा करने लगे। उस दिन एक-दो को छोड़कर हमारी पूरी टीम ने मेरे साथ योगा किया, साथ ही स्ट्रेचिंग एक्सरसाइज भी की। जब हमारी टीम के लोगों को पता चला कि मैंने एवरेस्ट पर भी चढ़ाई की है तो वे मेरी और ज्यादा इज्जत करने लगे। वैसे हमारी पूरी टीम बहुत अच्छी थी।

अगले दिन नाश्ता करके हम लोग माउंट बोनेटे गए, जो कि 16,732 फीट ऊँची थी। यहाँ जाने के लिए एकदम खड़ी चढ़ाई थी। रास्ते में छोटे-छोटे पत्थर और मिट्टी थी। हम लोग चढ़ तो गए, लेकिन उतरना बहुत ही मुश्किल हो गया था। बिना स्टिक के उतरना बहुत ज्यादा मुश्किल हो गया था; लेकिन किसी तरह गिरते-पड़ते हम अपने बेस कैंप वापस आ गए। उसके बाद कैंप 1 यानी 1 कैंप कनाडा रोटेशन करने के क्रम में मैंने एक स्टिक ले ली थी। विनीता को भी गाइड ने एक स्टिक दे दी। विनीता तो स्टिक के सहारे उतर जाती थी, लेकिन मेरे पैर संतुलन नहीं बना पाते थे। पता नहीं क्या बात थी कि मुझे बहुत कमजोरी महसूस हो रही थी। कमजोरी की वजह से मैं स्टिक के साथ संतुलन ही नहीं बना पा रही थी। एक बार तो मैं गिरते-गिरते बची। मैंने माइड का हाथ पकड़ लिया। फिर तुरंत छोड़ भी दिया, क्योंकि मैं उसे अपनी कमजोरी जाहिर नहीं होने देना चाहती थी। अभी चोटी पर पहुँचना बाकी था और मैं नहीं चाहती थी कि उसे मेरी कमजोरी पता चले। विदेशियों को उतरने में बिल्कुल भी दिक्कत नहीं आ रही थी, क्योंकि वे स्की करने के आदी होते हैं। दो स्टिक लेकर आराम से उतर जाते। लेकिन

दिक्कत मेरे साथ थी। कहीं-कहीं तो मुझे बैठ-बैठकर उतरना पड़ रहा था। यह सब मुझे खुद भी अच्छा नहीं लग रहा था कि एक एवरेस्टर को इस प्रकार उतरना पड़ रहा है; लेकिन अपने पैर की तकलीफ सबको कैसे बताती? चढ़ाई के वक्त तो मुझे दिक्कत नहीं होती थी, बल्कि मैं सबसे आगे चलती थी; लेकिन नीचे आने में किसी की सहायता की जरूरत पड़ती थी, जो कि मेरे लिए बहुत दुःखदायी होता था। रात को नींद भी नहीं आती थी। हमारा गाइड, जिसने उतरते वक्त कुछ देर के लिए मेरा हाथ पकड़ा था, वह मुझसे बार-बार पूछता था, 'आर यू ओ.के?'

इस बीच एक दिन हमारा रेस्ट डे था। मैंने सोचा, आज कहीं नहीं जाना, इसलिए क्यों न आज मैं लंच बनाऊँ! वैसे भी उनका बैंगनवाला पिज्जा खाकर हम उकता गए थे। जैसे ही मैंने सबके सामने खुद खाना बनाने की बात कही, हमारा गाइड लाउचे खुश हो गया। बोला—आप 20 लोगों के लिए खाना बना लोगी? मैंने हामी भरी। 20 लोगों में 11 लोग हमारी टीम के थे। दो गाइड और बाकी हमारे कुछ बेस कैंप के स्टाफ और दोस्त थे। चिली से आई लड़की रकसीनो, जो कि हमारी अच्छी दोस्त बन चुकी थी, वह बोली, 'मैं सब्जी काटने में आपकी मदद करूँगी।' फिर तो सभी हेल्प करने के लिए तैयार हो गए। मैंने उस दिन वेज पुलाव बनाया। हक्का चाउमीन और साथ में टोमाटो डीप। भारत से मैं लहसुन और मिर्च की चटनी बनाकर लाई थी। वह मैंने मसालों के रूप में इस्तेमाल की, क्योंकि वहाँ मिर्च-मसाले तो थे नहीं और इतने दिनों से बेस्वाद खाना खाते-खाते हम बोर हो चुके थे, इसलिए कुछ चटपटा खाने का मन कर रहा था। मैंने वह खाना भारतीय शैली में बनाया। जब सबने खाया तो बहुत खुश हो गए। सभी को खाना बहुत पसंद आया। सब बोले, 'इंडियन फूड बहुत टेस्टी है।' मैंने कहा,'यह खाना तो आप लोगों के देश का ही है। मैंने तो बस इसमें इंडियन तड़का डाला है।'

एक दिन वहाँ हमें लोगों के लिए हॉट शॉवर का इंतजाम भी किया गया था। हमारे टीम के कुछ सदस्यों के साथ मैंने भी हॉट शावर लिया, ताकि थोड़ी थकान तो मिटेगी और शरीर को आराम मिलेगा। वैसे भी, सात से आठ दिन हो ही चुके थे बिना नहाए।

इस दौरान हमारी घर में किसी से बात नहीं हो पा रही थी। हमारी टीम का एक सदस्य जुलिआनो अपनी पत्नी को मेल करने जा रहा था। मैंने कहा, 'तुम इंडिया में मेरे पति को भी मेल कर दो कि हम सब यहाँ ठीक हैं।' लेकिन उसे इंग्लिश नहीं आती थी, इसलिए मैंने उसे मेल में क्या लिखना है, वह लिखकर दिया। लेकिन नेट इतना ज्यादा स्लो चल रहा था कि वह मैसेज भेज नहीं पाया।

हमारा एक और साथी था, जो मुझसे बात करना चाहता था। वह मेरे बारे में, हमारे देश के बारे में बात करना चाहता था; लेकिन उसके साथ भाषा की दिक्कत की वजह से न मैं बात कर पा रही थी, न ही वह मुझसे बात कर पाता था।

आखिर वह दिन आ ही गया, जब हमें आगे कैंप 1 कनाडा पहुँचकर अपना कैंप लगाना था और फिर वहीं से कैंप 2 और कैंप 3 की ओर बढ़ना था। यहाँ से हमें सम्मिट करना था। उस शाम हमें राशन दिया गया, जिसमें बिस्कुट, चॉकलेट, जूस, चाय-कॉफी शामिल था। हमें क्या, कितना, कब खाना है, यह हमारे गाइड ने बता दिया था; क्योंकि बेस कैंप के बाद कोई किचन टेंट नहीं लगना था। अब हमें खुद ही अपना खाना साथ ले जाना था। हम सबने अपने-अपने सामान का वजन कराया। मुझे और विनीता को बहुत कमजोरी महसूस हो रही थी, इसलिए हम दोनों 10 किलो से ज्यादा वजन उठाने में असमर्थ थे। हमारी पूरी टीम के लिए पोर्टर था, लेकिन रमीरो और रकसीनो, जो कि चिली का नवविवाहित जोड़ा थे और मेघलाल को छोड़कर सबने पोर्टर किया। कैंप 1 में स्नो नहीं था। बड़ी-बड़ी चट्टानें थीं और हमें चढ़ाई करनी थी। हमें अपने क्लाइंबिंग बूट और उपकरण भी कैरी करने थे।

7 फरवरी, 2012

आज हमें कैंप 1 कनाडा पहुँचने में 4 घंटे लगे। यहाँ की ऊँचाई 17,224 फीट थी। ठंड बढ़ती जा रही थी। हमारे गाइड ने कहा, सब अपने टेंट लगा लो। फिर उसने अपने टेंट के अंदर एक बर्नर में पानी गरम करके हमको दिया। हमने टी बैग डालकर ब्लैक टी और बिस्कुट खाए। अपने-अपने टेंट में सामान रखा और हम सब टेंट के बाहर ही घूमते रहे। थोड़ा ऊपर चले गए। बड़े से रॉक के पास कुछ देर फोटोग्राफी की। पहाड़ों में टेंट के अंदर नहीं रहना चाहिए, वरना शरीर वहाँ के मौसम के अनुकूल नहीं हो पाता, जिससे तबीयत खराब होने का खतरा बन जाता है। लिक्विड भी खूब लेना चाहिए। इतना सब करने के बाद पर्वतारोहण से जुड़ी छोटी-छोटी, लेकिन काफी महत्त्वपूर्ण बातें मैं जान चुकी थी।

8 फरवरी, 2012

आज हम कैंप 2 नीडो डी कोंडोरेश, जो कि 17,224 फीट पर था, वहाँ पहुँचे। यहाँ हमें एक दिन रुकना था और अगले दिन कैंप 3 की ओर रवाना होना था। कैंप 3 ब्रेलिन 19,956 फीट ऊँचाई पर था। यह हमारा आखिरी कैंप था। मौसम बहुत ठंडा हो चुका था। हम लोग अभियान की तैयारी में लग गए थे। साथ

ही थोड़ा आराम भी कर रहे थे, ताकि अपनी ऊर्जा को बचाकर रख सकें। हमें सम्मिट के लिए सुबह निकलना था। मेरे सिर में बहुत तेज दर्द हो रहा था। आज मैंने पानी भी ज्यादा नहीं पिया था। यहाँ पहुँचकर कुछ खाया भी नहीं था। 5 बजते-बजते दर्द ज्यादा बढ़ गया। दो डिस्प्रीन खाने के बाद भी दर्द कम नहीं हो रहा था। आधी रात के बाद हमें निकलना था। हमारी टीम के तीन लोगों ने तो वहीं पर हिम्मत छोड़ दी और कुछ दूर साथ चलने के बाद वापस चले गए। हम बाकी लोग आगे बढ़ते गए, साथ ही ठंडी हवा भी बढ़ती जा रही थी। मेरे पैर भी बहुत धीरे-धीरे उठ रहे थे। एवरेस्ट से आने के बाद यह सेवन सम्मिट की पहली चढ़ाई थी और शायद मैंने अपने आपको बहुत ज्यादा तैयार नहीं किया था। फिर भी आठ घंटे की लगातार चढ़ाई, तेज बर्फीली हवा का मुकाबला करते हुए हम लोग एकांकागुआ की चोटी पर पहुँचने में सफल हो गए। यहाँ तक केवल 4 ही लोग पहुँच पाए, जिसमें भारत से हम 3 लोग— मैं, मेघलाल व विनीता और चिली का एक युवक शामिल था। हम लोगों ने भारत का तिरंगा फहराया और एक-दूसरे को बधाई दी। एक-दूसरे की फोटो खींची। फिर हमने टाटा स्टील का झंडा फहराया।

हर बार की तरह मेरे लिए वापस उतरना चढ़ाई करने से ज्यादा चुनौतीपूर्ण रहा। लेकिन मन खुश था,क्योंकि मैं सात में से तीन पहाड़ों पर अपने देश का और टाटा स्टील का झंडा फहरा चुकी थी।

एल्ब्रस अभियान
(13 अगस्त, 2012 में फतह किया)

डेनाली में मिली निराशा ने मुझे अंदर तक हिला दिया था। मेरा आत्मविश्वास डगमगाने लगा था। एवरेस्ट और एकांकागुआ जैसे पहाड़ों पर चढ़ने के बाद भी डेनाली की हार ने मुझे बहुत कमजोर बना दिया था। मैं इस निराशा से उबरने की कोशिश कर रही थी। पति व छोटी बेटी मेरा आत्मविश्वास बढ़ाने की हर संभव कोशिश में लगे रहते थे। मैं अपने पैर की तकलीफ से भी बहुत परेशान थी, इसलिए मेरी बेटी रोज मेरे पैर की मालिश करती, ताकि मैं खुद को जल्दी फिट महसूस कर सकूँ। हर कोई अपने-अपने स्तर पर मुझे निराशा से बाहर निकालने का प्रयास कर रहा था। बछेंद्रीजी भी कह रही थीं कि मुझे निराश नहीं होना चाहिए और अपने अभियान को जारी रखना चाहिए। मैंने देखा कि सभी लोग मुझसे इतनी उम्मीदें करते हैं, ऐसे में मुझे एक हार से निराश होकर घर नहीं बैठना चाहिए।

वैसे भी, यह हार मुझे मेरी वजह से नहीं मिली थी, बल्कि मौसम की वजह से मिली थी। इसलिए मैं फिर उठी और अगले पड़ाव की तैयारी में जुट गई, क्योंकि अब मुझे अगस्त में फिर जाना था एल्ब्रस पर्वत पर चढ़ाई के लिए। परिवार हिम्मत बढ़ाता रहा और मैं फिर से हिम्मत व जोश से भर गई। नियमित रूप से जिम जाना और देर तक अभ्यास करना मैंने फिर शुरू कर दिया।

उसके बाद मैंने टाटा स्टील के एम.डी को बताया कि पिछली बार मौसम खराब होने की वजह से मुझे न चाहते हुए भी वापस लौटना पड़ा था, लेकिन मैं फिर से जाना चाहती हूँ। वे मेरी इस बात से बहुत खुश हुए। मेरी हिम्मत देखकर उन्हें अच्छा लगा। मैं मन-ही-मन सोच रही थी कि पता नहीं ये लोग फिर से मेरे इस ट्रिप को प्रायोजित करेंगे या नहीं? लेकिन उन्होंने फिर से मुझ पर भरोसा किया। उनके भरोसे ने मुझे और ज्यादा आत्मविश्वास से भर दिया। मेरे दामाद अमर ने भी कहा कि आपको अपना लक्ष्य पूरा करना चाहिए। मेरी बेटियाँ भी मेरा हौसला बढ़ाने लगीं।

एल्ब्रस यूरोप महाद्वीप का सबसे ऊँचा पर्वत है। इसकी ऊँचाई 18,442 फीट है। यह एक सोया हुआ ज्वालामुखी है। अभी भी इसके चारों ओर ज्वालामुखी से निकली हुई राख और पत्थर बिखरे पड़े हैं। एल्ब्रस जाने के लिए मेरे पास दो महीने का समय था। इसलिए इस समय को मैंने तैयारियों में लगा दिया।

3 अगस्त को कोलकाता से दिल्ली होते हुए मैं मास्को के लिए रवाना हुई और वहाँ से अगले दिन सुबह 9 बजे रूस की राजधानी मास्को पहुँची, जहाँ मुझे लेने मेरी गाइड एजेंसी का मैनेजर एंड्रे आया हुआ था। अच्छी बात यह थी कि उसे अंग्रेजी आती थी, जिससे मुझे भाषा की ज्यादा असुविधा नहीं हुई। उसने मुझे होटल में पहुँचाया। मुझे वहाँ से दूसरे दिन मिनरलेन वोडी के लिए फ्लाइट पकड़नी थी। वह पूरा एक दिन मेरे मास्को घूमने के लिए खाली था। फ्लाइट की थकावट थी। उसके बावजूद मैं इस मौके को छोड़ना नहीं चाहती थी। मैंने सोचा, क्या पता, यहाँ फिर कब आना हो, इसलिए थोड़ा मास्को घूमना चाहिए। मैंने मास्को में रेड स्क्वायर, क्रेमलिन, वहाँ के पार्क, मार्केट, जितना मेरे पास समय था, मैं घूमी। एंड्रे ने मुझे उतने वक्त में जितना हो सकता था, मास्को की सैर करा दी।

हमारा अभियान 5 अगस्त, 2012 से शुरू होना था। इसलिए सुबह 6 बजे एंड्रे मुझे एयरपोर्ट ले जाने के लिए होटल पहुँच गया। एयरपोर्ट पर मेरी मुलाकात हमारी टीम के गाइड साशा से हुई। साथ में उसकी बेटी जिनिया भी थी। वह बहुत ही खूबसूरत 17-18 साल की लड़की थी और हमारे साथ एल्ब्रस अभियान पर

जाने वाली थी। हम लोग साथ ही मिनरलेन वोडी के लिए रवाना हुए। सवा दो घंटे की फ्लाइट थी। हमारी बाकी टीम भी वहाँ पहुँच चुकी थी। मिनरलेन वोडी एक छोटा सा शहर है, जिसकी आबादी लगभग 70 से 75 हजार के करीब है।

जिस ग्रुप के साथ मैं जा रही थी, वह नॉर्वे का ग्रुप था, जिसमें कुल 10 लोग थे और मैं अकेली भारतीय थी। ग्रुप में एक जोड़ा पति-पत्नी भी थे। ग्रुप के सभी लोग बहुत मिलनसार थे। यहाँ से हमारी पूरी टीम मिनी बस से चार घंटों का सफर तय करके टर्सकोल गाँव पहुँची। लंबे सफर ने सबको काफी थका दिया था, इसलिए सभी अपने कमरे में आराम करने चले गए। अब हमें कम-से-कम तीन से चार दिन एक्लामाटाइज होना बहुत जरूरी था। बाकी सभी तो ठंडे प्रदेशों से आए थे, इसलिए मुझे इसकी सबसे ज्यादा जरूरत थी।

6 अगस्त

हम लोग सुबह 7.30 बजे तैयार हो गए। आज हमारा लक्ष्य था 8,190 फीट ऊँची छेगेट माउंटेन। शुरू में सभी आराम से चल रहे थे। भाषा की भिन्नता होते हुए भी सब आपस में बातचीत कर रहे थे, एक-दूसरे की फोटो खींच रहे थे। वहाँ का दृश्य बहुत ही खूबसूरत था, जिसे हर कोई कैमरे में कैद करना चाहता था। अचानक मेरे दाँत का दर्द बढ़ गया, जो कि मास्को पहुँचते ही शुरू हो गया था। मैंने पहले ज्यादा ध्यान नहीं दिया, पर ठंड की वजह से दर्द ज्यादा बढ़ गया था। उस समय मैंने अपनी यह दिक्कत किसी को नहीं बताई, किसी तरह दर्द सह लिया। छेगेट माउंटेन तक जाकर वापस आने पर मैंने अपने बैग से पेनकिलर खाई, तब जाकर थोड़ा आराम मिला। उस दिन आठ से नौ घंटे की ट्रैकिंग ने उतना नहीं थकाया, जितना दाँत के दर्द ने परेशान कर दिया था।

7 अगस्त

आज भी यही सिलसिला जारी रहा अपने शरीर को वहाँ के मौसम के अनुकूल ढालना, यानी एक्लामाटाइज होना। इस बार हम लोग वेरटोलेंटी हेलीकॉप्टर पास गए, जो 3,000 मीटर की ऊँचाई पर था। हमें पाँच घंटे लगे। धूप बहुत कड़ी थी। जैकेट पहनने की जरूरत ही महसूस नहीं हुई। वापसी में हम लोग एक छोटे से रेस्टोरेंट में गए। वहाँ हमने रशियन सूप पिया। फ्रेश वेजिटेबल सलाद, जो देखने में बहुत सुंदर लग रहा था, वह भी खाया। होटल वापस पहुँचने के बाद हमने रशियन सोना बाथ लिया। इससे मेरी सारी थकावट दूर हो गई थी।

8 अगस्त

आज सुबह हमें अपना सारा सामान लेकर अगले पड़ाव के लिए जाना था। हम एक छोटे से गाँव अजाऊ, जहाँ हम जीप द्वारा गए और फिर वहाँ से हम लोग ट्रैक करके ओल्ड विस्टा हाट गए, जो करीब 10,000 फीट पर स्थित है। वहाँ पहुँचने के लिए हमें कुछ दूर केबल कार से जाना था। हम अपने सारे उपकरण लेकर गाड़ी द्वारा केबल कार के स्टेशन गए। केबल कार द्वारा सफर करना भी अपने आप में एक एडवेंचर था। यह सफर दो चरणों में हुआ। पहले चरण में हम बंद कंटेनर के जैसे, जिसके चारों ओर शीशे लगे थे, में बैठकर कुछ दूर गए। इसके बाद हमें तार पर लटकी हुई कुरसियों पर अकेले बैठकर जाना था। यह कुरसियाँ लगातार चलती रहती हैं, बिना रुके और उसमें उछलकर बैठना और उतरना पड़ता है। इसके बैठने और उतरने के स्टेशन बने हुए हैं। यह सफर बहुत ही रोमांचकारी था। इसके सहारे हमें करीब 10,000 फीट की ऊँचाई तक पहुँचना था। यह हमें 6,500 फीट की ऊँचाई से 10,000 फीट की ऊँचाई तक ले गई। हमें ऊपर काफी ठंड लग रही थी। चारों तरफ का दृश्य बड़ा ही सुंदर था। नीचे की तरफ नजर जाती तो शरीर में एक सिहरन-सी उठ जाती। यहाँ हम आसमान पर लटके हुए थे; पर यह सफर बहुत ज्यादा रोमांचकारी रहा।

9 अगस्त

आज हमें आइस एक्स और अन्य उपकरणों की जानकारी दी गई और फिर एक्लामाटाइज होने के लिए दोबारा निकलना पड़ा। वापस आकर हम लोगों ने आराम किया, क्योंकि अगले दिन हमें और ऊँचाई पर जाना था। आज रात हमें यहाँ ओल्ड विस्टा में ही गुजारनी थी।

10 अगस्त

आज दोपहर का खाना खाने के बाद हम तुरंत ही ट्रैकिंग करके ग्लेशियर लेक तक गए, जो कि लगभग 1,000 फीट की ऊँचाई पर था और फिर वहाँ से वापस आए। शाम को सबने मिलकर खूब बातचीत की। मैंने उन्हें बताया कि मैं एवरेस्ट और एकांकागुआ पर चढ़ाई कर चुकी हूँ। मेरी यह बात सुनकर उनके मन में मेरे लिए इज्जत और बढ़ गई। यह अभियान डेनाली की अपेक्षा थोड़ा आसान था। बेशक यहाँ भी बर्फीली आँधियाँ खूब चल रही थीं, लेकिन डेनाली जितनी

खतरनाक नहीं थीं। सभी लोग एक ही बात बोल रहे थे कि यह किलिमंजारो की अपेक्षा आसान है। मैं मन-ही-मन सोच रही थी कि यही गलती मैंने पहले की थी, डेनाली को आसान समझकर की। अब वही गलती मैं फिर नहीं करना चाहती थी। इसलिए अब मैं एल्ब्रस को किसी भी पहाड़ से कमतर नहीं आँक सकती थी। मैं अपनी फिटनेस को लेकर संतुष्ट थी।

नॉर्वे का ग्रुप मुझे देखकर हैरान था। वे कह रहे थे कि आप इस उम्र में, वह भी एक भारतीय महिला होकर पर्वतारोहण कर रही हो! खैर, गप्पें भी खूब हुईं, अब सोने की बारी थी।

11 अगस्त

आज मौसम बहुत साफ तो नहीं था, पर फिर भी हमारे गाइड ने कहा कि हमें एक्लामाटाइज के लिए चलना चाहिए। और इस बार हमें पास्तुखोव रॉक्स जाना था, जिसके लिए यहाँ से आगे 2,500 फीट की चढ़ाई करनी थी और फिर उतनी ही दूरी से वापस भी आना था। और फिर यहीं से आगे एल्ब्रस की चोटी की ओर बढ़ना था।

12 अगस्त

आज हमें सम्मिट के लिए निकलना था, पर मौसम साथ नहीं दे रहा था। गाइड साशा ने हमें उस दिन रुकने को कहा और बोले कि हम लोग कल फिर प्रयास करेंगे। सारा दिन हल्की-फुलकी सक्रियता में ही गुजर गया।

13 अगस्त

आज मौसम बहुत अच्छा तो नहीं था, पर अगर आज नहीं जा पाते तो हमारा अभियान मुश्किल में पड़ जाता; क्योंकि किसी भी अभियान की प्लानिंग में एक समय सीमा तय होती है। इसके खर्च, वीजा और आने-जाने की टिकटों का समय तय रहता है। हम लोगों ने तय किया कि हमें आज कैसे भी सम्मिट के लिए कोशिश करनी पड़ेगी। हम लोग रात के करीब 1 बजे उठे और 2 बजे तक तैयार होकर वहाँ से अभियान के लिए निकल पड़े। हमारे तीन साथियों ने आगे जाने के लिए अपनी असहमति दे दी, फिर भी हम बाकी लोग आगे की ओर चल पड़े। जैसे-जैसे हम आगे बढ़ रहे थे, मौसम खराब होता जा रहा था। रास्ते में ऐसा लग

रहा था कि पता नहीं हम पहुँच भी पाएँगे कि नहीं। हमें दूर-दूर तक उड़ती बर्फ और आँधी के बीच कुछ दिखाई नहीं दे रहा था। हमारे दो और साथी वापस पीछे मुड़ गए; पर हम बाकी लोग सभी एक साथ रोपअप यानी एक रस्सी से लाइन में बँधे हुए थे। और हम भारी आँधी का सामना करते हुए एल्ब्रस की चोटी पर पहुँच गए। तेजी बर्फीली आँधी से धुँधलापन इतना ज्यादा था कि कुछ भी दिखाई नहीं दे रहा था। लेकिन मैंने अपने देश का तिरंगा झंडा एल्ब्रस की चोटी पर फहरा दिया और कुछ फोटो भी खिंचवाए। उसके बाद टाटा स्टील का झंडा फहराया। इस अभियान में मुझे 15 से 16 दिन का समय लगा। जब मैं वापस आई तो बहुत खुश थी, क्योंकि डेनाली में मौसम की वजह से मिली असफलता के बाद यह सफलता मेरे लिए बहुत मायने रखती थी। अगर यह सफलता मुझे नहीं मिल पाती तो मेरा 'सेवन सम्मिट' का सपना पूरा नहीं हो पाता। इसलिए एल्ब्रस की इस जीत का मेरे लिए खास महत्त्व था।

क्रांसटेज पिरामिड
(22 अक्तूबर, 2012 में फतह किया)

अगला अभियान मैंने इंडोनेशिया स्थित माउंट क्रासटेज पिरामिड जाने का लक्ष्य बनाया। यूँ तो सेवन सम्मिट पूरा करने बहुत सारे पर्वतारोही ऑस्ट्रेलिया स्थित माउंट कौसीएस्को भी जाते हैं, पर यह बहुत ही कम ऊँचाई का पर्वत है, जिसकी ऊँचाई मात्र सात हजार फीट है। यह बहुत चुनौतीपूर्ण भी नहीं है, इसलिए मैंने क्रासटेज को चुना, जो कि काफी मुश्किल था और उसकी ऊँचाई थी 16 हजार फीट।

मैं फिर से अभियान के लिए निकल रही थी, यानी मुझे बीस दिन घर से दूर रहना था। तैयारियों का सिलसिला चल ही रहा था। आखिरी वक्त तक भी पैकिंग चल रही थी।

12 अक्तूबर, 2012

आज सुबह 6.30 बजे मैं सिंगापुर पहुँची। यहाँ से बाली के लिए फ्लाइट लेनी थी, जो कि 9.20 की थी। ज्यादा समय नहीं था मेरे पास, फ्लाइट तक पहुँचने के लिए। आठ बज चुके थे। दिन में 12 बजकर 20 मिनट पर मैं बाली पहुँची। यहाँ एयरपोर्ट में हमारी कंपनी का गाइड बॉब आया हुआ था। बॉब मेरे लिए एक लोकल सिम कॉर्ड भी लाया था, जिसे मैंने तुरंत अपने मोबाइल फोन में लगाया और विमल

को मैसेज करके अपने पहुँचने की सूचना दी। फिर इंडोनेशिया की करेंसी एक्सचेंज करवाकर होटल पहुँचने में दो बज गए। लंच करने का मन नहीं था, क्योंकि दो रात से ठीक से नींद नहीं आई थी। इसलिए अब नींद आ रही थी। फिर रात को एक बजे मेरी टिमिका के लिए फ्लाइट थी। अत: मैंने सोचा, मैं कुछ देर आराम कर लेती हूँ। थोड़ी देर आराम करने के बाद मैं फिर बाहर आ गई। अब भूख लगने लगी थी। सोचा; थोड़ा बाहर घूम लेते हैं। फ्लाइट के लिए अभी समय था। सब जगह नॉनवेज खाना था, लेकिन एक जगह मुझे वेज चाऊमीन और जूस मिल गया। शाम हो गई, थी, इसलिए मैं खा-पीकर अपने होटल के कमरे में आ गई और सामान पैक करने लगी। सारा सामान पैक करने के बाद मैं होटल की लॉबी में आ गई। मुझे डर था कि कमरे में रहकर कहीं मैं सो न जाऊँ। इसलिए इस समय लॉबी में आकर बैठना ही ठीक लगा। वैसे भी बॉब ने कहा कि था वह दस बजे तक होटल पहुँच जाएगा। हमारे साथ एक और टीम का एक और सदस्य था जैकब। नींद भी आ रही थी, इसलिए अचानक मैं बैठे-बैठे ही सो गई। कुछ देर बाद बॉब आया और उसने मुझे जगाया। बोला कि जल्दी चलो टैक्सी यहाँ तक नहीं आएगी, हमें खुद ही लगेज लेकर टैक्सी स्टैंड तक जाना होगा। अब हमारे पास समय कम था। हम तीनों ने अपने लगेज लिये और तेजी से चलते हुए टैक्सी स्टैंड की ओर बढ़े। जल्दी से टैक्सी लिये और एयरपोर्ट चल दिए। वहाँ पहुँचकर पता चला कि टिमिका के लिए फ्लाइट रात में दो बजे थी। 12 बज चुके थे, इसलिए हम लोग दो घंटे कुरसी पर बैठे-बैठे ही सोते-जागते रहे और अपनी फ्लाइट के लिए बोर्डिंग का इंतजार करते रहे।

14 अक्तूबर, 2012

साढ़े चार घंटे का सफर तय करके हम सुबह 6.30 पर टिमिका पहुँचे। बहुत ही थकानेवाली फ्लाइट थी। सामान लेकर होटल पहुँचने में आठ बज गए। बॉब ने कहा कि ब्रेक फास्ट करके फ्रेश हो जाओ। रेनकोट और छाता खरीदने जाना है। बाहर बहुत बारिश हो रही थी। ब्रेक फास्ट करते-करते दस बज गए थे। तीन दिनों से सोए नहीं थे, इसलिए बहुत नींद आ रही थी। शरीर में जैसे जान ही नहीं थी। इसलिए अपने-अपने कमरे में आकर हम सो गए। जब इंडिया से विमल का फोन आया, तब आँख खुली। समय देखा तो दिन के 12.30 बज चुके थे। फिर दो बजे हम लोगों ने लंच किया और उसके बाद शॉपिंग करने निकल गए। अब भी बारिश लगातार हो ही रही थी। हमने पास के बाजार से रेन बूट, मोजे और छाता खरीदा। होटल पहुँचकर पता चला कि दो और टीम के सदस्य कल पहुँचेंगे। अभी हमें अपना

इक्विपमेंट भी चेक करना था। हमें 15 को ही सूगापा विलेज जाना था लेकिन पूरी टीम के न पहुँचने से हम लोगों का जाना 16 तारीख को तय हुआ। यह जानकर मुझे थोड़ा संतोष हुआ, क्योंकि मेरे गले में सर्दी की वजह से थोड़ा दर्द भी हो रहा था और थकावट दूर न होने की वजह से शरीर भी पूरी तरह से ठीक महसूस नहीं कर रहा था। मुझे लगा, चलो एक दिन और रेस्ट मिल जाएगा।

15 अक्तूबर, 2012

हमारी बाकी की टीम भी आ चुकी थी। हमारी टीम में चार लोग थे, तीन लड़के अमेरिका से थे— स्कॉट, जॉय और जैकब। मैं अकेली इंडिया से थी। एक प्यारी सी लड़की थी— इंका और एक लड़का, जिसका नाम था जैक्सन। ये दोनों मानाडो से आए थे और कॉलेज के स्टूडेंट थे। एक और लड़का था रोमी, जो कि हम लोगों का गाइड था, पर उसे अंग्रेजी बिल्कुल भी नहीं आती थी। इंका और जैक्सन को अंग्रेजी आती थी, इसलिए वे रोमी की मदद करते थे।

इस अभियान में हमें 100 किलोमीटर रेन फॉरेस्ट से होकर गुजरना था। हम सबने अपना इंक्वीमेंट चेक किया। जो छोटा-मोटा सामान नहीं था, उसे खरीदा और अपना-अपना सामान पैक किया। वहाँ मच्छर बहुत थे और मलेरिया होने का बहुत ज्यादा खतरा था। इसलिए हम सबको हिदायत दी गई कि आज से मलेरिया निरोधक दवाइयाँ लेनी शुरू करनी हैं। मेरे साथ के तीनों अमरीकियों ने तो दवा लेनी शुरू कर दी, लेकिन मेरे पास दवा नहीं थी। जो दवाएँ मैं इंडिया से लेकर चली थी, वे मलेरिया होने के बाद लेनेवाली दवाएँ थीं। फिर मैं इंका के साथ बाजार गई और अपने लिए दवा लाई, लेकिन मुझे वहाँ की बातें सुनकर डर लगने लगा था। मुझे बताया गया कि हम जहाँ जा रहे हैं, वह पूरा इलाका आदिवासियों का है, जो अब तक स्टोनएज के लोगों की तरह ही रहते हैं। वहाँ के लोग आज के दौर में भी पूरी तरह से नग्न रहते हैं। वहाँ के कबीले के सरदार की सौ से ज्यादा रानियाँ हैं और महिलाओं का उस तरफ जाना बहुत रिस्की है। पता नहीं यह सरदारवाली बात में कितनी सच्चाई थी, लेकिन उस समय तो मैं थोड़ा डर गई थी।

16 अक्तूबर, 2012

आज हमें टिमिका से सूगापा विलेज जाना था, लेकिन पता चला कि आज भी हम लोग नहीं जा पाएँगे। मुझे कारण कुछ समझ नहीं आ रहा था। इंका से बात करने पर बस इतना पता चला कि अब हम कल जाएँगे। यहाँ मुझे होटल में रहना

अच्छा नहीं लग रहा था। रोमी, इंका और जैक्सन दूसरी जगह थे। बाकी टीम के सदस्य इसी होटल में थे। फिर हमने सोचा कि चलो थोड़ा बाहर घूमकर आते हैं, लेकिन टिमिका एक छोटा गाँव है। यहाँ या तो मूसलधार बारिश होती रहती है या फिर बहुत तेज गरमी, इतनी तेज कि कहीं बाहर निकलने का मन ही नहीं करता। मैं लगातार भगवान् से प्रार्थना करती जा रही थी कि हे भगवान् कल से हमारा अभियान शुरू हो जाए, वरना वापस जाने की सारी टिकटें खराब हो जाएँगी। मैं यह सोच ही रही थी कि इंका और रोमी आए और बोले कि कल सुबह पाँच बजे तैयार रहना। छह बजे की फ्लाइट है। हम सभी अपने कमरे में गए और सो गए, लेकिन सुबह 3.30 पर मैं उठ गई।

17 अक्तूबर, 2012

हम सब सुबह पाँच बजे तैयार थे, लेकिन तब तक हमारे गाइड आए ही नहीं थे। वे 6.30 बजे आए। पता चला, अभी छोटा जहाज आया ही नहीं। यह छोटा जहाज जिसमें कि 5 से 6 सीट्स थीं, इसी में बैठकर हमें जाना था। हम सब एयरपोर्ट गए। पता चला; नौ बजे जहाज आएगा। सूगापा विलेज वही लोग जाते हैं, जिन्हें क्रासटेंज जाना होता है, इसलिए जहाज पहले बुक करना पड़ता है। कभी-कभी आपसी तालमेल न होने की वजह से दो-तीन दिनों तक जहाज नहीं आता। वहाँ लगातार बारिश जारी थी।

आखिर नौ बजे जहाज आया। यह पाँच सीटर था। हम सभी अपना लगेज लेकर बैठ गए और एक घंटे के अंदर सोगापा गाँव पहुँच गए। यहाँ एयरपोर्ट तो था नहीं, इसलिए एक बड़े मैदान में जहाज ने हमें उतारा। यहाँ से गाँव तक जाने के लिए कोई सुविधा नहीं थी, पर यहाँ के लोग मोटरसाइकिल द्वारा आनेवाले माउंटेनियर्स को पहुँचाते हैं। अपना सामान लेकर हम मोटरसाइकिल पर बैठकर गाँव गए। वे लोग इतनी जोर से मोटरसाइकिल चलाते हैं कि लग रहा था, अब गिरी, तब गिरी। रास्ता भी काफी उबड़-खाबड़ था। हम सभी एक-एक मोटरसाइकिल पर बैठकर गाँव के एक घर में गए। वह किसी गाँववाले का था, रोमी उसे जानता था। छोटा सा घर था। एक रूम और छोटा सा किचन। घर के बाहर टॉयलेट। लकड़ी की सीढ़ी चढ़कर ऊपर एक मचान था, जहाँ खड़ा होना भी मुश्किल था।

गाँव में आकर देखा कि जो किस्से हमें यहाँ के आदिवासियों के रहन-सहन के बारे में बताए जा रहे थे, वे काफी हद तक ठीक थे। यहाँ अधिकतर लोग बहुत कम कपड़ों में रहते हैं या फिर बिना कपड़ों के रहते हैं। अपने चेहरे और शरीर

को अजीब किस्म के रंगों से सजाकर रखते थे। सिर पर पंख बाँधे हुए थे, हालाँकि जो युवा थे और जो गाँव से बाहर आते-जाते थे, वे लोग उनकी अपेक्षा थोड़ा सभ्य लग रहे थे।

आज हमें यहाँ से ट्रैकिंग शुरू करनी थी। हम सब ट्रैकिंग के लिए तैयार हो गए, किंतु यहाँ फिर एक रुकावट आ गई। हमारा परमिट ही नहीं बन पाया था और यहाँ बिना परमिट लिये इस इलाके में घुसना वर्जित है। अभी तो ट्रैकिंग शुरू ही नहीं हुई थी। हम परेशान हो गए। हमारी सारी ऊर्जा यूँ ही खराब हो रही थी। अब क्या आज हमें इसी गाँव में और इसी घर में रुकना होगा। कोई उपाय भी नहीं था, इसलिए रुकना पड़ा। कुछ लोग क्रांसटेंज क्लाइंब करके वापस आ रहे थे। हमने उनसे पूछा कि कैसी है यहाँ की पीक? वे बोले कि छह दिन जंगल के रास्ते दलदल से होकर जाना और फिर छह दिनों में आना, मतलब छह बार एवरेस्ट चढ़ने जैसा है। मैं तो सुनकर निराश हो गई। फिर सोचा, निराश होकर क्या मिलेगा। जब ये लोग क्लाइंब करके आ रहे हैं तो मैं क्यों नहीं आ सकती। मैं भी कर लूँगी।

18 अक्तूबर, 2012

सुबह-सुबह नाश्ता करके हम लोग सात बजे तक तैयार भी हो गए थे। आज हमें सगमा विलेज जाना था। डेढ़ घंटे मोटरसाइकिल से जाना था, फिर दो घंटे की ट्रैकिंग थी सगमा विलेज के लिए। आज ही हमें कैंप 1 भी पहुँचना था। फिर 5 से 6 घंटे ट्रैकिंग करके हमें सगमा विलेज भी पहुँचना था। फिर हमने सगमा विलेज जाने के लिए गाँव से पोटर लिये। यहाँ के गाँववालों की ही हमें पोटर लेना था। हमारा मेन गाइड रोमी गाँववालों से बात कर रहा था। वह क्या बातें कर रहा था, यह हमें समझ में नहीं आ रहा था। फिर पता चला कि ये लोग अपने पूरे परिवार के साथ ही पोटर के रूप में साथ में चलते हैं। ये पोटर के साथ-साथ एक किस्म के गाइड का भी काम करते हैं। भीषण जंगल, नदी-नाले और दलदल से होकर गुजरनेवाले रास्ते इन लोगों के बिना पार करना मुश्किल है।

जब इन लोगों से साथ जाने को लेकर बातें हो रही थीं तो अचानक सारे पोटर्स आपस में झगड़ने लगे। हमें लेट हो रहा था। हम उन्हें कुछ समझा भी नहीं पा रहे थे। खैर किसी तरह उनमें सुलह हुई और हमने अपना सफर शुरू किया। रास्ते में जगह-जगह भाला-तीर लेकर आदिवासी खड़े हुए थे और हमें आगे जाने का रास्ता ही नहीं दे रहे थे। इंका ने बताया कि वे लोग पैसा माँग रहे हैं। पैसा नहीं दिया तो आगे जाने नहीं देंगे। इस झंझट से हम लोग इतने परेशान हो गए थे कि पता नहीं चल

पा रहा था कि हम पीक तक पहुँच भी पाएँगे या नहीं। हम यही सोच रहे थे कि किसी तरह एक और गाँव पार कर लें, फिर शायद किसी प्रकार का डर नहीं होगा, दूसरी ओर रोमी उन्हें समझा-बुझाकर कुछ पैसे देकर शांत करने की कोशिश कर रहा था। किसी तरह मामला सुलझा और हमें गाँव पहुँचते-पहुँचते 12 बज गए। भूख भी बहुत तेज लगी थी। फिर हमने वहाँ छोटे-छोटे संतरे और गन्ने खाए। लंच के नाम पर बिस्कुट ही थे और कुछ मिल नहीं रहा था।

अब हमें कैंप 1 जाना था। सबने रेनबूट पहने, क्योंकि हमें नदी-नाले कीचड़ से होकर गुजरना था। जंगल का रास्ता था, जगह-जगह पेड़ गिरे हुए थे। बहुत कठिन था कैंप 1, जहाँ पहुँचते-पहुँचते रात हो गई। सारे कपड़े कीचड़ से सने थे। घुटनों तक कीचड़ था।

टेंट में जाकर सबसे पहले मैंने कपड़े चेंज किए और गीले कीचड़ सने कपड़े एक, दूसरे बैग में डाले ताकि कल कहीं उसे धो सकूँ। रात के खाने में मेरे लिए इंका ने कुछ चावल उबाल दिए और एक कप पैकेटवाला सूप दिया। मैंने सूप के साथ चावल मिलाकर खाया। खाना खाने के बाद कुछ देर तक हम सब बाहर खड़े रहे। उसके बाद अपने-अपने टेंट में आकर सो गए।

19 अक्तूबर, 2012

आज कैंप 2 जाना था और आठ घंटे की ट्रैकिंग करनी थी। नाश्ता करके हम सब कैंप 2 के लिए निकल गए। हमारी टीम में जैकब और स्कॉट बहुत फिट थे। इन लोगों ने पहले भी क्रांसटेंज क्लाइंब किया हुआ था। दिन में 12 बजे तक तो मौसम ठीक था, लेकिन रास्ता जंगल का था और रास्तेभर में मच्छरों की भरमार थी। हमने रास्ते में ऑडोमास लगाया। रास्ता दलदल और फिसलनभरा था, हम दलदल से जितना बाहर निकलने की कोशिश करते, उतना ही अंदर चले जाते। दलदल में घुटनों तक अंदर चल-चल के बहुत ही ज्यादा थक गए थे। कपड़े भीगे हुए थे, साथ ही कीचड़ से भी सने हुए थे। रेनबूट के अंदर मोजे भी कीचड़ से सन चुके थे। लगभग सात से आठ घंटे तक ट्रैकिंग करते-करते अँधेरा हो चुका था। फिर एक स्थान पर हम रुके। एक बड़े टेंट में सब पोटर्स थे अपने परिवार के साथ। इन लोगों ने आग जला रखी थी। ये लोग गुलेल और बंदूक से चिड़िया भी मारते थे तथा भूनकर खा लेते थे, साथ ही ये लोग शकरकंद और आलू भी भूनकर खा रहे थे। मेरे सारे कपड़े भीग गए थे। मैंने अपने कपड़ों का कीचड़ साफ किया और वहीं पर आग के पास सुखाने डाल दिए। ऐसे मौसम में कपड़े के सूखने की उम्मीद तो नहीं थी,

लेकिन मैं सोच रही थी कि इनका पानी निकल जाता, यही काफी था। चूँकि कल ट्रैकिंग के दौरान मुझे इन कपड़ों को पहनना था।

20 दिसंबर, 2012

आज हमें नदी पार करके जाना था। कपड़े तो वैसे भी गीले होने ही थे। वैसे यहाँ बारिश हो रही थी, लेकिन जब भी बीच-बीच में कुछ देर के लिए धूप निकल रही थी, वह इतनी तेज थी कि कपड़ों को पहने-पहने ही सुखा दे रही थी, लेकिन हाल-फिलहाल तो हम दलदल में थे और हालात ज्यों-के-त्यों बने हुए थे। गीले मोजों से पैर की उँगलियाँ सफेद हो गई थीं। लगातार आठ से नौ घंटा रेनबूट पहनने से पैरों में रगड़ पड़ने की वजह से छाले पड़ गए थे।

अब हमारी पूरी टीम एक नदी के किनारे खड़ी थी। नदी में पानी इतना ज्यादा था कि नदी के बीच पत्थर रखकर नदी पार करना संभव नहीं था। नदी का बहाव भी बहुत ज्यादा था। फिर हम सबने मिलकर रस्सी लगाई। सभी पोटर और हमारी टीम उस रस्सी के सहारे धीरे-धीरे पार करके दूसरी तरफ गए। इसमें काफी समय लग गया।

21 दिसंबर, 2012

लगातार बारिश हो रही थी। थोड़ी देर के लिए धूप निकलती, और फिर बारिश शुरू हो जाती। बेस कैंप पहुँचने तक दलदल ने साथ नहीं छोड़ा। यहाँ काफी चढ़ाई शुरू हो गई थी। चढ़ाई में इतना जोर नहीं लगता, जितना दलदल में लगता है। हमें कल यानी बाईस को पीक क्लाइंब करने जाना है, किंतु बारिश की वजह से हम लोग हिम्मत नहीं जुटा पा रहे थे। हम सब किचन टेंट में बैठकर यही सोच रहे थे कि हमें आगे क्या करना है। फिर हमारे गाइड और टीम मेंबर ने यही निश्चय किया कि यदि सुबह बारिश रुक गई तो हम लोग क्लाइंब के लिए चलेंगे। वैसे गाइड ने बताया कि क्रांसटेंज बहुत ही पथरीला है और काफी टेक्नीकल क्लाइंब है, इसलिए यदि धूप नहीं निकली तो बहुत ही ज्यादा फिसलन का सामना करना होगा, और ऐसे में चढ़ाई करना बहुत ही ज्यादा कठिन व जोखिमभरा होगा।

अब भी बारिश हो रही थी, इसलिए खाना खाकर सभी अपने-अपने टेंट में चले गए। सुबह के लिए तैयारी भी करनी थी। मैंने रेनबूट, पैंट, जैकेट और मोजों को बैग में डाला। एक एक्सट्रा जैकेट भी रखा। फिर जब हम अपने साथ ले जाने के

लिए ड्राईफ्रूट, बिस्कुट, चॉकलेट पैक करने के लिए अपने सामान के पास गए तो पाया कि सारा खाने का सामान गायब था। हमने इसके बारे में जब इंका से पूछा तो उसने सकुचाते हुए बताया कि हमारा सारा सामान पोटर लोग निकालकर खा गए। हमारा और भी खाने का सामान था, उसे भी उन लोगों ने निकाल लिया। बैग में ताला लगा था। इसके बावजूद इन लोगों ने ताला तोड़ डाला था। अब इन आदिवासियों से कौन उलझता। न हम इन्हें कुछ कह सकते थे, न समझा सकते थे और न ही ये हमारी भाषा समझते थे। मेरे पास रास्ते के लिए कुछ बिस्कुट थे, मैंने वही खा लिये। सबके पास अपने चॉकलेट और ड्राईफ्रूट थे। एक मैं ही थी कि सब ड्राईफ्रूट और चॉकलेट यहीं छोड़ गई थी।

22 अक्तूबर, 2012

भगवान् का शुक्र है कि अभी बारिश नहीं हो रही थी। हमने छह बजे ट्रैकिंग शुरू की। पूरा रास्ता ऱॉक क्लाइबिंग की। अचानक आधे रास्ते में ही बारिश शुरू हो गई। पत्थरों में काफी फिसलन हो गई थी। हमने चढ़ाई करने में अपनी सारी ऊर्जा लगा दी। जैकब बहुत फिट था, इसलिए वह सबसे आगे निकल गया था। जॉय और स्कॉट भी आगे निकल गए। मैं और इंका पीछे आ रहे थे। अब हमारे सामने दो खाइयाँ थीं, जिन्हें हमें रस्सी के सहारे पार करना था, साथ में हमारा रकसेक भी था। नीचे हजारों फीट की खाई थी, बारिश लगातार चल रही थी। स्थिति ऐसी बन चुकी थी कि अब हम इंतजार नहीं कर सकते थे, खाई पार करनी ही थी। रोमी उस पार पहुँच चुका था और हमारा इंतजार कर रहा था। हमने किनारे पहुँचकर नीचे झाँका तो कुछ देर के लिए चकरा गई, लेकिन जल्दी ही मैंने खुद को सँभाला और रस्सी पार करने की कोशिश करने लगी। बारिश की वजह से रस्सी भी गीली हो चुकी थी और आगे बढ़ने के लिए काफी जोर लगाना पड़ रहा था। एक बार तो ऐसा भी लग रहा था कि इतने वजन के साथ दूसरे छोर तक पहुँच भी पाऊँगी या नहीं, पर किसी तरह हम दूसरे छोर तक पहुँच गए। अब हमारी मंजिल ज्यादा दूर नहीं थी, लेकिन आगे का रास्ता भी मुश्किल ही था। अब ठंड भी बढ़ती जा रही थी। हमने अंदर गरम जैकेट पहन और उसके ऊपर से रेनप्रूफ जैकेट पहना।

थोड़ी देर में बर्फबारी होने लगी। मैं इंका और रोमी सम्मिट में पहुँचे। लगातार बर्फबारी हो रही थी। मैंने जैकेट के अंदर की पॉकेट से तिरंगा निकाला और चोटी पर चढ़कर फहरा दिया। बहुत गर्व हो रहा था। इतनी कठिनाइयों को पार करते हुए अपनी जान को जोखिम में डालकर मैं यहाँ पहुँची थी। कुछ फोटो खिंचवाएँ तथा

फिर मैंने टाटा स्टील का झंडा भी निकाला और उसे भी क्रांसटेंज की चोटी पर फहरा दिया। इस सफलता से जहाँ मैं अपने सेवन सम्मिट के पड़ाव में एक कदम आगे बढ़ी, वहीं क्रांसटेंज पर्वत की चोटी पर तिरंगा फहरानेवाली पहली भारतीय महिला भी बन गई। कुछ देर तक फोटोग्राफी के बाद अब चिंता नीचे उतरने की थी। जितना चुनौतीपूर्ण चोटी तक पहुँचना था, उतनी ही चुनौतीयों का सामना यहाँ से वापस उतरने के लिए भी हमें करना पड़ा। हमने हैलमेट पहना हुआ था। इतने में एक पत्थर ऊपर से गिरता हुआ आया और सीधा मेरे पैर पर गिर गया। मेरे पैर में सूजन आ गई। मेरी गाइड इंका बोली कि जितना दर्द सह सकती हैं, आप उतना सह लें, क्योंकि आपको तो वापस जाना ही होगा। मैं उस दलदल के बारे में सोच-सोच कर डर रही थी। मेरी जुराबें भी गीली हो चुकी थीं। मैं उसी पैर से किसी तरह, रात 8.30 से 9 बजे का समय रहा होगा, बेस कैंप पहुँची। वहाँ मुझे उबले हुए चावल मिले, जिसमें न तो नमक था, न कुछ और डाला गया था। फिर मैंने उस चावल के साथ थोड़ा पानी मिलाया तथा चीनी माँगी और चावल के ऊपर डाल दी। उस दिन यही मेरा खाना था—चावल, पानी और चीनी। सच तो यह है कि जिस स्थिति और जिन हालात में मैं वहाँ थी, उस समय वह खाना मुझे अमृत के समान स्वादिष्ट लग रहा था।

हमें वापस सुगापा विलेज पहुँचने में पाँच दिन लगे, पर वहाँ वापस जाने के लिए जहाज का कोई भी अता-पता नहीं था। वहाँ के आदिवासी पैसों की माँग कर रहे थे और हम लोगों को वापस नहीं जाने दे रहे थे। हम लोगों के पास इतने पैसे नहीं थे। फिर उन लोगों ने कहा कि जब तक पैसे नहीं आ जाते, हम इंका को बंधक बनाकर रखेंगे, पर काफी समझाने-बुझाने के बाद उन लोगों ने रोमी को बंधक बना लिया और हम लोगों को, जब दो दिनों बाद जहाज आया, तब जाने दिया। बाद में हमारी गाइड कंपनी ने और पैसे भेजकर रोमी को छुड़ाया।

वहाँ से वापस आना भी मेरे लिए बहुत ही कठिनाइयों भरा रहा। जिस जहाज से मुझे वापस टिमिका आना था, वह मुझे नैरोबी छोड़ आया। मेरा बहुत सा सामान टिमिका में था, जहाँ से मुझे जकार्ता पहुँचना था और वहाँ मेरी मुलाकात कुछ भारतीयों से होनेवाली थी, जिसमें इंडोनेशिया के अग्रवाल समाज के लोग थे, वहीं से मेरी वापसी की फ्लाइट थी। बहुत मुश्किल से दो और छोटे-छोटे शहरों से फ्लाइट बदलते हुए मैं किसी तरह रात के एक बजे जकार्ता पहुँची। मैं हैरान थी कि इतनी रात को भी अग्रवाल समाज के कई लोग मुझे लेने एयरपोर्ट आए हुए थे। अगले दिन दिन उन्होंने मेरे लिए एक गेट-टू-गेदर रखा था। सभी ने मुझे बहुत प्यार और सम्मान

दिया। अगले दिन पूरे जकार्ता में घुमाया और मुझे एयरपोर्ट तक विदा करने आए। वहाँ मुझे ऐसा लगा कि मैं अपने देश पहुँच चुकी हूँ।

यह अभियान मेरे लिए बहुत ही ज्यादा रोमांचक रहा। इस दौरान मैंने ऐसी परिस्थितियों का सामना किया, जिनकी मैं कल्पना भी नहीं कर सकती थी। अपने सेवन सम्मिट अभियान का यह अनुभव मेरे लिए सबसे ज्यादा यादगार और चुनौतीपूर्ण अभियान रहा।

माउंट विनसन मैसिफ
(4 जनवरी, 2013 में फतह किया)

इस बार मुझे अंटार्कटिक जाना था, जो दुनिया के उस छोर पर स्थित है, जहाँ चारों ओर सिर्फ बर्फ-ही-बर्फ है, जहाँ साल में छह महीने दिन और छह महीने रात होती है। यहीं पर स्थित है माउंट विनसन, जिसकी ऊँचाई 15,050 फीट है। यहाँ की ठंड हड्डियों को भी चीर देनेवाली होती है। अंटार्कटिक को 'लास्ट प्लेस ऑन अर्थ' भी कहा जाता है, यानी दुनिया का अंतिम छोर। मैं कई देशों का सफर करते हुए, कई देशों को पार करते हुए दक्षिण अमेरिका महाद्वीप के देश चिली के पुनटा आरेनास पहुँची। मेरी फ्लाइट दुबई होकर आ रही थी और मुझे रात में वहीं रुकना था। श्याम चाचाजी का छोटा लड़का यानी मेरा देवर संदीप, जिसके घर का नाम 'बंटी' है, वह दुबई में रहता है। जब उसे पता चला कि मैं रात में दुबई रुकूँगी तो वह अपनी पत्नी जया और दोनों बच्चों को लेकर मेरे होटल पहुँच गया और हम लोग देर रात तक दुबई घूमते रहे। उस दिन क्रिसमस का त्योहार था। फिर रात को मैं होटल की बजाय उसके घर पर ही ठहरी। अगले दिन सुबह 4 बजे उसने मुझे एयरपोर्ट पर छोड़ा, क्योंकि सुबह 6 बजे की मेरी फ्लाइट थी।

27 दिसंबर, 2012

एयरपोर्ट पर कंपनी का गाइड मुझे लेने आया। उसी ने मुझे होटल तक पहुँचाया और अगले दिन का सारा कार्यक्रम समझाया तथा चला गया। आज मेरे पास आराम करने के अलावा कोई काम नहीं था। लंबे सफर के बाद आराम की मुझे सख्त जरूरत भी थी, इसलिए मैंने सारा दिन और रात होटल में आराम करते हुए ही बिताई।

28 दिसंबर, 2012

सुबह 9 बजे हमारा लेक्चर था। लेक्चर सुननेवालों में लगभग 30 के करीब पर्वतारोही और 10 गाइड थे। वहाँ मुझे अकांकागोआ का गाइड लाउचे भी मिला। वह भी ए.एन.आई. से द.अफ्रीका के दस पर्वतारोहियों के साथ कैंप में शामिल था। हमें बताया गया कि अगर मौसम ठीक रहा तो आगे की यात्रा कल से शुरू होगी, वरना हमें यहीं रुकना होगा और मौसम के ठीक होने का इंतजार करना होगा। खैर, रात को हमने डिनर लिया और सो गए। रात 3 बजे ही मेरी आँखें खुल गईं और मैं फोन का इंतजार करने लगी। 6.30 बजे फोन आया कि अब मौसम ठीक है। हमें आधे घंटे के अंदर तैयार होना है। काफी हद तक तो हम तैयार ही थे, बस नाश्ता करना था।

29 दिसंबर, 2012

आज हमें अपने बेस कैंप जाना था, जिसे 'यूनियन ग्लेशियर' कहा जाता है। हम लोग एक बड़े रशियन हवाई जहाज द्वारा वहाँ पहुँचे। विमान की बनावट ऐसी लग रही थी जैसे कोई बस हो। विमान के अंदर कोई सजावट नहीं थी। इंजन का शोर बहुत ज्यादा था। खैर, हम सबका सामान पीछे डाला गया और शर्त यह भी थी कि किसी का भी सामान लगभग 25 किलो से ज्यादा नहीं होना चाहिए। हम सभी टीम के सदस्य और गाइड उसमें बैठ गए। हमें क्लाइंबिंग बूट्स और डाउन जैकेट पहनने को कहा गया, क्योंकि हमारा विमान सीधा बर्फ पर उतरना था और वहाँ का तापमान-20 डिग्री से भी कम था, साथ ही हमें विंड प्रूफ पैंट पहनने को भी कहा गया, जो कि मेरे पास नहीं थी। मेरे पास जो था, मैंने वही पहन लिया। उस बस की तरह दिखनेवाले विमान में बहुत गरमी थी। बाहर दूर तक समुद्र दिखाई दे रहा था। लेकिन फिर हमने अपने बूट्स और जैकेट उतार दी, क्योंकि विमान के अंदर बहुत गरमी थी और हमें पाँच घंटे का सफर तय करना था। वहाँ हमें जूस, ब्रेड, चीज और चॉकलेट खाने को मिले। हम बैठे-बैठे थक गए थे। कभी सामने जाकर खड़े हो जाते तो कभी वहाँ रखे गरम पानी, चाय और कॉफी पीते, बिस्कुट खाते। जब हमें पता चला कि अब हम पहुँचने वाले हैं तो हम सभी ने अपने-अपने बूट्स तथा डाउन जैकेट्स पहन लिये।

जब उतरे तो देखा, चारों तरफ बर्फ-ही-बर्फ थी। तेज बर्फीली हवाएँ चल रही थीं, इतनी ज्यादा तेज कि पूछिए मत। सबने अपना बैग लिया और फिर हमें

वहाँ एक डाइनिंग हॉल में ले जाया गया, जहाँ सबने लंच किया। वहाँ खाने में स्नैक्स, चॉकलेट, कुकीज और अंजीर की बर्फी भी थी। खाने में नॉनवेज डिशेज ज्यादा थी। हम शाकाहारियों के लिए राजमा और साथ में चीज की कोई डिश थी। लंच करने के बाद हमें एक और छोटे विमान में बैठना था। यहाँ से हम सभी अलग-अलग ग्रुप्स में बँट गए और तब जाकर हमें पता चला कि अब हमारी टीम के सदस्य कौन-कौन हैं।

हम पाँच लोग थे। लगभग 45 मिनट बाद हम लोग बेस कैंप पहुँचे। बेस कैंप में बहुत ज्यादा ठंड थी। सबका अलग-अलग टेंट था। डिनर करने के बाद करीब 11 बजे तक सभी लोग अपने-अपने टेंट में आ गए। इस समय भी वहाँ एकदम उजाला था, जैसे दिन का समय हो। खैर, किसी तरह रात में हम लोग सोए। वहाँ बाथरूम के लिए कोई जगह नहीं थी। सभी को अपने-अपने टेंट में पी. बॉटल में करना था, फिर उसे बाहर पी. होल में फेंकना था। ऐसा नहीं था कि कोई भी कहीं भी टॉयलेट चला जाए। वहाँ चारों ओर केवल बर्फ-ही-बर्फ थी और उसी बर्फ को हम गलाकर पानी बनाकर पीते और अन्य कामों में भी इस्तेमाल करते थे।

30 दिसंबर, 2012

सुबह 9.30 बजे हमने नाश्ता किया। तब तक सभी सोए हुए थे। ठंड इस कदर थी कि बाथरूम जाने के लिए उठना भी मुश्किल हो रहा था। लंच के बाद हम लोगों को हाइट गेन करने के लिए जाना था। जाने से करीब पाँच घंटे पहले हमने सारे टोज पर यानी पैरों की अँगुलियों पर टेप लगा लिया। मगर कई जगह टेप लगाना रह गया। इसका नतीजा यह हुआ कि दो घंटे बाद ही वहाँ बूट से रगड़ लगने लगी और पैरों में घाव हो गया। चोट तो दर्द कर ही रही थी। अभी हमें एक घंटा और चलना था। बड़ी मुश्किल से हम लोग वहाँ तक पहुँचे। अब मुझे चिंता यह सता रही थी कि मैं अब उतरूँगी कैसे? लेकिन उतरना तो था ही, इसलिए जैसे-तैसे दर्द सहते हुए मैं वापस टेंट में पहुँची तो देखा, मेरे दोनों पैरों में घाव हो चुके थे।

दूसरे दिन लोअर कैंप जाना था। अगर ठीक स्पीड में चलें तो पाँच से छह घंटे, वरना भगवान् मालिक है। साल का आखिरी दिन था, यानी 31 दिसंबर। आज लंच के बाद हमें जाना था। सबको खाने के लिए कुकीज, चॉकलेट, जूस के पैकेट्स और मेवे दिए गए। यह हमारे पाँच दिनों का राशन था, जो कि उठाने में बहुत भारी लग रहा था। फिर मैंने आधे से थोड़ा ज्यादा खाने का सामान स्लेज में

डाला। लगभग 40 प्रतिशत भार अपने बैग में डाला।

पैर का दर्द तो बना ही हुआ था, इसलिए मेरे गाइड क्रिश नेंस ने मेरे पैरों में पड़े फफोलों पर ड्रेसिंग कर दी, क्योंकि घाव पक गया था। ड्रेसिंग करने के बाद भी थोड़ा दर्द था। लेकिन अब मेरी चोट जूते में रगड़ नहीं खा रही थी, इसलिए अब थोड़ा सा आराम भी था।

इस समय तक तेज धूप निकल आई थी। मैंने केवल दो टी-शर्ट्स और दो पैंट्स ही पहनी थीं। हमें हर एक घंटे बाद दस मिनट का आराम मिल रहा था, जिससे हम फिर से आगे बढ़ने के लिए खुद को तैयार कर पा रहे थे। 2 बजे हमने चलना शुरू किया और 7 बजे तक हम लोअर कैंप में पहुँच चुके थे। वहाँ पहुँचते ही हमने क्लाइंबिंग बूट खोला। कपड़े पसीने से भीग चुके थे, क्योंकि हम अपना सारा सामान खुद ही लेकर चल रहे थे।

हमने सब कपड़े बदले। रात को ठंड तेज हो गई थी। अब हमें चार लेयर कपड़े पहनने पड़ रहे थे, डाउन जैकेट के साथ। फिर हमने गरम-गरम चाय पी। पूरे रास्ते हुड वाली टी-शर्ट की कमी बहुत खल रही थी। फिर रात को डिनर में हमने एक पीस ब्रेड और फ्रोजन राजमा गरम करके खाया। रात के 11 बज चुके थे। मैंने गरम पानी पिया और सोने की कोशिश करने लगी। 12 बजे बाहर आवाज आ रही थी— हैपी न्यू इयर! मैं भी टेंट से बाहर आ गई। सबने एक-दूसरे को नव वर्ष की शुभकामनाएँ दीं। मजे की बात यह थी कि तब तक धूप निकली हुई थी। रात में 12 बजे सन शाइन कर रहा था। लग रहा था, मानो दिन के 12 बजे हैं। लेकिन धूप के बावजूद इस समय हमें 4 लेयर कपड़े पहनने पड़ रहे थे। दस्ताने निकालने की तो कोई हिम्मत ही नहीं जुटा सकता था।

साल का पहला दिन था। यानी 1 जनवरी, 2013 और मैं घर से सात समंदर दूर घर को याद कर रही थी। मैं सुबह 8 बजे अपने टेंट से बाहर निकली, लेकिन बाहर कोई नहीं था। बहुत ज्यादा ठंड थी। फिर वापस टेंट के अंदर आ गई और 11 बजे का इंतजार करने लगी। 11 बजे गाइड ने पानी गरम करके दिया और दो पीस पैनकेक व शहद खाने को दिया। भूख भी लगने लगी थी, क्योंकि रात को मैंने केवल एक ब्रेड पीस और थोड़ा सा राजमा ही खाया था। फिर मैंने घर से लाया हुआ एक लड्डू, एक बर्फी और कुछ ड्राइफ्रूट्स भी खाए। रात को थर्मस में गरम पानी रखा था, वह पिया। दिन में लंच किया और फिर दिन में 2 बजे टेंट में जाकर अपने पैर की ड्रेसिंग की और 4 बजे हम लोग चढ़ाई के लिए निकल गए। खूब बर्फ गिर रही थी, साथ ही बहुत ठंड भी थी। हम लोग जूमारिंग

पॉइंट तक जाकर नीचे उतर आए। मेरे गाइड क्रिश नेंस को मेरे पैरों की स्थिति को देखते हुए मेरा सम्मिट पर जाना संदेहपूर्ण लग रहा था, इसलिए वह देखना चाहता था कि मैं ठीक से चढ़-उतर पा रही हूँ या नहीं। जब हम लोग ठीक से उतर गए तो हमारा गाइड क्रिश नेंस खुश हो गया। उसने कहा, 'सम्मिट करना है तो नीचे उतरना भी अच्छी तरह आना जरूरी है। अगर नीचे उतरने में हमें समस्या होगी तो पीक क्लाइंब करने के लिए सोचना पड़ेगा। हम आपकी जिंदगी खतरे में नहीं डालेंगे।' खैर, सब ठीक रहा।

अगले दिन 2 बजे हमें हाई कैंप जाना था, जो कि बहुत ही सीधी चढ़ाई है। उसमें रस्सियों के सहारे चढ़ना पड़ता है। वैसे तो छह घंटे लगते हैं, अगर हम लगातार चलें तो; लेकिन अगर ज्यादा लोग एक साथ रहें तो हमें धीरे-धीरे चलना पड़ेगा, जिसमें हमें दस घंटे भी लग सकते हैं। मौसम ठीक नहीं था, इसलिए रात 11 बजे हम लोग टेंट में आ गए। रात को मुझे अजीब से सपने दिखाई देने लगे। डर भी लग रहा था। घर की भी बहुत याद आ रही थी। अजीब सा महसूस हो रहा था और हल्का वहम भी कि घर में सब ठीक है? किसी को कोई दिक्कत तो नहीं? क्यों मुझे अजीब-अजीब सपने आ रहे हैं? किसी तरह टुकड़ों में तीन से चार घंटे ही सो पाई थी मैं।

2 जनवरी को हमें 12 बजे हाई कैंप जाना था। 11 बजे हमें ब्रेकफास्ट मिला। तैयार होते-होते ही 1 बज चुका था। आज का रूट पूरा टेक्निकल था। 45^{0} डिग्री तक चढ़ाई। ऐसी चढ़ाई में स्लेज नहीं जा सकती, इसलिए सारा सामान रकसेक में डाला। कुछ अतिरिक्त कपड़े वहीं छोड़ दिए बैग में। 1 बजे हमने चढ़ाई शुरू की। बैग उठाया तो काफी भारी लगा। मगर कोई उपाय भी नहीं था। वह तो ले ही जाना था। जब हम चलने लगे तो हमारे सामने कुछ ग्रुप और भी जा रहे थे। इसलिए हमें आधा घंटा चलकर रुकना पड़ा। वहाँ रुककर पानी पिया, कुछ ड्राई फ्रूट्स खाए, फल खाए। 2 बजे तक जब वह ग्रुप थोड़ा आगे निकल गया, तब हमने फिर चलना शुरू किया। अब हम लगातार चलते जा रहे थे। जब थक जाते तो 1 मिनट के लिए रुकते और फिर चलना शुरू कर देते। लगभग 5 बजे के करीब हम लंच पॉइंट में पहुँचे। वहाँ थोड़ा आराम किया, पानी पिया। कुछ खाया और फिर पंद्रह मिनट के बाद चलना शुरू कर दिया। और चलते-चलते ही बीच-बीच में एक-दो मिनट का रेस्ट करते रहे। इस समय मैंने दो टी-शर्ट्स, दो पैंट और दो टोपियाँ पहनी हुई थीं, इसके बावजूद ठंड लग रही थी। साथ ही भारी वजन भी हमने लादा हुआ था। जहाँ हमें रुकना पड़ता, वहाँ हमारी बॉडी फ्रीज

होने लगती और हमें तुरंत डाउन जैकेट पहनना पड़ता। फिर जब चलना शुरू करते तो उसे वापस रकसेक में डाल देते। ठंड लगातार बढ़ती जा रही थी। अब और आगे चलना मुश्किल होता जा रहा था। हम हाई कैंप पहुँचने वाले थे। मैंने अपने गाइड क्रिश नेंस से कहा कि 'अब चला नहीं जा रहा। कृपया हर 15 मिनट में रुककर चलो।' खैर, धीरे-धीरे ही सही, हम 7.30 बजे हाई कैंप पहुँचे। यानी केवल छह घंटे तीस मिनट का समय हमें वहाँ पहुँचने में लगा। यह हमारी अच्छी परफॉर्मेंस थी। हमारा गाइड क्रिश नेंस भी खुश था। मैंने उसे ज्यादा तंग नहीं किया और हम लोग समय से अपने लक्ष्य तक पहुँच चुके थे। अब अगले दिन हमारा रेस्ट डे था, इसलिए सभी लोग बहुत खुश थे। बहुत थक भी चुके थे, इसलिए थकान मिटाने के लिए एक दिन का आराम सभी के लिए बहुत जरूरी था। बड़ी बात यह भी थी कि अब हमें रेस्ट करने के बाद 4 जनवरी को सम्मिट के लिए जाना था। मौसम की रिपोर्ट भी ठीक आई, इस बात से भी सभी खुश थे।

3 जनवरी को सभी ने आराम किया। रात को मुझे नींद भी कम ही आई थी। हर दो घंटे में आँख खुल रही थी। रात को हमारे गाइड ने कह दिया था कि सुबह 10 बजे तक उठ जाना। लेकिन मैं सुबह 8 बजे ही उठ गई। उसके बाद नींद ही नहीं आई। बाहर देखा तो कुछ लोग सम्मिट के लिए जा रहे थे। इसलिए वे अपनी तैयारी कर रहे थे। मैं वापस टेंट में आ गई और अपनी डायरी लिखने लगी। लेकिन टेंट के अंदर रहना बहुत खराब लग रहा था। बाहर जाते ठंड लगती और टेंट के अंदर मन नहीं लग रहा था। मैं तो कल के अपने सम्मिट के बारे में सोच-सोचकर ही उत्साहित हो रही थी। सम्मिट के लिए जाने और वापस उतरने में दस घंटे तो आराम से लगेंगे। फिर दूसरे दिन नीचे उतरना है। हाई कैंप से बेस कैंप की दूरी भी तो लगभग 14-15 किलोमीटर की है, वह भी पूरे सामान के साथ। खैर, जब राजी-खुशी बेस कैंप पहुँच जाएँगे, तब सोचेंगे कि सम्मिट हो गया। इसी प्रकार की बातें उस समय मेरे दिलो-दिमाग में लगातार चल रही थीं।

4 जनवरी, 2013 यानी मेरे विनसन पर्वत पर सम्मिट का दिन। भारतीय समय के अनुसार—5 जनवरी। यह सोचकर ही मैं उत्साह से भरी थी कि आज मैं अपने गाइड क्रिश नेंस के साथ माउंट विनसन क्लाइंब करने जा रही थी। मैं सुबह जल्दी उठ गई। मेरा गाइड बहुत अच्छा था, बहुत नेकदिल इनसान था। मेरा बहुत खयाल रखता था। शुरू में मैं बहुत जोश के साथ चल रही थी। हमारे आगे और भी लोग थे। उन्हें भी मैंने क्रॉस कर लिया, जिससे हमारा गाइड बहुत खुश हो गया कि हम समय से और मौसम खराब होने से पहले पहुँच जाएँगे। मुझे चलते-चलते चार

घंटे हो गए थे। अब मेरा जोश थोड़ा ठंडा होने लगा था। लेकिन शुक्र है, मौसम अच्छा था। मेरे गाइड क्रिश ने मुझे कहा कि आप बहुत अच्छा चल रही हैं। अपने जोश को कम मत होने दो। अपना स्टेमिना बनाए रखो और अच्छे मौसम का फायदा उठाओ। फिर तो मैंने अपनी 100 प्रतिशत ताकत झोंक दी और 8 घंटे से पहले ही पीक पर पहुँच गई।

विनसन अंटार्कटिक की सबसे ऊँची चोटी है। वहाँ पैर रखते ही मैं खुशी से रो पड़ी और अपने तिरंगे को ऊँचा किया तथा लहराने लगी। आँखों में खुशी के आँसू थे और हाथ में तिरंगा। मन में गर्व की अनुभूति लिये मैं तिरंगा फहराती रही। नीचे से मुझे दूसरे देश के लोग भी देख रहे थे कि मैं ऊँचे शिखर पर भारत का झंडा लहरा रही हूँ।

जब मैं वापस जा रही थी तो मुझे बँगलादेश की हमारी साथी ने बधाई दी। और भी कई विदेशी साथियों ने मुझे बधाई दी, जो अब पीक की ओर आगे बढ़ रहे थे। मैंने भी उनकी सफलता के लिए उन्हें शुभकामनाएँ दीं।

5 ज़नवरी को हमने हाई कैंप से नीचे उतरना शुरू किया। मौसम खराब होने लगा। लगभग आधा घंटा चलने के बाद ही हमें विंडप्रूफ जैकेट पहननी पड़ी। वजन भी अपने साथ हमने लादा हुआ था। तीन दिन का ह्यूमन वेस्ट भी साथ ही था। पैर जवाब देने लगे थे। कुछ दिखाई नहीं दे रहा था। वहाँ फिर रुककर स्की गोगल्स यानी बर्फीले स्थानों पर पहना जानेवाला चश्मा चेंज किया, क्योंकि उसमें भी धुंध आ गया था। इतनी ठंड थी कि पैर काँपने लगे। पीछे भार लादने के कारण संतुलन बना पाना भी बहुत मुश्किल होता जा रहा था। हमारे पीछे हमारा गाइड चल रहा था। वह हमें जल्दी चलने को कह रहा था, क्योंकि मौसम लगातार खराब होता जा रहा था। हमारे पीछे-पीछे ऊपर से और भी लोग आ रहे थे। न हम रुककर साइड हो सकते थे, क्योंकि अगर कोई भी रुकता तो रास्ता फ्रीज हो जाता। अब हम सबसे आगे थे। मेरे पास जल्दी चलने के अलावा कोई रास्ता नहीं था। रास्ते में एक छोटी सी खाई थी, जहाँ मेरे पैर का संतुलन बिगड़ गया। मेरे पीछे गाइड था। उसने कहा, 'जल्दी चलो और खाई को जल्दी क्रॉस करो।' मैं जल्दी में जूतों में लगे क्रैमपोंस को वहीं मारने लगी। फिर गाइड ने कहा कि क्रैमपोंस यूज मत करो। मैंने किसी तरह जल्दी से खाई को पार किया।

कहीं-कहीं इतनी हार्ड बर्फ थी कि क्रैमपोंस मार-मारकर पैरों में जोर का दर्द हो रहा था और अभी तो हाई कैंप भी नहीं पहुँचे थे। हमें उसी समय बेस कैंप पहुँचना था, क्योंकि दूसरे दिन भी मौसम की रिपोर्ट ठीक नहीं थी। हम मन-ही-

मन सोच रहे थे कि अभी तो 3-4 किलोमीटर ही चले हैं, 10 किलोमीटर अभी और है। कैसे चल पाएँगे? इतना सारा सामान भी साथ में है और सामने क्या है, कुछ दिखाई दे नहीं रहा था। शीत लहर ऐसी कि सीने को भीतर तक चीरकर रख दे। जैसे-तैसे 5 बजे हम बेस कैंप पहुँचे। बेस कैंप पहुँचे तो लगा कि हाँ, अब सम्मिट हो गया है।

हमारे बाकी साथी, जो अन्य देशों से आए हुए थे, जब वे भी बेस कैंप वापस लौट आए तो हम सभी ने माउंट विनसन की जीत की खुशी का जश्न मनाया। मेरे बाकी साथियों ने मेरे लिए वेज खाना बनाया, जिसमें उन्होंने सभी सब्जियों को मिलाकर मिक्स वेज बनाया और साथ में ब्रेड थी। खुशी के इन पलों में और सीमित साधनों में हमारे लिए यही हमारी जीत की दावत थी, जिसे हम बहुत स्वाद ले-लेकर खा रहे थे।

सभी अपनी जीत की खुशी मना रहे थे, तभी एक विदेशी पर्वतारोही एक मैगजीन लेकर आया और मुझे दिखाकर बोला, 'यह आपके देश में क्या हो रहा है?' मैंने देखा तो निर्भया कांड के बारे में विस्तार से खबर छपी थी। खबर पढ़कर मैं सन्न रह गई। मेरे पास कोई उत्तर नहीं था। पर अपने देश की इज्जत बचाने के लिए मैंने कहा कि 'इस बीमारी से तो पूरा विश्व ही भयभीत है और भारत कोई अपवाद नहीं है।' ये वाक्य भी मेरे मुँह से बहुत मुश्किल से निकल पा रहे थे।

मैं बहुत ही उदास हो गई। मेरी सारी खुशियाँ काफूर हो गईं और मैं सोच में पड़ गई कि मैं भी एक माँ हूँ, दो बेटियों की माँ। आखिर हमारे देश के युवा किस ओर बढ़ रहे हैं? क्या संस्कारों की इतनी कमी हो गई है हमारे देश के युवाओं में? मैं सफल होकर घर लौटी, लेकिन इस घटना का दुःख भी मेरे साथ था।

माउंट मैकिन्ले
(23 मई, 2013 में फतह किया)

माउंट मैकिंलै यानी डेनाली पर जाने से पहले की तैयारी

पिछले डेनाली अभियान के असफल होने के बाद इस बार मैं कोई रिस्क लेना नहीं चाहती थी, क्योंकि यह मेरे लिए सेवन सम्मिट पूरा करने का आखिरी मौका था। मैं अपने सेवन सम्मिट के अंतिम पड़ाव तक पहुँच चुकी थी। डेनाली के मौसम से भी अच्छी तरह वाकिफ हो चुकी थी। इसलिए अपनी प्रैक्टिस के लिए मैं

अपनी छोटी बेटी राजश्री को लेकर दार्जिलिंग चली गई। मैं कुछ दिन वहाँ रहकर टाइगर हिल पर प्रैक्टिस करना चाहती थी। डेनाली मेरे अभियान का अंतिम पड़ाव था, जिसे मैं हर हाल में पूरा करना चाहती थी और अपनी ओर से प्रैक्टिस में कोई कसर नहीं छोड़ना चाहती थी। दार्जिलिंग जाकर मैंने अपना नियम बनाया कि मुझे रोज 25 किलोग्राम वजन लेकर टाइगर हिल पर जाना है और उसी वजन के साथ फिर नीचे आना हैं। इस दौरान मैं अपने बैग में 15 किलो नमक, 5 किलो चीनी, 5 किलो कपड़े और कुछ फल लेकर टाइगर हिल की चोटी पर जाती थी, जिसमें से फलों को मैं टाइगर हिल पर बने मंदिर में चढ़ा देती।

यह सफर लगभग 24 किलोमीटर का होता था। अपने इस प्रैक्टिस अभियान के दौरान मैं लगभग 20 बार टाइगर हिल पर चढ़ी और उतरी। जो भी औरतें मुझे ऐसा करते हुए देखतीं, उन्हें लगता कि शायद मैं कोई सामान बेचनेवाली हूँ। टाइगर हिल पर एक मंदिर भी है, इसलिए उन्हें यही लगता था कि वहाँ मेरी दुकान है, जहाँ मैं रोज सामान बेचने जाती हूँ, तो कुछ लोग ऐसे भी मिलते, जो मुझे पहचान लेते और कहते, आप प्रेमलता हैं? जो एवरेस्ट पर चढ़ी थीं? जब कोई पहचानता तो बहुत अच्छा लगता था कि मैंने अपनी पहचान बनाई है। लोग मेरे काम को जानने लगे हैं, मुझे पहचानने लगे हैं।

मैंने अपना नियम बना लिया था कि मुझे रोज टाइगर हिल पर चढ़ना है, चाहे मौसम जैसा भी हो। मैं रोज सुबह 5 बजे घर से निकल जाती। हमारा कुक मेरे लिए रास्ते के लिए फल रख देता। सुबह मुझे चाय या दूध, जो भी मेरा मन करता, वह देता, साथ में छेना और ड्राईफ्रूट्स भी देता। भाभी पूछतीं कि तुम कब तक लौटोगी, मैं तुम्हारे लिए बादाम का हलवा बनाकर रखूँगी। मेरे भाई व भाभी ने इस दौरान मेरे खानपान का बहुत ध्यान रखा। वे चाहते थे कि मेरी प्रैक्टिस पर बिल्कुल भी कोई खलल न पड़े। मैं सुबह-सुबह निकल जाती, लगभग तीन से चार घंटे मुझे ऊपर पहुँचने में लगते और फिर दिन में ढाई बजे तक मैं वापस लौट आती। घर आते ही मुझे श्याम लता भाभी के हाथ का बना गरम-गरम बादाम का हलवा खाने को मिलता, जिसमें खूब सारा देसी घी डाला हुआ होता था। वे मेरा बहुत ज्यादा खयाल रखती थीं। उन्होंने मुझे कभी रसोईघर में जाने नहीं दिया। एक बार मैं ट्रैकिंग करके वापस आ रही थी कि इतने में बारिश हो गई और मैं भारी रिस्क लेकर बारिश में भी ट्रैकिंग करते हुए घर लौटी। ऐसे में भाभी बोलीं कि आपके लिए अभी रिस्क लेना ठीक नहीं। आपके लिए मई में डेनाली क्लाइंब करना ज्यादा जरूरी है। उस दिन के बाद जब भी बारिश होती, भाभी वापसी का रास्ता तय करने

के लिए गाड़ी भेज देतीं। मेरी सफलता में उनका भी बहुत बड़ा हाथ रहा है।

मेरा पैर भी मुझे इस दौरान लगातार परेशान करता रहा। मैं अकेली रोज-रोज जाकर बोर भी हो जाती थी। मेरी इस दिक्कत को समझकर मेरी बेटी बोली कि मम्मी मैं भी आपके साथ चलूँगी। फिर वह भी मेरे साथ चलने लगी। पहले मुझे लगा, पता नहीं वह चल भी पाएगी या नहीं, लेकिन मैंने देखा वह बहुत आराम से ट्रैकिंग कर रही थी। आराम से ऊपर चल पा रही थी। एक बार भी उसने यह नहीं कहा कि मम्मी मैं थक गई हूँ। मैं उसे देखकर हैरान इसलिए भी थी, चूँकि अब तक वह मेरे साथ बस एक ही कैंप में गई थी। जब बाकी बच्चों को पता चला कि दीदी भी बुआजी के साथ टाइगर हिल ट्रैकिंग पर गई है, जब यह बात घर के अन्य बच्चों को पता चली तो वे भी बहुत खुश हुए। उनके मन में भी ट्रैकिंग करने की इच्छा पैदा होने लगी। फिर अगले दिन मेरी छोटी भाभी मनीषा बोलीं कि दीदी आज आप मेरी बेटी रिशिका को भी साथ लेकर जाइए। जब मैंने बच्चों में उत्साह देखा तो मैंने अपने चाचाजी की पोती सिमोनी को कहा कि तुम भी चलो और वह भी तैयार हो गई। बड़ी बहन को देखकर छोटी बहन किट्टू बोली कि मैं भी जाऊँगी, आप लोगों के साथ। इस प्रकार एक-एक करके सभी साथ जाने को तैयार हो गए। फिर सब बोलने लगे कि बच्चे ज्यादा ऊपर तक नहीं चल पाएँगे, तुम्हें परेशान करेंगे। इसलिए गाड़ी भी भेज देते हैं। मैंने कहा कि आज मैं अपने लिए नहीं जाऊँगी, आज मैं इन बच्चों के लिए इनका हौसला बढ़ाने के लिए इनके साथ टाइगर हिल जाऊँगी। आप गाड़ी अभी मत भेजिए। वापसी में भेजिएगा।

मैं जानती थी कि यदि इन्हें पता चल गया कि हमारे साथ गाड़ी भी जा रही है तो ये थकावट महसूस करने लगेंगे। थोड़ा सा चढ़ने के बाद ही कहने लगेंगे कि हम थक गए हैं, गाड़ी मँगा दो। दरअसल जब तक हमें पता होता है कि हमें आसानी से सपोर्ट मिल जाएगा, तब तक हम अपने अंदर खुद हिम्मत नहीं जुटा पाते, न ही खुद हिम्मत आती है। बच्चा तो तब तक माता-पिता के सहारे चलता रहता है, जब तक कि माता-पिता उसे खुद चलने के लिए नहीं कहते। छोटा बच्चा भी तभी चलना सीखता है, जब माता-पिता कुछ दूर तक उँगली पकड़कर चलाने के बाद उँगली छोड़ देते हैं। इसलिए यहाँ यदि मैं गाड़ी लेकर चलती तो ये सभी बच्चे गाड़ी पर निर्भर हो जाते, जबकि मेरा मकसद उन्हें ऊपर टाइगर हिल तक लाने का था। मैंने उन्हें कहा कि जब मैं चढ़ सकती हूँ तो तुम लोग क्यों नहीं चढ़ सकते? यह सुनकर बच्चों में जोश भर गया। बच्चों ने मेरे भरोसे की लाज रखी और ऊपर तक अपने दम पर चढ़े। वापसी के लिए मैंने गाड़ी बुलवा ही रखी थी।

इस ट्रैकिंग से बच्चों के मन में बहुत हिम्मत आ गई थी।

जब आप किसी ऐसे काम को करते हैं, जिसमें आपको बहुत रिस्क लेना होता है और आपको कई चुनौतियों का सामना करना पड़ता है तो इससे इनसान को अपनी क्षमताओं का भी पता चलता है। इनसान अपना आकलन खुद कर पाता है। खुद को पहचान पाता है। मैं बहुत खुश थी कि मैं तो अपनी प्रैक्टिस करने के लिए यहाँ आई थी, लेकिन आज की ट्रैकिंग से इन बच्चों के अंदर भी इतनी हिम्मत आ गई है। सभी बहुत ज्यादा खुश थे और आस-पास सभी लोगों को बता रहे थे कि हम लोग आज बुआजी के साथ अपने आप ट्रैकिंग करके टाइगर हिल गए थे।

लगभग 20 दिन की प्रैक्टिस के बाद मैं संदकपुर गई। इस समय भी मेरी बेटियाँ मेरे साथ थीं। मैं इस बात से हैरान थी कि वे भी मेरे साथ 21 किलोमीटर चल गईं। मैं अपनी बेटियों से इस बात की उम्मीद नहीं करती कि वे भी मेरी तरह पर्वतारोही ही बनें, लेकिन वे मेरे साथ जितने भी कैंपों में जा रही थीं या मेरे साथ कई किलोमीटर तक चल रही थीं, ये ऐसी चीजें थीं, जो उनके लिए भविष्य में बहुत काम की साबित होंगी। ट्रैकिंग करने से हमें जो मिलता है, उन फायदों को हम शब्दों में नहीं व्यक्त कर सकते, चूँकि ये वे फायदे हैं, जो इनसान को अंदर से बदलते हैं और धीरे-धीरे ये फायदे आपको अपने जीवन में मिलते चले जाते हैं। छोटे-छोटे कामों में, अपनी सोच में इन्हें आप महसूस करते हैं। ये आपको अलग से दिखाई नहीं देते। जिंदगी में आनेवाली परेशानियों को आप सहजता से डील कर पाते हैं। आप इस बदलाव को स्वयं महसूस करते हैं।

संदकपुर की हाइट 12.500 फीट थी और वहाँ की खासियत यह थी कि वहाँ से एवरेस्ट दिखाई देता है। कंचनजंघा का व्यू भी बहुत सुंदर लगता है। अब मैं अपनी तैयारी से पूरी तरह संतुष्ट थी। वहाँ से फिर हम लोग घर वापस आ गए। घर आकर मैं फिर डेनाली की तैयारियों में जुट गई। मैं रोज सीढ़ियाँ चढ़ती और उतरती। टुकड़ों-टुकड़ों में रोज पाँच घंटे जिम में बिताती। योग, प्राणायाम और एरोबिक करती। रोज 10 किलोमीटर दौड़ लगाती। यह मेरे सेवन सम्मिट लक्ष्य का अंतिम पड़ाव था, जिसे मैं किसी भी तरह से सफलतापूर्वक संपन्न करना चाहती थी। अब मैं खुद को मानसिक और शारीरिक रूप से तैयार कर चुकी थी। वैसे तो मेरी हर यात्रा मेरे लिए बहुत महत्त्वपूर्ण रही है, लेकिन यह यात्रा इसलिए भी और खास हो गई थी, चूँकि एक बार मैं डेनाली से मौसम खराब होने की वजह से वापस आ चुकी थी, इसलिए अब डेनाली क्लाइंब करना मेरे लिए बहुत ज्यादा जरूरी था।

मैं अपने सेवन सम्मिट के अंतिम दौर में थी। यह ऐसा मौका था, जब मैं सबसे मिलना चाहती थी। चाहे फोन पर ही मेरी सबसे बात हो जाए, लेकिन मैं सबसे आशीर्वाद और शुभकामनाएँ लेना चाहती थी। मेरे हिस्से का जो काम था, यानी मेरी प्रैक्टिस, उससे अब मैं संतुष्ट थी।

डेनाली जाने से पहले मैं अपनी ननद की सास जो कि मुझे बहुत प्यार करती हैं और मेरी सफलता के लिए भगवान् से कामना करती रही हैं, उनसे मिलना चाहती थी। जब भी मैं किसी अभियान में जाती थी तो उनका आशीर्वाद जरूर लेती थी और जब जीत कर आती तो भी उनसे मिलने जरूर जाती थी। पता नहीं कैसे पिछली बार डेनाली जाने से पहले मैं उनसे आशीर्वाद लिए बिना ही चली गई थी और अभियान में असफल होकर लौटी थी। तब उनके मुँह से वैसे ही निकल गया था कि इस बार तुम मेरा आशीर्वाद लेकर नहीं गई थी। यह बात मेरे दिमाग से निकल नहीं पा रही थी, इसलिए मैं उनका आशीर्वाद लेने गई। वे भी जमशेदपुर में ही रहती हैं। आशीर्वाद देने के बाद वे बोलीं कि पिछली बार मैंने तुमसे कहा था कि तुम मेरा आशीर्वाद लेकर नहीं गई, यह बोलने के बाद मैंने महसूस किया कि मैंने तुम्हें बहुत बड़ी बात बोल दी है। अब तुम आई हो तो मेरे आशीर्वाद का असर जरूर होना चाहिए। चूँकि यदि इस बार भी वही हुआ तो यह केवल तुम्हारी ही नहीं, मेरी भी हार होगी। इसलिए अब मैं तुम्हारी जीत के लिए रोज भगवान् से प्रार्थना करूँगी। फिर मेरी ननद अंजू और उनके पति सुरेंद्र; सभी लोगों ने मुझे शुभकामनाएँ दीं।

गीता बुआ, मेरी बुआ सास हैं, उनकी सकारात्मक सोच और ऊर्जा भी हमेशा मेरे साथ रही। उनके पति श्री महावीर प्रसादजी गोयका, जो कि कोलकाता में रहते हैं, उनसे भी मुझे बहुत प्यार और आशीर्वाद मिला। मेरी हर सफलता पर वे बहुत खुश होते। उनकी बेटी अलका और उसके पति को मेरी सफलता से जितनी खुशी मिलती है, शायद ही वह किसी और चीज से मिलती हो।

सुशीला बुआ राँची में रहती हैं, उनके दोनों बेटे लीलू और पप्पू भइया की दवाओं की दुकान है। जब भी मैं पर्वतारोहण के लिए जाती, वे मेरे लिए मेडिसिन किट भेजते। वहीं अशोक व मधु भइया और रमा भाभी भी राँची में ही रहती हैं। वे मेरी हर सफलता पर गेट-टू-गेदर पार्टी रखते रहे हैं। डेनाली जाने से पहले उनसे मिलना मैं कैसे भूल सकती थी।

मेरी ननदें—अंजू, मंजू और जीजाजी नंदगोपालजी तथा सुरेंद्रजी व उनके बच्चे सभी मेरी सफलता में खुशियाँ मनाते रहे हैं। इन सबके प्यार और शुभकामनाओं

की भी इस वक्त मुझे बहुत जरूरत थी। यह ऐसा मौका था कि मुझे एक-एक करके हर वह व्यक्ति याद आने लगा, जिसकी मेरी जिंदगी में, मेरी सफलताओं में महत्त्वपूर्ण भूमिका रही। संजय, ललित, सुधा, संदीप, गुड्डी, डेजी, अनिल, अमित, सुनीता, एकता, अजितजी, सुचित्रा दीदी, प्रमोदजी, पिंकी दीदी व विजयजी और परिवार के सभी बच्चे। ये सभी लोग वे हैं, जो मेरी अब तक की सफलता में मेरे सहभागी रहे हैं, जिनके प्यार और प्रोत्साहन की वजह से मैं एक के बाद एक सफलताओं को अपनी झोली में डालती चली गई। इसलिए अब तक जो कुछ भी मैंने पाया, वह मेरी अकेली की अचीवमेंट नहीं थी। अपनी इस अचीवमेंट को मैं सामूहिक मानती हूँ। जिसमें मैं फ्रंट में रही और मेरे पीछे मायके तथा ससुराल दोनों जगह से प्यार एवं सहयोग करनेवाला मेरा बड़ा परिवार रहा। मुझे अपने इस बड़े परिवार में बच्चे से लेकर बड़े बुजुर्ग, सभी का सहयोग मिला, तभी मैं एक घरेलू औरत इतना सब कर सकी, दूसरी ओर मेरे मायके में मेरे पिताजी श्री रामावतार गर्ग, माँ शारदा देवी। चाचा मामनचंद, चाची सुमित्रा देवी, बाबा मक्खन लाल और चाचा सत्यनारायणजी, महेंद्र, विनोद, नरेश और भाइयों में धन्नू भइया, पुष्पा भाभी, नंदू भइया, संतोष भाभी, बिरजू भइया, श्याम लता भाभी, किशन भाई, मनीषा भाभी। दिनेश, पवन, राजू भाई और सभी भाभियों से जो मुझे प्यार मिला, उसे मैं कभी नहीं भूल सकती। ऐसे खास मौके पर मैं अपनी बहनों को कैसे भूल सकती थी। इसलिए सभी को याद किया। दुर्गा दीदी, मंजू, अंजू, रजनी, बबीता और सुषमा। मेरी सभी प्यारी सी छह बहनें और उनके परिवार से भी मुझे अपने पहले अभियान के समय से ही बहुत सहयोग मिलता रहा। मेरी चचेरी बहनें—राधा, लीला, ऊमा, कुसुम और मेरी बुआ के बच्चे सभी समय-समय पर मेरा हौसला बढ़ाते रहे हैं। वे मेरी सफलता के साक्षी रहे हैं।

मेरे दोस्त, जो कि मेरे जिम के साथी रहे हैं, मेरी किटी पार्टी की सहेलियाँ, स्कूल के दोस्त, मेरे फिटनेस सलाहकार, सभी को मेरी इस सफलता का बेसब्री से इंतजार था, और सबसे ज्यादा जो मेरी सफलता का इंतजार कर रहे थे, वे थे, कपाड़िया साहब, महतोजी, राजू भइया, भौमिक दा, अन्नपूर्णा, गोपाल, ये सभी टी.एस.एफ. से जुड़े हुए थे। जहाँ से मैंने एडवेंचर की शुरुआत की थी। यह मेरा विद्यालय था, जहाँ पर इन सभी लोगों ने मुझे ट्रेनिंग दी थी। ये सभी मेरे गुरु के समान हैं। सभी मुझे फोन करके शुभकामनाएँ दे रहे थे और एक बड़े जश्न का इंतजार कर रहे थे। अब आप समझ सकते हैं कि मेरे साथ कितने लोगों का प्यार, आशीर्वाद और शुभकामनाएँ रहीं। इन सभी का जो मुझ पर भरोसा था, उस भरोसे

के साथ अब मैं डेनाली के सफर पर जा रही थी। मेरी गुरु बचेंद्रीजी, जिनका हमेशा से मुझ पर बहुत विश्वास रहा है, उनके विश्वास पर खरी उतरने जा रही थी। अब मैं असफल नहीं हो सकती थी। मुझे सफल होकर ही लौटना है। यह मैं अच्छी तरह से समझ चुकी थी। चाहे मुझे कितनी ही कठिन बाधाओं को क्यों न पार करना पड़े? अब मैं खाली हाथ घर नहीं लौट सकती थी।

फिर एक बार डेनाली का सफर

अपने सेवन सम्मिट अभियान के अब मैं अंतिम पड़ाव में पहुँच चुकी थी। बस माउंट डेनाली को क्लाइंब करना बाकी रह गया था। माउंट डेनाली 20,322 फीट ऊँची पर्वत चोटी है, जो कि नॉर्थ अमरीका में स्थित है। एक साल पहले जब मैं डेनाली गई थी, तब मौसम खराब होने की वजह से मेरा अभियान असफल रहा था। मुझे वापस लौटना पड़ा था। खाली हाथ घर लौटना मुझे बहुत अखर रहा था। इतना अखर रहा था कि इस वजह से मेरे अंदर बहुत निराशा और हताशा भर गई थी। अपने पति व बच्चों के सकारात्मक प्रयासों की वजह से मैं इस निराशा से बाहर आ पाई थी। अब एक साल बाद मैं फिर से डेनाली जा रही थी। वह भी अपने सेवन सम्मिट अभियान को पूरा करने के लिए। यही डेनाली अब मेरे इस अभियान का अंतिम पड़ाव था।

डेनाली जाने के लिए मुझे पहले राँची से दिल्ली की फ्लाइट पकड़नी थी। रमा भाभी और मधु भइया ने कहा था कि जब दिल्ली जाओ तो हमसे मिलकर जाना। उस दिन मेरी सास भी जल्दी उठ गई थीं। मैं जाने की तैयारी कर रही थी। जब मैं जाने लगी तो हमेशा की तरह पहले मैंने घर में बने मंदिर में पूजा की। ससुरजी ने हर बार की तरह मुझे हनुमान चालीसा दी और सास ने मुझे तिलक लगाया, पूजा की और मेरा मुँह मीठा कराकर मुझे विदा किया।

मेरी ननद अंजू भी राँची तक मेरे साथ गईं। मैंने गाड़ी में बैठकर पीछे देखा तो मेरी सास आँखों में आँसू लेकर मेरी कामयाबी के लिए दुआएँ माँग रही थीं, हर बार की तरह। उनकी वे नजरें और चेहरा मेरे मन में समा चुके थे। कुछ देर के लिए मैं भी विचलित होकर भावुक हो गई थी, लेकिन फिर मैंने खुद को सँभाला, अपनी भावुकता को कंट्रोल किया और अपना पूरा ध्यान, पूरा फोकस बस अपने लक्ष्य की ओर लगाने लगी। राँची में मैंने अपनी ननद के घर खाना खाया और फिर डेनाली के लिए रवाना हो गई।

डेनाली, सफर का अंतिम पड़ाव

एक बार फिर मैं सेवन सम्मिट के अंतिम पड़ाव को पूरा करने अलास्का आ पहुँची। 60 से 70 घंटों के दिन-रात के सफर को तय करते हुए। कई देशों से विमान बदलते हुए मैं अलास्का के शहर एनकोरेज से बस द्वारा टाकीटना पहुँची, जो कि माउंट डेनाली जाने के लिए आखिरी पड़ाव है। यहीं से मेरा डेनाली अभियान एक बार फिर शुरू होनेवाला था। इस बार मेरी तैयारी पूरी थी, बस मौसम और भाग्य को मेरा साथ देना था। इस बार मेरी गाइड एक अमरीकी लड़की थी, जिसका नाम था लेगन। लेगन तीस साल की बहुत ही मिलनसार और हँसमुख लड़की थी। साथ में दो मेल मेंबर भी थे, रॉबट और वॉस्प, यानी हम चार लोगों की टीम थी।

डेनाली का आधा सफर मैं पहले भी करके आ चुकी थी, जो कि मेरे लिए बहुत ही कड़वा अनुभव रहा, जिसने मुझे काफी निराश कर दिया था। अब मैं कोई गलती नहीं कर सकती थी। डेनाली के मिजाज से मैं बहुत हद तक वाकिफ हो चुकी थी। वहाँ मुझे किस प्रकार की समस्याओं का सामना करना पड़ सकता है, उसका भी मुझे काफी हद तक अनुमान हो चुका था।

डेनाली के साथ सबसे बड़ी चुनौती वहाँ का मौसम था, जो कि 40-50 डिग्री तक भी चला जाता था और 100 किलोमीटर की रफ्तार से वहाँ तेज बर्फीली आँधी भी चलती थी। ऐसे में मेरे लिए बहुत जरूरी था कि मैं कम-से-कम 50 किलो वजन साथ लेकर चलूँ, जिसमें से 25 किलो के करीब अपनी पीठ के सहारे और 25 किलो के करीब स्लेज में, जो कि रस्सी के सहारे कमर पर बँधा होता है। स्लेज में मैंने लगभग 30 किलो सामान रखा, जिसमें खाने के सामान से लेकर यात्रा में काम आने वाला सभी जरूरी सामान शामिल था, जैसे—चॉकलेट, बिस्कुट, ड्राईफ्रूट्स, जूस के पैकेट, टी व कॉफी बैग्स, टेंट, दी कैरोसिन के डिब्बे, मेडिसिन किट, जिसमें सभी जरूरी दवाएँ शामिल थीं। टॉयलेट किट, सभी जरूरी उपकरण यानी इक्विपमेंट आदि और पिट्ठू बैग में लगभग 20 किलोग्राम के करीब सामान था, जिसमें तीन लीटर के करीब पानी, स्लीपिंग बैग, डाउन जैकेट, डाउन पैंट, विंडप्रूफ जैकेट, वुलन कपड़े, एक्सट्रा पैकेट्स, 6 जोड़ी जूते और जुराबें आदि। इस प्रकार हर छोटा-बड़ा सामान बैग में और स्लेज में रखा। जाते वक्त स्लेज बहुत भारी होता है लेकिन जैसे-जैसे सामान यूज होता है, वैसे-वैसे वह हलका होने लगता है। वापसी के समय स्लेज का हलका होना बहुत जरूरी है, वरना इसका वजन आपको खाई में भी गिरा सकता है।

मौसम खराब होने की वजह से मैं 13 मई, 2013 को हाई कैंप नहीं जा पा रही थी। आज पूरा दिन सूर्य भगवान् के दर्शन नहीं हुए थे। मैं इसी सोच में डूबी थी कि यदि कल भी मौसम का यही हाल रहा तो मैं कल भी हाई कैंप तक नहीं जा पाऊँगी। 14 मई को भी मौसम खराब रहा। रात के समय तापमान 30 के ऊपर चला जाता। हवा भी बहुत तेज चल रही थी, साथ ही आँधी भी बहुत तेज थी। हमारे गाइड ने कहा कि मुझे डर है कि कहीं टेंट टूट न जाए, इसलिए हमें रस्सी टाइट करनी होगी। और हम मिलकर रस्सी टाइट करने लगे। स्नो फॉल लगातार हो रहा था। बार-बार हम लोग टेंट पर जमी बर्फ को हटा रहे थे। ठंड बढ़ती ही जा रही थी। तापमान 50 तक पहुँच चुका था। स्लीपिंग बैग भी हमारी ठंड को दूर नहीं कर पा रहे थे। हमारे पास जितने कपड़े थे, हम सभी पहन चुके थे। आठ लेयर ऊपर और पाँच लेयर कपड़े नीचे हमने पहने हुए थे। तब भी शरीर ठंड से काँप रहा था। मैंने तीन जोड़ी जुराबें पहनी हुई थीं। इस भयानक ठंड में हमने रात ठिठुरते हुए कैसे बिताई, यह हम ही जानते हैं। रातभर भगवान् से मौसम ठीक होने की प्रार्थना करते रहे।

अगले दिन भी मौसम वैसा ही रहा। अब हमें लगने लगा कि जाने अब कितने दिन तक मौसम ऐसा ही रहेगा। हाई कैंप में जाने की आस टूटती जा रही थी, लेकिन हम उसे टूटने नहीं दे रहे थे। मैं बार-बार अपने लक्ष्य को याद करती और आस फिर से जिंदा हो जाती। ऐसे विपरीत समय में भी मैंने सकारात्मक सोच और ऊर्जा को कम नहीं होने दिया।

मेरी गाइड लेगेन बर्फ की बड़ी-बड़ी क्यूब काटकर बाउंड्री बनाने लगी। मैंने उसे कहा कि क्या मैं भी आ जाऊँ मदद के लिए? लेगेन बोली कि नहीं आप आराम करें, लेकिन तब तक लेगेन की मदद करने रॉबट और वॉस्प भी आ गए थे। वे भी इस अभियान में हमारे साथ ही थे। मुझे बहुत ठंड लग रही थी। मैं महसूस कर रही थी कि मेरी ऊर्जा कम होती जा रही है, लेकिन मैंने हिम्मत नहीं हारी और डाउन सूट पहन लिया, जो कि 50 डिग्री तापमान में पहना जाता है। उससे मुझे थोड़ी राहत मिली और मैं भी उनकी मदद करने के लिए बाहर आ गई, लेकिन टेंट से बाहर आकर तो वह डाउन सूट भी मेरे शरीर को गरम नहीं कर पा रहा था, लेकिन जब मैंने उनके साथ काम करना शुरू किया और बर्फ के क्यूब काटकर उन क्यूब्स की बाउंड्री बनाने लगी तो उससे मेरे शरीर को थोड़ी गरमाहट मिलने लगी। काम करने से मेरे अंदर एनर्जी पैदा होने लगी। मैं लगातार उनके साथ काम कर रही थी, जिसका मेरे शरीर पर बहुत सकारात्मक असर पड़ रहा था। कुछ समय

तक लगातार काम करते रहने के बाद तो मुझे अपना डाउन सूट उतारना पड़ा। मुझे खुद भी अच्छा लग रहा था कि मैं इन लोगों के साथ काम में हाथ बटा रही हूँ, टेंट के अंदर सोई हुई नहीं हूँ। जब आप पहाड़ों पर चढ़ते हैं तो यह काम एक इनसान के बस की बात नहीं होती। यह टीम वर्क होता है, जो वहाँ सभी को मिलकर करना ही चाहिए। यहाँ हम सभी काम मिलकर कर रहे थे, जो कि बहुत अच्छा संकेत था। यहाँ सभी के मन में टीम भावना का होना बहुत जरूरी था। टीम वर्क की भावना ही आपको इस प्रकार के अभियानों में सफलता दिलाती है।

अब मैं बहुत थक चुकी थी। लेगेन भी बहुत थक चुकी थी। वह बहुत ही मददगार लड़की थी। बहुत युवा थी, मेरी बेटियों जितनी। बाकी कैंपवालों की भी मदद करने के लिए हमेशा तैयार रहती थी।

मैं टेंट के अंदर आ चुकी थी। काम पूरा करने के बाद वह भी टेंट के अंदर आई तो मैंने लेगेन से कहा कि तुम बहुत थक चुकी हो, क्या मैं तुम्हारे हाथ दबा दूँ। उसने मना कर दिया। फिर मैंने लेगेन से कहा कि इस टेंट के बाहर तुम मेरी गाइड हो, मेरी लीडर हो, लेकिन टेंट के अंदर मैं तुम्हारी माँ की तरह हूँ और तुम मेरी बेटी की तरह हो। इसलिए अब तुम्हें मेरा कहना मानना ही पड़ेगा। उसे मेरा यह कहना अच्छा लगा और मैंने उसके हाथों में मालिश की। उसे मेरा यह व्यवहार अच्छा लग रहा था, फिर बोली कि अब इसके बाद मैं आपकी मालिश करूँगी। मैंने कहा कि अभी मुझे इसकी जरूरत नहीं है, जब मुझे जरूरत महसूस होगी तो मैं तुम्हें मालिश करने के लिए जरूर बोलूँगी।

17 तारीख हो चुकी थी और मौसम के ठीक होने के कोई आसार नजर नहीं आ रहे थे। मुझे ऐसा लग रहा था कि लेगेन भी थोड़ा डर रही थी, चूँकि उसने मुझसे कहा कि हम एक बार चेक कर लेते हैं कि हमारे पास कितने दिनों का सामान, मुख्य रूप से राशन बचा है। चूँकि बाकी कंपनी के एक-दो लोगों को वापस नीचे जाता देख हमारी हिम्मत भी थोड़ा जवाब दे रही थी। तभी हमें पता चला कि एक व्यक्ति को, जो कि पर्वतारोही था, उसे हार्ट अटैक आ गया है। हो सकता है ठंड की वजह से ऐसा हुआ हो। ऐसे में हमारे मन में भी डर पैदा होना स्वाभाविक ही था। इन सबके बावजूद मेरे मन में एक जिद थी कि भगवान् इतना निष्ठुर नहीं हो सकता। मौसम जरूर ठीक होगा और हम आगे का सफर जरूर तय करेंगे। इस बार मैं अपने लक्ष्य तक जरूर पहुँच जाऊँगी। मैंने लेगेन से कहा कि भगवान् हमारी जरूर मदद करेंगे, बस हमें अपनी हिम्मत बनाए रखनी है, हार नहीं माननी।

अब मेरा पूरा ध्यान केवल अपने लक्ष्य की ओर था। जिस प्रकार अर्जुन का

ध्यान मछली की आँख पर था। मेरे मन में पूरा विश्वास था कि मैं अपने लक्ष्य को जरूर प्राप्त करूँगी। जब 18 तारीख को भी मौसम ठीक नहीं हुआ तो मुझे लगा कि अब हमारे हाथ में कुछ नहीं है। लेगेन बोली कि मैं भी भगवान् पर बहुत भरोसा करती हूँ। मैं अब तक 11 बार डेनाली क्लाइंब करने की कोशिश कर चुकी हूँ, लेकिन मुझे अब तक केवल 6 बार ही सफलता मिली है। पहली बार मैं भी असफल हो गई थी। यहाँ का मौसम ही कुछ ऐसा है। फिर मैंने कहा कि चलो हम सूर्य नमस्कार करते हैं और वहीं बर्फ के ऊपर ही मैंने सूर्य नमस्कार मंत्र पढ़ा तथा योग करने लगी। लेगेन भी मेरे साथ मुझे देख-देखकर वैसा ही कर रही थी। थोड़ी देर बाद ही हमें हलकी-हलकी सी सूर्य की किरणें नजर आने लगीं। हमारा विश्वास फिर बढ़ गया लेकिन फिर दोबारा मौसम खराब हो गया। विदेशी बोल रहे थे कि यू कॉल यूअर गॉड सन? पता नहीं वे लोग मेरा मजाक बना रहे थे या सच में मुझे बोल रहे थे, लेकिन मैं मन-ही-मन भगवान् सूर्य देव से लगातार प्रार्थना करती जा रही थी।

अंदर-ही-अंदर हम सभी इस बात को भी स्वीकार करने लगे थे कि हम लोग यहाँ बस दो से तीन दिन ही और सरवाइव कर सकते हैं। चूँकि हमारा सामान खत्म हो रहा था। नौ दिन तो हमें हाई कैंप में ही हो चुके थे। कैरोसिन भी सीमित ही था। हम रोज मौसम के ठीक होने की संभावनाओं के साथ सोते। मौसम की सही जानकारी हमें मिल नहीं पा रही थी। घर बात करने का कोई जरिया नहीं था। घरवालों से बात किए भी अब तक 16 दिन हो चुके थे।

20 मई को जब हम सुबह उठे तो खुशी से झूम गए। हमें सूर्य की किरणें नजर आ रही थीं। सूर्य की इन किरणों ने हमारी उम्मीद की किरणों को भी फिर से जगा दिया। हम खुशी और उमंग से झूम उठे। टूटे हौसले फिर से जिंदा हो उठे। हमारे गाइड ने हमें जल्दी तैयार होने को कहा। हमें तैयार होने में भी अभी दो घंटे का समय लगना था, चूँकि टेंट समेटकर पैक भी करना था। हम जल्दी-जल्दी सामान पैक करने लगे। बोतलों में गरम पानी भरा। किचन समेटा। हम नहीं चाहते थे कि हम ट्रैफिक जाम में फँस जाए, चूँकि मौसम खराब होने की वजह से हम जैसे और भी पर्वतारोही थे, जो डेनाली क्लाइंब करने आए थे और हमारी तरह मौसम ठीक होने का इंतजार कर रहे थे, साथ ही नीचे से और भी लोग आ रहे थे। चार लोग हमसे आगे निकल भी चुके थे। हम लोग भी जल्दी तैयार होकर दस बजे तक निकल गए। आठ हजार फीट तक 45-55 डिग्री की चढ़ाई थी। ऑक्सीजन की कमी वहाँ थी। हम लोग कैंप 3 से हाई कैंप की ओर बढ़ रहे थे। रास्ते में सारा

सामान एक साथ ले जाना मुश्किल था। स्लेज के माध्यम से ले जाना इस रास्ते पर मुमकिन नहीं था, इसलिए दो बार में अपने सामान को ऊपर ले जाना पड़ा।

रास्ता बहुत ही ज्यादा खतरनाक और दुर्गम था, साथ ही इतना सारा सामान। हम लोग 50-50 फीट की दूरी पर थे। यदि हम गिरते भी तो हमें अपनी रक्षा खुद ही करनी पड़ती। खतरा हर कदम पर था, इसलिए हमें हर कदम फूँक-फूँककर रखना पड़ रहा था। बहुत थकावटभरा रास्ता था। एक बार मेरा बैलेंस खराब हो गया, किसी तरह मैंने खुद को सँभाला और हाई कैंप तक पहुँची। अब मैं बहुत खुश थी। नौ दिनों तक कैंप 3 में रहने के बाद हाई कैंप तक पहुँचना बहुत सुकून व तसल्ली भी दे रहा था। यहाँ पहुँचकर हलका-हलका सफलता का अहसास भी हो रहा था। मन में विश्वास और पक्का हो रहा था कि हम अपने लक्ष्य को जरूर पूरा कर सकेंगे। हम टाइम से हाई कैंप पहुँच चुके थे, बल्कि तय समय से आधा घंटा पहले ही पहुँच गए थे। लेगेन भी खुश थी। मैंने कहा कि अब मौसम ठीक हो गया है हम कल ही सम्मिट के लिए चलते हैं। लेगेन बोली कि तुम इसे कम मत आँको, यह सेवन सम्मिट में सबसे मुश्किल है। एक दिन तुम्हें आराम करना चाहिए। हम परसों चलेंगे, यानी 22 मई को, लेकिन फिर से मौसम खराब हो गया और हम दो दिन और कुछ नहीं कर सके। इस घटना के बाद तो मेरा डेनाली के आगे माथा झुक गया। जो लोग 22 मई को सम्मिट के लिए निकले थे, उनमें से आधे लोग भी शिखर तक नहीं पहुँच सके।

फिर हम 23 मई को सम्मिट के लिए निकले और वहाँ की चढ़ाई को देखकर मैं दंग रह गई। दोनों ओर खाई थी, बहुत खतरनाक रास्ता था। बार-बार मेरा ध्यान लक्ष्य से भटक रहा था, यह सोचकर कि मैं चढ़ तो जाऊँगी, लेकिन वापस इसी रास्ते से उतरूँगी कैसे? फिर मैं सोचती कि अभी मुझे केवल ऊपर शिखर तक पहुँचने के बारे में सोचना चाहिए और जब मैं नीचे आऊँगी तो भगवान् नीचे उतरने का रास्ता भी मुझे जरूर दिखा देंगे। भारी कठिनाइयों के बीच मैं आखिरकार शिखर पर पहुँच गई। मैंने अपना सेवन सम्मिट पूरा किया और सबसे पहले भगवान् को याद किया। गुरु की तसवीर निकाली। डेनाली में माथा टिकाकर डेनाली को प्रणाम किया। सबको याद किया और हनुमान चालीसा हाथ में लेकर लेगेन से कहा कि लेगेन मेरी फोटो खींचो। उसके बाद जैसे ही मैंने तिरंगा हाथ में लिया, मैं गर्व से भर गई। बहुत खुशी व गर्व के साथ मैंने अपने भारत के तिरंगे को डेनाली के शिखर पर फहराते हुए फोटो खिंचवाई। अब मैं अपने देश के तिरंगे को विश्व के सातों महाद्वीपों के सर्वोच्च शिखरों पर फहरा चुकी थी। मैं पहली भारतीय

महिला बन चुकी थी, जिसने सेवन सम्मिट किया। वह भी उम्र के इस पड़ाव पर। मुझे अपनी इस उपलब्धि पर बहुत अच्छा लग रहा था। गर्व हो रहा था कि इतना मुश्किल काम मैं कर पाई, लेगेन बोली, यू आर द फस्ट। पाँच-छह लोग उस समय वहीं थे। लेगेन ने सभी को बताया कि यह इंडिया से पहली महिला हैं, जिन्होंने सेवन सम्मिट पूरा कर लिया है। वे लोग मेरी इस उपलब्धि पर हैरान थे कि इंडिया से एक औरत ने यह उपलब्धि हासिल की है। वे लोग भी बोलने लगे कि तुम बहुत महान् हो। तुमने बहुत महान् काम किया है। मुझे भी अच्छा लग रहा था कि मेरी इस उपलब्धि से विदेशियों के मन में भी मेरे लिए आदर और सम्मान पैदा हुआ है।

तिरंगा फहराने के बाद मैंने टाटा स्टील का झंडा फहराया और उसके बाद नंदलाल रूँगटाजी के रूँगटा माइंस का भी झंडा फहराया जो कि चाईबासा के व्यापारी हैं। उन्होंने यदि सही समय पर मेरी आर्थिक मदद न की होती तो मेरे लिए यह अभियान पूरा कर पाना बहुत मुश्किल हो जाता। उन्होंने मुझ पर विश्वास किया और उनकी कंपनी का झंडा फहराकर मैंने उनके विश्वास को भी कायम रखा।

लगभग 15 मिनट के करीब मैं वहीं रही और इस खुशी में यह भूल गई कि अब मैं वापस कैसे उतरूँगी। कहाँ तो पहले मुझे उतरने की चिंता खाए जा रही थी, वहीं अब मैं यही भूल गई थी कि मुझे वापस उतरना भी है। लेगेन बोली कि तुम सेटेलाइट फोन से अपने देश में बात करो। मैं तो सपना सच होने की खुशी में झूम रही थी कि लेगेन की इस बात ने मुझे फिर से जमीन पर ला दिया। मुझे वही खतरनाक रास्ता फिर याद आ गया। मैं फिर इसी सोच में डूब गई कि अब मैं वापस कैसे उतरूँगी। मैंने लेगेन को कहा कि मैं अभी इंडिया बात नहीं करूँगी, चूँकि मुझे लग नहीं रहा कि मैं सही सलामत नीचे उतर पाऊँगी। फिर मैं पति और बच्चों के बारे में सोचने लगी। सास-ससुर की भरी हुई आँखें मुझे याद आने लगीं। भाई-बहनों के चेहरे याद आने लगे। मेरी गुरु बचेंद्रीजी याद आईं, उनकी यह बात भी याद आई कि तुम कर लोगी। मैं उस समय सालीग्रामजी को भी याद कर रही थी, जो मेरे लिए पूजा करते थे, जिन्होंने मेरी हर सफलता के लिए भगवान् से प्रार्थना की।

लेगन बोली कि अब हमें जल्दी ही नीचे उतरना होगा, क्योंकि यहाँ के मौसम का कुछ पता नहीं। पलभर में स्थिति बदल सकती है। अब नीचे उतरने की बारी थी। लेगेन के कहने पर भी मैंने घर फोन नहीं किया। चूँकि पहले मैं बेस कैंप

तक पहुँचना चाहती थी। अब मैं सपनों की दुनिया से हकीकत की दुनिया में आ चुकी थी और हर देवी-देवता को याद कर रही थी। हे ईश्वर! मुझे किसी तरह सही-सलामत नीचे उतार दीजिए। मुझे बेस कैंप तक पहुँचा दीजिए। अब मेरा लक्ष्य बेस कैंप हो चुका था। मेरा ध्यान मेरे पैरों की ओर था, चूँकि मेरा एक गलत कदम मुझे मौत के मुँह में धकेल सकता था। उस समय एक छोटी सी चूक का मतलब मौत था। चूँकि हम लोग रस्सी के सहारे नीचे उतर रहे थे, ऐसे में मैं तो अपनी गलती से गिरती ही, साथ ही मेरे साथ और लोग भी खाई में गिरते। किसी तरह हर कदम फूँक-फूँककर रखते हुए हम लोग रात को करीब 12 बजे हाई कैंप पहुँचे। वहाँ की स्थिति देखकर मेरी सारी थकान मिट गई, चूँकि मैंने देखा कि सामने चंद्रमा अपने पूर्णाकार में दिखाई दे रहा था। बहुत ही सुंदर। लेगेन बोल भी रही थी कि हम फुल मून को पहुँचेंगे। बहुत ही रोचक दृश्य उस समय बना हुआ था। एक ओर तो चंद्रमा पूर्णाकार में था, दूसरी ओर सूर्य देव चमक रहे थे। इतनी थकान के बावजूद मैं खुद को रोक नहीं पाई और मैंने तुरंत कैमरा निकाला और तसवीरें खींचने लगी।

बेस कैंप में मुझे अपना एक पुराना साथी जैकब भी मिल गया, जो कि मेरे साथ बीते अक्तूबर में कास्टीन पिरामिड के दौरान साथ था और हमने एक साथ कास्टीन पिरामिड क्लाइंब किया था। जब जैकब को पता चला कि मैंने अपना सेवन सम्मिट पूरा कर लिया है तो वह भी बहुत खुश हुआ और उसने भी मुझे मेरे इस अचीवमेंट पर बधाई दी। इस वक्त वह डेनाली के लिए जा रहा था। उस समय जैकब से मिलकर ऐसा लगा, जैसे कोई पुराना दोस्त मिल गया हो।

फिर हम सभी लोग टेंट के अंदर चले गए। हम सभी बहुत ज्यादा थके हुए थे और किसी के अंदर इतनी ताकत नहीं बची थी कि हम पहले कुछ खा-पी सकें और फिर सोएँ। लेगेन ने फिर कहा कि आप फोन कर लीजिए अपने देश, लेकिन अभी भी मेरा ध्यान इस बात पर था कि मुझे अभी नीचे का और भी रास्ता तय करना है। मौसम फिर से खराब होने लगा। मैं सोच रही थी कि मौसम खराब होने की खबर तो घरवालों को भी पता होगी। वे पहले ही परेशान होंगे, अब मुझे सच में घर फोन कर लेना चाहिए। फिर मैंने सबसे पहले विमल को फोन किया, जो कि एक सकेंड के लिए भी नेट से नहीं हटते थे। मौसम का जायजा लेते रहते थे। उस समय वहाँ के 12.30 बजे थे और यहाँ सुबह के दस बजे थे। पति ने फोन उठाया तो मेरे मुँह से पहली लाइन यही निकली कि सम्मिट हो गया और यह बोलते ही मैं बहुत भावुक हो गई। विमल ने कहा कि मुझे पता था इस बार तुम्हें कोई रोक नहीं

पाएगा। तुम्हारे साथ इतने लोगों की शुभकामनाएँ और आशीर्वाद था।

अब हमें अपना सामान लेकर बहुत ध्यान से उतरना था। रास्ता और मौसम अब भी खराब ही चल रहा था। पहाड़ों पर चढ़ने से ज्यादा कठिन उतरना होता है। साथ ही इतना सारा सामान भी जब आपके साथ हो तो यह काम और ज्यादा मुश्किल हो जाता है। स्लेज हमने कैंप 3 में ही छोड़ा हुआ था। हमें अपना सारा सामान साथ लेकर आना था। हम धीरे-धीरे उतर रहे थे। मेरा पूरा फोकस सुरक्षित नीचे उतरने में ही लगा हुआ था। हर पल ईश्वर को याद किए जा रही थी कि हे ईश्वर! सही-सलामत घर पहुँचा दो। इतने में मेरे जूते की नोक मेरे दूसरे पैर की पैंट में फँस गई। किसी तरह मैंने उसे निकाला। थोड़ी देर के लिए मैं बहुत परेशान हो गई थी। फिर हम कैंप 3 पहुँचे तो थोड़ी राहत मिली। यहाँ का मौसम अब पहले से थोड़ा ठीक था। लेगेन ने ब्रेड का कटलेट बनाया। अब हमें राशन की चिंता नहीं थी। उस दिन हमने ज्यादा ख़ाना खाया और चैन से सोए भी। यह सेवन सम्मिट की जीत की खुशी थी, जिसकी वजह से आज हम चैन की नींद ले रहे थे।

कैंप 3 में मुझे सेवेस्टीयन भी मिले, जो कि मेरे पिछले बार के गाइड थे। मैंने उन्हें भी बताया कि मैंने अपना सेवन सम्मिट पूरा कर लिया है। वे भी बहुत खुश हुए और उन्होंने मुझे मुबारकबाद दिया।

अब हमें स्लेज के साथ उतरना था। लेगेन बोली कि अब बहुत ध्यान से उतरना होगा, चूँकि स्लेज के साथ उतरना बहुत खतरनाक है। यह पर्वतारोही के बैलेंस को खराब कर देती है, जिस वजह से व्यक्ति के गिरने की संभावना बन जाती है। स्लेज के साथ उतरते हुए असावधानी के चलते पिछले साल चार जापानी पर्वतारोहियों की मौत हो चुकी थी। मैं सोच रही थी कि डेनाली का रास्ता बहुत लंबा है। बेशक यह बाकी पर्वत शिखरों से थोड़ा ऊँचा कम है, लेकिन यहाँ पहुँचते ही आपकी बर्फ से मुलाकात हो जाती है। मौसम ऐसा कि पर्वतारोहण के हिसाब से लगभग हर समय खराब ही रहता है। यह मेरे लिए अब तक का सबसे मुश्किल सफर था, जो मैं सही-सलामत नीचे उतरकर पूरा करने की कोशिश में लगी थी। अपनी यात्रा के अंतिम पड़ाव को पूरा करने के प्रयास में जुटी थी।

कैंप 3 में रात को ठहरने के बाद हम लोग कैंप 2 में पहुँच चुके थे। मेरे पैर की हालत खराब थी। कैंप 2 में हमने आराम किया। पानी गरम करके थरमस में भरा। यहाँ हमें स्नो बूट्स भी पहनने थे। इससे पहले मैंने स्नो बूट्स नहीं पहने थे। इसलिए इन्हें पहनकर मुझे बहुत असुविधा हो रही थी, लेकिन अब यात्रा के खतरनाक पड़ाव से हम गुजर चुके थे। इसलिए हमने थोड़ा आराम किया। उसके

बाद मैंने अपनी लीडर से कहा कि अब मैं बेस कैंप तक चलूँगी। लेगेन बोली कि क्या अब आपका पैर ठीक है? मैंने कहा कि ठीक तो नहीं है, लेकिन मैं दर्द सह लूँगी। अब मैं जल्दी-से-जल्दी घर पहुँच जाना चाहती थी। पहले ही हमारे नौ दिन कैंप 3 में रुककर खराब हो चुके थे। फिर हम रात को 12 बजे बेस कैंप पहुँचे। मैंने अपनी सारी सहन शक्ति झोंक दी, ताकि मैं टाइम पर घर पहुँच सकूँ।

उसके अगले दिन हम टकीटना पहुँचे। एक दिन वहाँ रुके, उसके बाद टकीटना में हम सबसे एक गेट-टू-गेदर रखा गया। लेगेन की 6 महीने की बेटी और सास भी आई हुईं थीं। लेगेन से मेरी बहुत अच्छी दोस्ती हो चुकी थी। विदा होते समय मैंने लेगेन को काजू की बरफी खिलाई। लेगेन इसे इंडियन चॉकलेट बोल रही थी। जहाँ एक ओर घर पहुँचने की खुशी थी, वहीं दूसरी ओर इन लोगों से बिछुड़ने का दुःख भी था। लेगेन ने मुझे मेरी जीत पर पार्टी दी और मैंने उसे भारत आने का निमंत्रण दिया।

फिर मैं भारत के लिए रवाना हो गई। पहले मैं दिल्ली पहुँची, जहाँ मेरे पति मुझे लेने आए थे। मुझे देखते ही बोले कि कितनी काली हो गई हो तुम? फिर बोले कि कोई बात नहीं, सब ठीक है। उसके बाद दिल्ली में मुझे मीडिया से मिलना था। मैं होटल में पहुँची और फिर नहाकर तैयार हुई तथा मीडिया के सवालों के जवाब देने में लग गई। बहुत सारे मीडिया के लोग आए थे। सभी मेरे अचीवमेंट से जुड़े कई सवाल कर रहे थे। कई फोटो खींची गईं। मैं बहुत ज्यादा खुश थी। जीवन में वह हासिल कर चुकी थी, जो मैंने कभी सपने में भी नहीं सोचा था। ऐसा लग रहा था कि मैं ख्वाब में ही जी रही हूँ या शायद कोई अच्छा सपना अपने लिए देख रही हूँ। लेकिन यह सपना नहीं था, सपने जैसी कहानी थी, जो मैं हकीकत में बदल चुकी थी। फिर 1 जून, 2013 को हम लोग जमशेदपुर लौट आए। मीडिया में मेरे सेवन सम्मिट की सफलता की खबर प्रमुखता से छपी थी। मैं अपने देश की पहली महिला बनी, जिसने सभी सातों पर्वतों पर सफल अभियान किया और अपने देश के तिरंगे को सातों महाद्वीपों के सर्वोच्च पर्वत शिखरों पर फहराया।

□

10

डेनाली के लिए किया गया प्रथम प्रयास

एकांकागुआ की सफलता के बाद समय और मौसम के अनुसार मैंने नॉर्थ अमरीका महाद्वीप के अलास्का स्थित माउंट डेनाली को चुना और अपनी तैयारियाँ शुरू कर दीं। इस पीक की ऊँचाई 20,321 फीट है। इसकी चढ़ाई किसी भी पहाड़ की चढ़ाई से ज्यादा है, चूँकि इसका बेस कैंप काफी नीचे है। बेस कैंप से चोटी तक की चढ़ाई एवरेस्ट से भी ज्यादा है। यहाँ का मौसम भी एवरेस्ट से कम विचलित करनेवाला नहीं है।

मैं विमान द्वारा अलास्का के एनकौरेज नामक शहर पहुँची और वहाँ से अपनी टीम के साथ बस द्वारा टाकीटना पहुँची, जहाँ से हम एक छोटे से विमान द्वारा बेस कैंप पहुँचे, जो कि 7,200 फीट पर स्थित था। जिस विमान से हम गए, उसकी खासियत यह थी कि वह बर्फ से ही उड़ान भरता था और बर्फ पर ही उतरता था। विमान में पहियों की जगह स्की करने के उपकरण जैसे लंबे-लंबे स्लेज लगे हुए थे।

हम लोगों को यहाँ पर 50 से 60 किलो सामान खुद ही ढोना था। कुछ पीठ पर और कुछ स्लेज के द्वारा कमर से बाँधकर उसे घसीटते हुए ले जाना था। यह मेरे लिए बिल्कुल ही नया अनुभव था। मुझे लगभग मेरे अपने ही वजन के बराबर सामान ढोकर ले जाना था।

हमें चौदह दिन लग गए कैंप 6 तक पहुँचने में। पूरे रास्ते में हमें बेहद खराब मौसम मिला। इस चुनौतीपूर्ण खराब रास्ते को पार करना बहुत ही कठिन रहा। यह मुझे कई जगहों पर एवरेस्ट से भी ज्यादा चुनौती दे रहा था। कैंप 6 पहुँचकर हमें मौसम और ज्यादा खराब मिला। कई दूसरी टीमें, जो हम लोगों से पहले पहुँची हुई थीं, वे वापस चली गईं। कारण यह था कि इस स्थान पर ज्यादा दिन तक आप

मौसम के ठीक होने का इंतजार नहीं कर सकते। दो दिन के खराब मौसम को झेलते हुए हम लोगों को तीसरे दिन आगे बढ़ने का प्रयास करने का मौका मिला। यहाँ से हमें चोटी पर पहुँचने के लिए मात्र 3,120 फीट की चढ़ाई चढ़नी थी। हम लोग देर रात अपनी टीम के साथ आखिर चढ़ाई के लिए निकल ही पड़े। आधे रास्ते तक पहुँचते-पहुँचते भयानक आँधी शुरू हो गई। इस बर्फीली आँधी में हमें कुछ भी नजर नहीं आ रहा था। अब हमारे पास केवल एक ही रास्ता बचा था कि हम किसी प्रकार अपनी जान बचाकर वापस लौट जाएँ। हम किसी तरह वापस लौट गए। हमारी गाइड ने कहा कि अब हम अगले दिन फिर प्रयास करेंगे, पर मौसम की जो जानकारी मिली है, उसके अनुसार आनेवाले चार-पाँच दिनों तक मौसम और भी खराब होने वाला था। हमारे पास अब कोई चारा नहीं बचा और हम वापस लौट आए। रास्ते में कई विदेशी पर्वतारोही मिले, जिन्होंने बधाइयाँ दीं और कहा कि सम्मिट पूरा न होने पर आप निराश न हों, 70 प्रतिशत पर्वतारोही तो यहाँ तक भी पहुँच नहीं पाते। आपमें बहुत हिम्मत है कि आप लोग यहाँ तक पहुँचे।

डेनाली से जब सीखा सबक

हम जिंदगी में सबसे ज्यादा अपने अनुभवों से सीखते हैं। कभी अच्छे अनुभवों से तो कभी बुरे अनुभवों से। कभी-कभी हमारी असफलताएँ भी हमें जिंदगी में ऐसा सबक सिखा देती हैं, जो आगे भविष्य में हमारे लिए बहुत काम आता है। अपनी तमाम पर्वत यात्राओं के दौरान मैंने बहुत कुछ सीखा। अपने अब तक के अभियानों में मैंने बहुत कड़ी मेहनत के बाद ही कुछ पाया। अपने तमाम अभियानों में से बस एक को छोड़कर मैं बाकी सभी अभियानों में सफल रही, और यह थी मेरी पहली बार की गई डेनाली की यात्रा। बेशक इस यात्रा के असफल होने के पीछे पूरी तरह से मैं जिम्मेवार नहीं थी, चूँकि मुझे मौसम खराब होने की वजह से अपने पर्वत अभियान को आधा छोड़कर वापस आना पड़ा था, लेकिन इस यात्रा को लेकर मैं पहले से ही पूरी तरह आश्वस्त थी। 20 हजार 300 फीट की ऊँचाई पर स्थित माउंट डेनाली, माउंट एकांकागुआ से भी कम हाइट पर था। शुरू में मैंने माउंट डेनाली को बहुत हलके में लिया और सोचा यह तो आसानी से पूरा हो जाएगा, लेकिन सच यह था कि माउंट डेनाली इतना आसान नहीं था। इस पर्वत की सबसे बड़ी चुनौती यहाँ का मौसम है। यहाँ लगभग 70 से 100 किलोमीटर की रफ्तार से तेज आँधी चलती है, यानी मौसम का मिजाज यहाँ बेहद खराब रहता है। यह मेरे जीवन के लिए एक बड़ा सबक भी था कि कोई काम आसान नहीं होता। हर पहाड़ की अपनी प्रकृति

होती है, अपना स्वरूप होता है, उसे तय करने के लिए अलग-अलग तरीके अपनाए जाते हैं। अलग-अलग तरह की कठिनाइयों व चुनौतियों का सामना करना पड़ता है। इसलिए जिंदगी में कभी किसी भी काम को बहुत हलके से लेकर अति आत्मविश्वास और उत्साह में आकर हवा में भी नहीं उड़ना चाहिए।

जब मुझे काफी आगे बढ़ जाने के बाद मौसम के लगातार खराब रहने की वजह से वापस लौटना पड़ा तो इन सब चीजों से मैं बहुत निराश हो गई थी। काफी हद तक मैं टूट भी चुकी थी। तब ऐसी स्थिति में मेरी बेटियों और पति ने मुझे सँभाला और मेरे खोए हुए आत्मविश्वास को फिर से जगाने का प्रयास करने लगे। उस दौरान मेरी बेटियाँ व पति मुझे यही बोलते कि निराश होने की कोई जरूरत नहीं है, अगले साल मई में फिर से और अच्छी तैयारी के साथ डेनाली जाना और क्लाइंब करना।

इस घटना से उभरने में मुझे कुछ वक्त लगा, लेकिन अब मैं बहुत अच्छे से समझ चुकी थी कि हर पहाड़ पर चढ़ना कठिन होता है। कोई पहाड़ आसान नहीं है। साथ ही मैं इस बात को लेकर और दृढ हो चुकी थी कि अब मुझे कैसे भी करके विश्व के सातों महाद्वीपों के सातों ऊँचे पर्वतशिखरों को छूने के अपने संकल्प को पूरा करना है। अपना सेवन सम्मिट मुझे जरूर पूरा करना है।

□

11

मेरी गुरु बचेंद्री पाल

हर इनसान के भीतर ईश्वर ने कुछ-न-कुछ अलग गुण जरूर दिया है। अकसर देखा गया है कि इनसान अपने भीतर छिपे इन गुणों से खुद भी वाकिफ नहीं होता। इनसान खुद को ही नहीं पहचान पाता कि वह क्या कर सकता है, उसकी क्षमता क्या है? यह भी हो सकता है कि इनसान को अपने रोज के कामों से इतनी फुरसत ही नहीं मिल पाती कि वह अपने बारे में सोच सके। खासतौर पर महिलाओं को तो घर-परिवार के कामों व जिम्मेदारियों से ही फुरसत नहीं मिल पाती। वे अपनी घरेलू जिम्मेदारियों में इस कदर उलझी रहती हैं कि अपने शौक पूरे करना उनकी प्राथमिकता में रहता ही नहीं है। ऐसे में खुद को जानने जैसा प्रश्न तो बहुत दूर की बात है।

यह भी सच है कि हर इनसान खुद को पूरी तरह से नहीं जान पाता। इनसान खुद को तभी पूरी तरह जान पाता है, जब उसे कोई ऐसा गुरु मिल जाए, जो उसे उससे भी ज्यादा पहचान ले। मेरी जिंदगी में बचेंद्री पाल से मुलाकात एक ऐसा पल है, जिसने मेरी जिंदगी बदलकर रख दी। मैं आज जो कुछ भी हूँ, अपनी गुरु बचेंद्री पाल की वजह से हूँ।

हर इनसान की जिंदगी में दो रास्ते होते हैं। पहला रास्ता वह है, जिस पर वह चल रहा होता है और दूसरा रास्ता वह होता है, जो गुरु अपने शिष्य की क्षमताओं को जानने के बाद उसे दिखाता है। मेरी जिंदगी कई सालों तक एक ही ट्रैक पर चल रही थी। घर और परिवार ही मेरी दुनिया थी। मैं और मेरा जीवन इसी दायरे तक सीमित था। यही दायरा मेरी पहचान थी; यानी एक माँ, पत्नी और बहू के रूप में। जब भी कुछ सोचती तो मेरी सोच का विषय या तो बच्चों से संबंधित होता, उनके

भविष्य से जुड़ा होता या फिर पति व परिवार से जुड़ा होता। अपने बारे में तो मैं कभी सोचती ही नहीं थी। अपने बारे में भी सोचना है, यह विषय तो मेरे लिए विषय ही नहीं था। मुझे नहीं लगता कि कभी मैंने अपने बारे में, अपने सपनों और अपनी इच्छाओं के बारे में सोचा हो। मुझे लगता है कि जितनी भी घरेलू महिलाएँ हैं, वे भी शायद अपने बारे में, अपने सपनों के बारे में कभी सोचती हों! समय ही नहीं होता घरेलू महिलाओं के पास अपने बारे में दो मिनट सोचने का। अकसर मैंने औरतों को यही कहते सुना है कि कब सुबह से शाम हो जाती है, कुछ पता ही नहीं चलता। यही हाल मेरा भी था। बस, जिंदगी चली जा रही थी। घर से बाहर दो कदम कभी पति के बिना जाती नहीं थी। ज्यादा-से-ज्यादा बाजार, वह भी यदि कुछ लेना है और घर पर कोई और न हो तो। या फिर बच्चों को स्कूल छोड़ने तक।

लेकिन ईश्वर ने मेरे लिए एक दूसरा रास्ता भी बनाया हुआ था, जिस रास्ते के दर्शन मुझे मेरी गुरु बचेंद्रीजी से मिलने के बाद हुए। उन्होंने ही मेरे अंदर की स्ट्रैंथ को पहचाना और मेरे लिए यह दूसरा रास्ता खोला। और न केवल खोला, बल्कि मुझे इस रास्ते पर चलने को कहा, प्रेरित किया, प्रोत्साहित किया, मेरे अंदर हिम्मत पैदा की; ताकि मैं उस रास्ते पर चलने का साहस अपने अंदर पैदा कर सकूँ। मैं तो एक घरेलू महिला थी। मुझे तो इस बात पर भी यकीन नहीं हो रहा था, जो वे मुझे कह रही हैं कि तुम एडवेंचर कोर्स करो। मैं तो स्वयं से ही सवाल करने लगी थी कि क्या मैं यह कर सकती हूँ? घर से बाहर तो कभी निकली नहीं थी, ऐसे में पहाड़ पर चढ़ना तो मेरे लिए बहुत दूर की बात थी। लेकिन बचेंद्रीजी ने मेरे अंदर ऐसा विश्वास जगाया; ऐसी शक्ति, हिम्मत व क्षमता पैदा की कि मैं खुद को धीरे-धीरे पहचानने लगी। अपनी क्षमताओं का धीरे-धीरे मुझे भी अहसास होने लगा। बचेंद्रीजी बार-बार मुझे और आगे बढ़ने के लिए प्रेरित करती रहीं। मैं उनकी शुक्रगुजार हूँ, साथ ही अपनी सफलता का श्रेय उन्हें देती हूँ। मैं इस बात से बहुत खुश हूँ और खुद पर गर्व करती हूँ कि मेरा नाम उन जैसी महान् महिला के साथ जुड़ा। हर मोड़ पर वे मुझे प्रोत्साहित व प्रेरित करती रहीं। वे मेरे लिए प्रेरणा-स्रोत हैं। जब भी मैं थक जाती थी, वे मुझे प्रोत्साहित करतीं और मुझे फिर से ऊर्जा से भर देतीं। खासतौर पर जब लोग बार-बार मुझे मेरी उम्र का अहसास कराकर निराश करने की कोशिश करते, मेरी हँसी उड़ाते कि इस उम्र में तुम यह सब क्यों कर रही हो, घर-परिवार पर अपना ध्यान लगाओ! तब मुझे बचेंद्रीजी के वे शब्द याद आ जाते थे, जो उन्होंने सबसे पहले मुझे कहे थे—'ऐज इज नो बार…'। आज भी जब उन्हें देखती हूँ, उनसे मिलती हूँ तो मुझे बहुत प्रेरणा मिलती है। वे हमेशा

मेरा हौसला बढ़ाती रहती हैं।

आज मैं जिस मुकाम पर पहुँची हूँ, उसमें बचेंद्रीजी का बहुत बड़ा हाथ है। उनकी लीडरशिप में जो मैंने सीखा, उसी के बल पर आगे बढ़ पाई। कई ऐसे सामूहिक अभियान, जिसमें देश के अलग-अलग राज्यों से महिलाएँ आई थीं और हमने साथ में अभियान किया—हम देखते थे कि वे बहुत ही कुशलता से सबको एक सूत्र में बाँधकर रखती थीं। कोई अमीर हो या गरीब, इसका कोई अंतर हमें महसूस नहीं होता था। वे सबके अंदर की अच्छाइयों को बाहर निकाल देती और बुराइयों को दूर कर देती थीं। उनमें यह कला है कि वह किसी को बहुत अच्छी तरह प्रोत्साहित कर देती हैं, पत्थर को भी पारस बना देती हैं। जब भी हम किसी अभियान में जाते हैं तो जो भी जोखिम भरा काम होता है, उसमें सबसे पहले वे ही अपने कदम उठाती हैं। हम सभी पर्वतारोही उन्हें दिल से बहुत प्यार करते हैं, उनका बहुत सम्मान करते हैं।

□

12

क्यों जरूरी है पर्वतारोहण

मैडम बचेंद्री पाल टाटा स्टील की एक संस्था 'टाटा स्टील एडवेंचर फाउंडेशन' की चीफ हैं। फाउंडेशन एडवेंचर स्पोर्ट्स के कई कार्यक्रम चलाता है। इसमें स्टूडेंट्स, कॉरपोरेट कर्मचारी और महिलाओं के लिए खास कार्यक्रम चलाए जाते हैं। वे महिलाओं को लेकर हर साल एक अभियान आयोजित करती हैं, जिसके तहत वे महिलाओं को लेकर चुनौतियों से भरे किसी साहसिक अभियान पर लेकर जाती हैं। उन्हीं की प्रेरणा से मैं भी वहाँ तक पहुँची हूँ। जब भी हम लोग किसी अभियान के लिए टीम बनाते हैं तो टीम की सभी सदस्य महिलाएँ ही होती हैं। ये महिलाएँ अलग-अलग राज्यों से आती हैं। इन एडवेंचर से भरी यात्राओं के दौरान हम सभी को एक-दूसरे से मिलने तथा बहुत कुछ सीखने का मौका भी मिलता है। लंबे समय तक साथ रहने से हमें एक परिवार का-सा माहौल लगने लगता है।

आज के माहौल में जहाँ भाई-भाई एक साथ रहने को तैयार नहीं हैं, वहाँ हम विभिन्न प्रांतों से आए लोग कई दिनों तक एक साथ रहते हैं, वह भी बहुत प्यार से। इन तमाम अभियानों से जुड़ने के बाद ही सच्चे अर्थों में मुझे पर्वतारोहण का महत्त्व समझ में आया।

हम सभी अपना जीवन जीते हैं; लेकिन बिना लक्ष्य के जीवन अधूरा है। चाहे बात शिक्षा के विषय में हो या व्यापार के बारे में की जाए, एडवेंचर के बारे में या फिर किसी भी अन्य क्षेत्र के बारे में की जाए। बिना लक्ष्य के आप क्या पा सकते हैं? कुछ खास नहीं, बस जिंदगी जीते हैं; जबकि यदि सामने लक्ष्य हो तो हम उसे पाने के लिए खूब मेहनत करते हैं, बहुत सारी तैयारियाँ करते हैं। उस दौरान आनेवाली कई बाधाओं को पार करते हैं। उनका सामना करने का साहस

हमारे भीतर पैदा होता है। पर्वतारोहण का कोर्स भी लक्ष्य तक पहुँचने की एक कड़ी है। यह हमें सिखाता है कि हर इनसान की जिंदगी का एक लक्ष्य होना चाहिए। यदि हमारे सामने लक्ष्य स्पष्ट हो तो हम अपनी जिंदगी में बहुत से काम कर पाते हैं।

किसी भी लक्ष्य को प्राप्त करने के लिए मेहनत के साथ-साथ आत्मविश्वास की बहुत जरूरत होती है। एडवेंचर कोर्स के दौरान जैसे-जैसे एक-एक बाधा दूर करते हुए हम आगे बढ़ते हैं, वैसे-वैसे हमारा आत्मविश्वास और भी मजबूत होता जाता है।

मनुष्य के भीतर कई तरह के डर छिपे होते हैं, जैसे— गरीबी, आलोचना, आजादी, पहचान, सेहत, मृत्यु या फिर कुछ व्यक्तिगत डर। ऐसे में, पर्वतारोहण एक ऐसा एडवेंचर खेल है, जिसके माध्यम से हम अपने भीतर छिपे इन डरों पर विजय प्राप्त करते हैं। जब हम एक टीम बनाकर अपने लक्ष्य को पाने के लिए अभियान पर निकलते हैं तो उस समय हमारे मन में इस प्रकार की भावनाएँ उठनी शुरू होती हैं कि हमें एक-दूसरे की सहायता करनी है। जब हम एक-दूसरे की सहायता करते हैं तो हमारा आत्मविश्वास और ज्यादा बढ़ जाता है। हमें अपना महत्त्व भी पता चलता है कि हम भी किसी के काम आ सकते हैं। यही आत्मविश्वास हमारे भीतर छिपे हुए डर को बाहर निकाल देता है। यही आत्मविश्वास हमें खुद को पहचानने का एक मौका देता है, हमारे अंदर छिपी ताकत को बाहर लाता है। घर के भीतर महिलाओं को हमेशा से कमजोर ही समझा जाता है। कोई भी ऐसा काम, जो मुश्किल होता है, उसे पुरुष ही करते हैं और कहा जाता है कि यह काम महिलाओं के बस का नहीं है। लेकिन पर्वतारोहण के बाद पता चलता है कि महिलाएँ भी पुरुषों से कम नहीं हैं। पर्वतारोहण ही एक ऐसा क्षेत्र है, जिससे जुड़कर आप खुद को तो जानते ही हैं, साथ ही दूसरे लोगों को भी जानने व समझने की क्षमता आपके अंदर पैदा होती है। आप लोगों को पहचानना सीख जाते हैं। दूसरों को प्रोत्साहित करने की कला भी आप सीख जाते हैं। पर्वतारोहण में आनेवाली कठिनाइयाँ ही इनसान को उसका वास्तविक चेहरा दिखाती हैं। उसे अपनी क्षमता का पता चलता है।

न जाने कितने ही लोग, खासतौर पर महिलाएँ, मुझसे अकसर पूछती हैं कि आप पहाड़ों पर क्यों चढ़ती हैं? क्या मिलता है आपको इतना रिस्क लेकर, अपनी जान दाँव पर लगाकर आप पहाड़ों पर चढ़ती हैं? मुझे पहाड़ों पर चढ़कर सच में क्या मिला, इसे मैं शब्दों में व्यक्त नहीं कर सकती; क्योंकि इस बदलाव को तो बस

महसूस ही कर सकती हूँ; या फिर वे लोग महसूस करते हैं, जो मुझसे जुड़े हैं। मैं यही कह सकती हूँ कि अपनी हर यात्रा में मैंने खुद का शुद्धीकरण किया है। अपने मन, अपनी आत्मा का शुद्धीकरण किया है। इन यात्राओं ने मुझे इस प्रकार छाना है कि मेरे अंदर की जो भी नकारात्मक भावनाएँ थीं, वे दूर हो गईं और मैं पूरी तरह से सकारात्मक इनसान बन गई; बल्कि मैं तो कहूँगी कि अपने भीतर हुए इन बदलावों के लिए मुझे 'सकारात्मक' शब्द छोटा लगता है। अपने भीतर की सकारात्मकता के अलावा भी मुझे बहुत कुछ मिला, जो व्यक्त नहीं किया जा सकता।

सर एडमंड हिलेरी ने कहा था कि इनसान पहाड़ों पर विजय प्राप्त करने के लिए नहीं चढ़ता, बल्कि खुद पर विजय प्राप्त करने के लिए चढ़ता है। 'सेवन सम्मिट' करने के बाद मैं उनके इस वाक्य के अंदर छिपे सत्य को महसूस कर सकी।

□

13

मेरी यात्राएँ

शाकाहारी जीवन और मेरा योग

विश्व के सातों महाद्वीपों के सर्वोच्च पर्वत शिखरों पर मैं भारत का झंडा फहरा चुकी हूँ। लेकिन आपको यह जानकार हैरानी होगी कि मैंने कई विपरीत परिस्थितियों में भी मांसाहार को नहीं अपनाया और पूरी तरह से शाकाहारी बनी रही। कई बार सोचती हूँ कि कितना मुश्किल था मेरे लिए ऐसी दुर्गम परिस्थितियों में भी खुद को शाकाहारी रख पाना; जबकि मेरे साथ के बाकी सभी लोग मांसाहारी थे।

इन सभी यात्राओं ने जहाँ मेरी शारीरिक व मानसिक क्षमता की कई परीक्षाएँ लीं; मेरे आत्मविश्वास, मनोबल और धैर्य की परीक्षाएँ लीं, वहीं इन सभी यात्राओं में मेरे लिए एक बहुत बड़ी चुनौती मेरा शुद्ध शाकाहारी होना भी था। लेकिन मुझे खुशी है कि विषम परिस्थितियों में भी मैंने खुद को शाकाहारी ही रखा। मेरा जन्म जिस परिवार में हुआ, वह पूरी तरह से शाकाहारी परिवार था। जिस घर में मेरी शादी हुई, वह भी शुद्ध शाकाहारी परिवार है। मैं कभी भी, किसी भी परिस्थिति में मांसाहार नहीं खा सकती, ऐसा मैं मानती हूँ। और इस बात को मैंने अपनी इन यात्राओं के दौरान सच भी साबित किया है। अकसर देखा गया है कि जब परिस्थितियाँ बहुत खराब हो जाती हैं, तब लोग मजबूर होकर नॉनवेज खा लेते हैं; खासतौर पर पर्वतारोहण के दौरान तो कई शाकाहारी लोग जिंदा रहने के लिए मजबूरी के चलते मांसाहारी हो जाते हैं। बछेंद्रीजी ने भी कहा कि 'वहाँ जाकर लोग मांसाहारी हो जाते हैं। क्या तुम नॉनवेज खा लोगी?' मैंने कहा, 'अभी कुछ नहीं कह सकती, लेकिन समय बताएगा कि वह मुझे किन परिस्थितियों में ले जाता है।'

मैं पहले कुछ नहीं बोलना चाहती थी, क्योंकि कई बार हालात इनसान को बहुत ज्यादा मजबूर भी कर देते हैं। लेकिन मन-ही-मन तो मैं यह तय कर चुकी थी कि मैं शाकाहारी ही रहूँगी।

एवरेस्ट के समय मैं झारखंड से अकेली ही गई थी। हम कुल 6 लोग भारतीय थे। बाकी दूसरे देशों के लोग थे। तीन लोग शाकाहारी थे। वहाँ मैंने देखा कि मांसाहार बहुत मिलता है। आगे चलकर परिस्थितियाँ व माहौल सच में ऐसा बन गया कि मेरे साथ के दोनों लोग भी मांसाहारी हो गए। लेकिन मेरे लिए दाल-चावल बनता था। जब तक खाने की बारी आती, वह ठंडा हो जाता। फिर मैंने शेरपा को आलू का पराँठा बनाना सिखाया, साथ ही आलू चाप बनाना भी बताया। मैंने उसे बताया था कि आलू चाप बनाने के लिए आलू को पहले मैश करो और फिर बेसन में लपेटकर डीप फ्राई कर देना। जब वह बनाकर लाया और मैंने खाया तो देखा, आलू बहुत सख्त था। उसने आलू उबाला नहीं था, बल्कि कच्चे आलू में ही बेसन लपेटकर तल दिया था। खैर, मैंने मजबूरी में वही खाया, क्योंकि उस समय उस कच्चे आलू को खाने के अलावा मेरे पास कोई और चारा भी नहीं था। मैं जान गई थी कि वह आलू चाप बनाने की विधि को ठीक से समझ नहीं पाया है। वैसे वह मेरा खयाल रखता था। उससे जितना बन पड़ता, वह मेरे लिए शाकाहार खाने का इंतजाम करने की पूरी कोशिश करता था। वैसे भी, वहाँ जिन परिस्थितियों में हम रह रहे थे, वहाँ ऐसे में अपनी पसंद का खाना बनाने की फरमाइश करना बेमानी था। वह अकेले मेरे लिए इतनी मेहनत कर रहा था, वही बहुत बड़ी बात थी। मेरे एवरेस्ट तक पहुँचने में शेरपा के बनाए वेज खाने, शेरपा के सहयोग और मदद का बहुत बड़ा योगदान है।

दूसरी घटना वर्ष 2012 की है, जब मैं माउंट एकांकागुआ पर चढ़ाई करने दक्षिण अमेरिका गई थी। वहाँ मेरे साथ भारत से दो लोग और थे—विनिता सोरेन और मेघलाल महतो। वे दोनों नॉनवेज खाते थे। पता नहीं वहाँ का नॉनवेज कैसा था कि उन्हें भी पसंद नहीं आ रहा था। उस यात्रा के दौरान हमें सबसे ज्यादा दिक्कत खाने को लेकर ही हुई। हर चीज में नॉनवेज होने की संभावना बनी रही थी। इस डर से खाने को लेकर मैं विशेष रूप से सतर्क रहती थी। एक दिन मैंने अपने गाइड लाउचे से कहा, 'आज मैं तुम्हें इंडियन खाना बनाकर खिलाऊँगी। क्या तुम खाओगे?' सभी ने हामी भर दी। कुल 15 लोग थे ग्रुप में। मैंने उन्हें लहसुन की तीखी चटनी, जो कि मैं घर से बनाकर ले गई थी, वह भी खिलानी चाही; लेकिन विदेशी लोग ज्यादा चटपटा नहीं खाते, इसलिए मैंने उस चटनी को

वेज फ्राइड राइस में डाला। टमाटर, प्याज और लहसुन की चटनी बनाई। खाना सभी को बहुत पसंद आया। सभी अंगुलियाँ चाट-चाटकर खा रहे थे। कहने लगे, 'कितना टेस्टी बनाया है! यह कैसे बनता है, प्लीज बताओ?' मैंने कहा, 'तुम ही लोगों के देश का खाना है, मैंने तो बस उसे इंडियन तड़के के साथ बनाकर तुम्हारे सामने पेश किया है।'

अपनी इन यात्राओं में हर बार मुझे खाने की समस्या से जूझना पड़ता रहा था, इसलिए बहुत सी तैयारियाँ मैं पहले से करके चलती रही हूँ; जैसे दो बार यात्राओं के दौरान मैं गोंद के लड्डू लेकर गई। दो बार मेरी ननद ने मुझे मट्ठी बनाकर दी। थेपला बनाकर भी मैं ले जा चुकी हूँ।

योग किया भी, सिखाया भी

योग बचपन से मेरी दिनचर्या का अहम हिस्सा रहा है। ऐसे में भला मैं पर्वतारोहण के दौरान इससे खुद को कैसे दूर रख सकती थी! बेशक पहाड़ों पर पर्वतारोहण के दौरान ऐसा माहौल नहीं होता कि कोई अपनी दिनचर्या को सामान्य दिनों की तरह जी सके, लेकिन मैं कोशिश करती थी कि मुझे थोड़ा सा समय योग व प्राणायाम के लिए मिल जाए। आपको यह जानकर हैरानी होगी कि मैंने यात्राओं के दौरान बर्फीली चोटियों के ऊपर भी योग किया। न केवल खुद किया, बल्कि वहाँ पर्वतारोहण के लिए आए विदेशी पर्वतारोहियों को सिखाया भी।

पहाड़ों पर हमारी दिनचर्या ऐसी थी कि हमें पूरा दिन और कई बार रात को भी लगातार घंटों चलना होता था। ऐसे में हमारा फिट रहना बहुत जरूरी था। मैं चूँकि योग और एरोबिक जानती थी, इसलिए मौका मिलते ही मैं एक्सरसाइज करने लगती थी; जैसे कभी कुछ स्ट्रेचिंग एक्सरसाइज कर ली। दक्षिण अमेरिका की यात्रा के दौरान हमारे साथ पीक क्लाइंब करने आए विदेशियों ने जब मुझे यह सब करते हुए देखा तो उन्हें बहुत अच्छा लग रहा था। फिर उन्होंने मुझे कहा कि आप हमें भी सिखाइए। इस प्रकार मैंने उन्हें भी कई योग आसन सिखाए और कराए भी। बहुत ही अद्‍भुत दृश्य था बर्फीले पर्वतों के ऊपर योगा क्लासेज का।

अपनी डेनाली यात्रा के दौरान तो मैंने वहाँ शिखर पर सूर्य नमस्कार किया। चूँकि वहाँ से उस समय सूर्य बहुत ही खूबसूरत लग रहा था, ऐसे में मेरा मन हुआ कि मैं सूर्य नमस्कार करूँ!

जब मैं माउंट विनसन क्लाइंब करने अंटार्कटिक गई तो इस यात्रा के दौरान मैं अकेली भारतीय महिला थी। इस यात्रा के दौरान भी ज़ब मुझे समय मिला, मैंने

प्राणायाम किया। अनुलोम-विलोम और कई एक्सरसाइज कीं, कुछ स्ट्रेचिंग एक्सरसाइज भी कीं। लगातार चलने से शरीर में जो थकावट पैदा हो जाती थी, एक्सरसाइज से शरीर को बहुत रिलैक्स मिलता था। जब मैं योग व एक्सरसाइज कर रही होती थी, तब बाकी देशों से आए पर्वतारोही भी मुझे जॉइन कर लेते और मुझे देख-देखकर वे भी वैसा ही करते। यानी मुझे फॉलो करते हुए वे भी योग व अन्य व्यायाम करते। बहुत ही अद्‌भुत दृश्य बन जाता था, जब हम सभी लोग विश्व की ऊँची बर्फीली चोटियों पर योग कर रहे होते थे।

□

14

पद्‌मश्री

मैं विमल के साथ पुणे से अपनी दुर्गा दीदी के बेटे की शादी में शामिल होकर लौट रही थी। ट्रेन में बैठे हम दोनों गपशप कर रहे थे। मैं 15 दिन पहले ही माउंट विंसन पर अपने देश व टाटा स्टील का झंडा फहराकर लौटी थी। इसलिए अपने वहाँ के अनुभव भी विमल के साथ शेयर कर रही थी। 25 जनवरी, 2013 की बात है। शाम के लगभग चार बज रहे होंगे। मेरे फोन की घंटी बजी। नंबर अनजाना देखकर मैंने विमल को फोन पकड़ा दिया। विमल ने फोन उठाया तो उधर से किसी ने कहा कि हम भारत सरकार के गृह मंत्रालय के सचिवालय से बोल रहे हैं। हमें प्रेमलताजी से बात करनी है। विमल को लगा कि गृह मंत्रालय से क्यों फोन आएगा, इसलिए उन्होंने यूँ ही कह दिया कि प्रेमलता तो नहीं हैं, बोलिए क्या बात है। उधर से एक व्यक्ति बोला कि मुझे उन्हीं से बात करनी है। इस पर विमल ने कहा कि आप बोलिए मैं उनका पति बोल रहा हूँ। फिर वह व्यक्ति बोला कि हमें उन्हें बधाई देनी है। उनको महामहिम राष्ट्रपति प्रणब मुखर्जी द्वारा पद्‌मश्री सम्मान के लिए मनोनीत किया गया है। यह आपके लिए सूचना है। आधिकारिक सूचना, आपको पत्र द्वारा दे दी जाएगी और पुनः बधाई देते हुए उस व्यक्ति ने फोन रख दिया। हम दोनों ही हैरान थे और सोच रहे थे कि शायद किसी ने हम लोगों के साथ बड़ा मजाक किया है। आखिर हमारा मोबाइल नंबर वहाँ कैसे पहुँचा। फिर हमने जिस नंबर से फोन आया था, उसी नंबर पर कॉल किया, लेकिन वह नंबर लगातार व्यस्त जा रहा था। यह ऐसी स्थिति थी, जिस पर न तो हम पूरी तरह यकीन कर पा रहे थे, न ही खुशी मना पा रहे थे और न ही किसी को बता पा रहे थे, लेकिन इस बीच हमने बचेंद्रीजी को फोनकर इस फोन कॉल के बारे में बताया। हमें डर भी लग रहा था कि यदि यह

फोन झूठा निकला तो हमें कितनी शर्मिंदगी झेलनी पड़ेगी। फिर करीब सात बजे हमें जमशेदपुर से निकलने वाले दैनिक अखबार 'प्रभात खबर' से फोन आया और उन्होंने मुझे बधाई दी तथा मेरी प्रतिक्रिया लेनी चाही। तब मुझे पूर्ण रूप से यह विश्वास हो गया कि सच में भारत सरकार ने मेरे प्रयासों को उच्चतम मान्यता दी है। फिर मैंने अपने परिवार के लोगों को फोन पर यह सूचना देनी शुरू की। अपने दोस्तों को बताया। हम इतने उत्साहित थे कि हमारे डिब्बे में बैठे कुछ लोगों का ध्यान भी हमारी बातों की ओर चला गया। फिर वे लोग जिज्ञासापूर्वक पूछने लगे कि क्या बात हुई है। तब मैंने उनको अपना परिचय दिया और पद्मश्री पुरस्कार के बारे में बताया। फिर वे लोग भी मुझे बधाई देने लगे। धीरे-धीरे यह बात पूरे डिब्बे में फैल गई और सभी ने मुझे बधाई दी। मेरी खुशी का ठिकाना न रहा। जैसे बिना माँगे मोती मिल गया हो। रात को 2.30 बजे हम लोग घर पहुँचे और घर में सभी लोग तब तक जागे हुए थे। मैंने पाँव छूकर माँ व बाबूजी का आशीर्वाद लिया। हम लोग खुशी से भावुक हो गए। उसके बाद हम लोग सारी रात सो नहीं पाए। जब सुबह समाचार-पत्र देखा तो हर अखबार में मेरे पद्मश्री सम्मान की खबर प्रमुखता से छपी हुई थी। फिर तो सारा दिन मीडिया से साक्षात्कार और बधाइयों का सिलसिला जारी रहा। बचेंद्रीजी से भी फोन पर बात हुई। वे भी बहुत ज्यादा खुश थीं, ऐसा महसूस हो रहा था कि उन्हें वही खुशी हो रही है, जो मेरे माता-पिता व सास-ससुर को हो रही थी।

कुछ दिनों के बाद भारत सरकार की ओर से गृह सचिव के कार्यालय से सूचना एवं सम्मान लेने का विवरण प्राप्त हुआ। सम्मान समारोह में मेरे अतिरिक्त केवल दो और लोगों को जाने की अनुमति थी, जो कि राष्ट्रपति भवन में होना था। अब समस्या यह थी कि मैं किसे साथ लेकर जाऊँ और किसे नहीं। हर कोई जाना चाहता था। तब यह तय हुआ कि एक व्यक्ति मेरे मायके से और एक ससुराल की तरफ से जाएगा। इस प्रकार सबसे आसान था कि पिताजी और ससुरजी को ले जाना ठीक है, लेकिन मेरे ससुरजी इतनी लंबी यात्रा करने की स्थिति में नहीं थे तो फिर सबने तय किया कि विमल जाएँगे। हम जब अप्रैल में सम्मान समारोह में शामिल होने के लिए दिल्ली पहुँचे तो वहाँ विभाग के लोगों से अनुरोध करने पर हमें एक और प्रवेश पत्र मिल गया। हमने तुरंत इसकी सूचना घर पर दी। अब यहाँ वही आ सकता था, जो अगले दिन दिल्ली पहुँच सकता हो। इस प्रकार विमल के बड़े बहनोई नंद गोपालजी, जो कि बैंगलोर में रहते हैं, वे उसी दिन शाम की फ्लाइट पकड़कर दिल्ली पहुँच गए।

दूसरे दिन सुबह एक रिहर्सल का कार्यक्रम था। यह रिहर्सल कि महामहिम के

समक्ष किस प्रकार सम्मान को ग्रहण करना है। इसके लिए पूरी व्यवस्था उसी प्रकार होती है जैसा कि सम्मान समारोह में होता है।

दूसरे दिन सम्मान समारोह में गई। वहाँ राष्ट्रपति प्रणब मुखर्जी के हाथों से सम्मान ग्रहण किया, उसमें एक बुकलेट भी मिली, जिसमें सभी पुरस्कृत व्यक्तियों की उपलब्धियों के विषय में लिखा था। सम्मान ग्रहण करने के बाद एक टी पार्टी राष्ट्रपति भवन की तरफ से आयोजित की गई थी। जब मैं टी पार्टी में पहुँची तो सबसे पहले सोनिया गांधी ने मुझे बधाई दी। उसके बाद डिंपल कपाडिया, नाना पाटेकर व बहुत सारे लोगों ने आकर मुझे बधाई दी, जबकि पहले दिन किसी ने मुझे नहीं पहचाना था, लेकिन बुकलेट में लिखी उपलब्धियों की वजह से अब लोग जान गए थे। इस प्रकार सभी से बधाइयाँ लेना अच्छा लग रहा था। बहुत ही अद्‌भुत अनुभव रहा। इस पल के बारे में मैंने जीवन में कभी सोचा भी नहीं था कि कभी मुझे पद्‌मश्री मिलेगा और इतने लोग मुझे इस प्रकार बधाई देंगे।

□

15

बाबूजी

यूँ तो किसी की भी सफलता के पीछे बहुत से लोगों का हाथ होता है। गुरु, परिवार, प्रायोजक, मित्र व समाज की भूमिका होती है। मेरे साथ भी काफी लोगों का प्यार व आशीर्वाद रहा। इस सबके बावजूद एक व्यक्ति ऐसे थे, जो मेरी गृहणी होने की मुश्किलों को समझते थे और कभी-कभी मेरे निराश हो जाने पर मुझे प्रोत्साहन भी देते थे। वे थे मेरे बाबूजी, यानी मेरे ससुरजी।

बाबूजी बहुत ही सरल और साधु प्रवृत्ति के व्यक्ति थे। उनके चेहरे पर हमेशा एक मुसकान बनी रहती थी। कई सामाजिक संस्थाओं से वे जुड़े हुए थे और गौशाला की सेवा में उनका विशेष लगाव था। किसी भी सामाजिक कार्य के लिए वे हमेशा तत्पर रहते थे। जब मैं विवाह के बाद ससुराल आई, उस समय बाबूजी और उनके दोनों भाइयों का संयुक्त परिवार था। वे घर के मुखिया थे और उन्होंने पूरे परिवार को एकजुटकर बाँधकर रखा था। जब भाइयों का आपसी व्यापारिक बँटवारा हुआ तो भी परिवार की एकता में उन्होंने कोई कमी नहीं आने दी। यह एकता आज तक बरकरार है।

मैं परिवार में बड़ी बहू थी। मेरे दायित्व भी ज्यादा थे, पर कभी भी उन्होंने मुझे यह महसूस नहीं होने दिया कि मैं घर की बहू हूँ। उन्होंने हमेशा मुझे बेटी की तरह समझा। मैंने भी हमेशा उन्हें पिता की तरह देखा। सच बात तो यह है कि यदि उनका प्रोत्साहन मुझे न मिलता तो मैं इतनी ऊँचाइयों पर तो क्या, एक शहर से दूसरे शहर भी नहीं जा सकती थी।

हमारा परिवार इतना आधुनिक नहीं था कि घर की बहू-बेटी ट्रैक सूट पहनकर जिम चली जाए और पर्वतारोहण जैसे क्षेत्र में कदम रखे। यह उनका ही समर्थन था,

जिसमें बाकी परिवारवालों की सहमति मिलती थी। मैं जिस प्रकार के अभियानों में जा रही थी, उनमें बिना परिवार की सहमति और आशीर्वाद के सफलता हासिल करना मुमकिन नहीं था। मेरी सफलताओं में जितनी खुशी उन्हें होती थी, वह शायद ही घर में किसी और को होती थी।

जब से मैंने माउंटेनियरिंग के क्षेत्र में कदम रखा, यानी 2001 से लेकर 2014 तक अर्थात् उनके शरीर त्यागने के कुछ एक दिन पहले तक, जितने भी मेरे बारे में न्यूज या मेरे इंटरव्यू किसी भी मैगजीन या पेपर में छपे रहते, उनकी कटिंग काटकर वे उनका एलबम बनाते थे। यह एलबम अखबार के साइज के बराबर था। अब तक उन्होंने कम से कम 250 पन्नों का एलबम बना डाला था। कोई भी यदि घर में आता तो वे उन्हें सारा एलबम दिखाते। मेरी हर उपलब्धि को वे अपनी उपलब्धि मानते थे। और यह सच भी है कि यदि उनका प्रोत्साहन और आशीर्वाद नहीं होता तो मेरे जैसी एक साधारण गृहिणी के लिए इस उम्र में इतना सब कर पाना असंभव होता। उनका इस दुनिया से जाना पूरे परिवार के लिए एक क्षति थी, पर मैंने अपने पिता तुल्य ससुरजी को ही नहीं खोया, बल्कि निरंतर प्रेरित करनेवाली प्रेरणा को ही खो दिया।

□

16

पर्वतारोही और पर्यावरण

प्रकृति के अनसुलझे रहस्यों को सुलझाने और निरंतर खोज करने की प्रवृत्ति इनसान को जोखिमभरे अभियानों की ओर प्रेरित करती है। इसी कड़ी में दुनिया की सबसे ऊँची चोटी माउंट एवरेस्ट पर पहुँचने की चाह में ऊँचे पर्वतों पर पहुँचने के मार्ग तलाशे और उसकी ऊँचाइयों तक पहुँचने के लिए अकसर चुनौतीपूर्ण अभियान किए जाते हैं, जिसमें सफल होने के लिए कई बार लोग अपनी जान तक से हाथ धो बैठते हैं।

माउंट एवरेस्ट पर पहुँचने के लिए सर एडमंड हिलेरी ने तेजिंग नौरगे के साथ 29 मई, 1953 में एवरेस्ट की चोटी पर पहुँचकर असंभव को संभव कर दिखाया और दुनिया में पर्वतारोहियों को एक नई दिशा दी। एवरेस्ट पर आरोहण हर पर्वतारोही का सपना होता है, जिसे पूरा करने के लिए वह प्रकृति की ताकत से भी लोहा लेने से पीछे नहीं हटता। अकसर जो पर्वतारोही होते हैं, वे प्रकृति को पास से देखने की ललक रखते हैं और पहाड़ों से उन्हें एक प्रकार का लगाव हो जाता है। तब से अब तक एवरेस्ट पर चढ़ने के लिए विश्व के अनेक पर्वतारोहियों ने इस जोखिमभरे अभियान को किया। इस अभियान में कुछ ने सफलता पाई तो कुछ इस प्रयास में अपनी जान से हाथ धो बैठे।

समय के साथ-साथ पर्वतारोहण में काम आनेवाले नए-नए उपकरण बनाए जाने लगे, जिससे कि पहाड़ों पर पड़नेवाली ठंड और रास्ते में आनेवाले खतरों से कुछ हद तक बचा जा सके। यह बात सच है कि जो असुविधाएँ या दिक्कतें सर एडमंड हिलेरी व तेंजिंग नौरवे को एवरेस्ट अभियान के दौरान आई होंगी, उसकी तुलना में जो नए-नए आधुनिक उपकरण एवं शेरपाओं का साथ मिला है, उनसे

अभी के पर्वतारोहियों को काफी मदद मिलती है, पर इसका अर्थ यह भी नहीं है कि अब एवरेस्ट अभियान सरल हो गया है, क्योंकि एवरेस्ट भी वही है और चुनौतियाँ भी वही हैं। यह एक ऐसी स्थिति है कि जिस प्रकार बॉर्डर पर तैनात सिपाहियों के पास कितने भी आधुनिक हथियार आ जाएँ, पर जान की बाजी तो उनकी ही लगेगी, लड़ना तो उन्हें स्वयं ही पड़ेगा।

एवरेस्ट अभियान पर जानेवालों की बढ़ती संख्या ने एवरेस्ट के पर्यावरण को काफी नुकसान पहुँचाया है। कई लोग रास्तों से लेकर चोटी तक ढेरों कचरा छोड़ कर आ जाते हैं, साथ-ही-साथ विश्व के बदलते पर्यावरण की स्थिति ने और भी मुश्किलें पैदा कर दी हैं। पहाड़ों पर दुर्घटना के होने और जान जाने की संख्या में भी वृद्धि हुई है।

अब विगत कुछ वर्षों से पर्यावरण की रक्षा के लिए एवरेस्ट पर भी कुछ कदम उठाए गए हैं, जिनमें एक यह भी है कि पर्वतारोही अपने अभियान की वापसी के दौरान जो भी कचरा उन्हें दिखाई दे, उसे नीचे बेस कैंप तक लेकर आएँ। इस अभियान में कई पर्वतारोही बढ़-चढ़कर हिस्सा लेते हैं। मेरे एवरेस्ट अभियान के दौरान हमारी टीम ने एक टन से ज्यादा कचरा बेस कैंप तक पहुँचाया और-तो-और हम अपना ह्यूमन वेस्ट यानी मल तक अपने साथ वापस लाए। मैंने जो अन्य अभियान किए, जिसमें अमरीका के माउंट मैकेंली और एंटार्टिका के माउंट विनसन में भी हमने पर्यावरण को ध्यान में रखते हुए अपने कार्य किए। इस बात का पूरा ध्यान रखा कि हमारी वजह से यहाँ के पर्यावरण को कोई नुकसान न पहुँचे।

पर्यावरण का पहाड़ों से अटूट रिश्ता है। यदि इनसे ज्यादा खिलवाड़ हुआ तो पहाड़ किसी को भी अपने रास्तों पर आगे नहीं बढ़ने देगा। हर पर्वतारोही को पहाड़ों का सम्मान करना होगा। उनसे प्यार करना होगा। उनकी पूजा करनी होगी, ताकि आनेवाली पीढ़ियों को भी इन पहाड़ों पर आरोहण करने का सौभाग्य प्राप्त हो सके।

□

17

मेरे दूसरे प्रायोजक

पर्वतारोहण, खासकर बड़े पर्वतों पर अभियान पर जाना बहुत ही खर्चीला होता है। हमारे देश में शायद ही कोई ऐसा शख्स होगा, जिसने अपने बलबूते किसी बड़े अभियान को पूर्ण किया हो। भारत में अब भी पर्वतारोहण जैसे एडवेंचर स्पोर्ट को बहुत महत्त्व नहीं दिया जाता, जिसके चलते प्रायोजक मिलना लगभग बहुत ज्यादा मुश्किल हो जाता है, पर मेरा यह सौभाग्य रहा कि मैं जमशेदपुर जैसे शहर में रहती हूँ, जहाँ टाटा स्टील जैसी कंपनी है। जब पूरे देश में कोई एडवेंचर स्पोर्ट्स के महत्त्व को नहीं समझता था, ऐसे में भी टाटा स्टील ने अपनी एक संस्था खोली हुई थी, जिसके जरिये वह एडवेंचर स्पोर्ट्स को बढ़ावा दे रही थी। बचेंद्री पालजी इस संस्था टाटा स्टील एडवेंचर फाउंडेशन को अपने निर्देशन में चलाती हैं। उनसे मेरी मुलाकात हुई और उस मुलाकात ने मुझे आज एक कामयाब पर्वतारोही बना दिया।

टाटा स्टील ने बचेंद्री पालजी के मुझे एवरेस्ट अभियान पर भेजने के प्रस्ताव को सहर्ष स्वीकार कर लिया। एवरेस्ट अभियान की सफलता के बाद टाटा स्टील ने मेरे सेवन सम्मिट के प्रस्ताव को भी अनुमति दी। उनका मेरे ऊपर इस कदर विश्वास रहा कि मेरे सेवन सम्मिट को बिना विलंब अनुमति दे दी, बिना यह जाने कि उस पर कितना खर्च आएगा।

टाटा स्टील ने समाज में महिला सशक्तीकरण के प्रति जो अपनी जिम्मेदारी तय कर रखी है, उसका मैं एक सशक्त उदाहरण हूँ। बिना टाटा स्टील के सहयोग से एक महिला का इतना ऊँचा सपना पूरा कर पाना असंभव था।

सेवन सम्मिट का पूरा खर्च टाटा स्टील दे चुकी थी, पर मेरा डेनाली का अभियान

असफल हो गया था, जिसके चलते पूरा अभियान ही असफल माना जाता। मेरे लिए डेनाली अभियान को दोबारा पूरा करना लगभग नामुमकिन हो गया था। मुझे डेनाली अभियान के लिए राशि इकट्ठा करने का कोई रास्ता नजर नहीं आ रहा था। तभी मुझे याद आया कि एवरेस्ट अभियान के पश्चात् कोलकाता में अखिल भारतीय मारवाड़ी सम्मेलन द्वारा मुझे सम्मानित किया गया था और वहीं मेरी मुलाकात जाने-माने उद्योगपति श्री नंदलालजी रूँगटा से हुई थी, जो चाईबासा शहर से अपना व्यवसाय चलाते हैं। उन्होंने मुझसे कहा था कि जब कभी आपको भविष्य में किसी भी अभियान में उनकी सहायता की जरूरत पड़े तो वे जरूर सामने आएँगे। मैंने उन्हें धन्यवाद दिया था। उस समय क्या पता था कि एक दिन मुझे सच में उनकी मदद की दरकार होगी। मैंने उन्हें फोन लगाया और उन्हें अपनी परेशानी बताई। उन्होंने एक लाइन में कहा कि आपको अभियान पूरा करने के लिए कितने पैसों की जरूरत है, जब मैंने उन्हें बताया तो बोले कि आप अपना अकाउंट नंबर मुझे दीजिए और दो दिन के बाद मेरे अकाउंट में डेनाली अभियान में जाने के लिए सारे पैसे आ गए। यदि उस वक्त नंदलालजी रूँगटा का सहयोग नहीं मिलता तो शायद मेरी मुश्किलें काफी बढ़ जातीं। मैं टाटा स्टील और नंदलालजी रूँगटा की आभारी हूँ, जिनके चलते एक घरेलू महिला विश्व के ऊँचे पर्वतों पर अपने देश का तिरंगा फहरा पाई।

□

18

मेरे गाइड

किसी भी बड़े अभियानों के दौरान एक अच्छे गाइड का होना बहुत जरूरी है, जो कि पर्वतारोहण के दौरान आपके साथ रहता है और मार्गदर्शन करता है। ये गाइड अधिकतर अपने-अपने क्षेत्र के पर्वतोंवाले इलाके के होते हैं। उनके साथ रहने से पर्वतारोही को सहायता मिलती है। चूँकि पर्वतारोहण चुनौतीपूर्ण और जोखिमभरे होते हैं, ऐसे में एक अच्छे गाइड का साथ होना अभियान की सफलता को काफी हद तक निश्चित कर देता है।

सेवन सम्मिट के दौरान मुझे हर जगह अलग-अलग देश के अलग-अलग पर्वतों पर गाइड लेने पड़े और मेरी सारी सफलताओं के पीछे मेरे सभी गाइड्स का भरपूर सहयोग रहा है। मेरे सबसे पहले गाइड टी.एस.एफ. 'टाटा स्टील एडवेंचर फाउंडेशन' से राजू भइया थे, जो कि बचेंद्री दीदी के छोटे भाई हैं। भौमिक दा, अन्नपूर्णा और वे सारे लोग जो टी.एस.एफ. से जुड़े हुए हैं, मेरे पर्वतारोहण के गुरु हैं। ये वे लोग हैं, जिन्होंने मुझे उँगली पकड़कर पहाड़ों पर चढ़ना सिखाया।

किलीमंजारो में हम लोगों की भारतीय महिलाओं की पूरी टीम थी, जिसे बचेंद्रीजी लीड कर रही थीं और वहाँ का एक स्थानीय गाइड था, जिसका नाम अवस्टीन था। वह बहुत ही हँसमुख व्यक्ति था। उसने हम सभी महिलाओं को किलीमंजारों की चोटी तक गाइड किया।

एवरेस्ट पर मेरा गाइड छिरिंग शेरपा था। शुरू में तो उसे मेरे अभियान की सफलता पर शक था, पर यह भी सच है कि एवरेस्ट अभियान छिरिंग भाई के बिना संभव नहीं हो पाता। बहुत सी जगहों पर उसने मेरी जान भी बचाई।

अकांकागुआ में मेरा गाइड लाउचे था। अकांकागुआ की चढ़ाई में सफलता

पानेवाले केवल चार ही लोग थे हमारी टीम से, जिनमें हम तीन भारतीय थे, उसे यह कहना पड़ा कि मुझे नहीं पता था कि भारत के लोग इतने मेहनती होते हैं।

एल्ब्रेस के समय मेरा गाइड था शाशा। वह रशियन गाइड बहुत ही हिम्मत बाँधनेवाला व्यक्ति था और हमेशा हँसता रहता था।

डेनाली मैं दो बार गई। मेरे पहले अभियान के गाइड का नाम सेबेस्टियन था और हम लोगों का अभियान असफल होने के बावजूद उसने पूरी कोशिश की कि एक-दो दिन रुककर वह मेरे फिर से सम्मिट के लिए कोशिश करेगा, पर मौसम अनुकूल नहीं होने के कारण बात नहीं बन सकी, पर उसने मुझे कहा था कि आपके अंदर गजब का जज्बा है। आप फिर कोशिश कीजिएगा, जरूर सफल होंगी। उसकी यह बात मेरे लिए उसके आशीर्वाद की तरह रही।

क्रास्टेंज पिरामिड के दौरान मेरा गाइड था रोमी, जो कि कम उम्र का बहुत ही अनुभवी गाइड था। उसने क्रांस्टेंज जैसे चुनौतीपूर्ण अभियान को सफल बनाने में मेरी खूब हिम्मत बढ़ाई।

दूसरी बार डेनाली अभियान में मेरी गाइड थी लेगेन फैली। यह अमरीकन लड़की थी, जिसकी उम्र तीस के लगभग थी। लेगेन बहुत ही हिम्मतवाली मददगार लड़की है, जो मुझे गाइड के साथ-साथ अपनी बेटी जैसी लगी।

मैं अपने सभी गाइड्स को अपना गुरु मानती हूँ। सबका हार्दिक धन्यवाद करती हूँ, क्योंकि आप लोगों के बिना मेरा सेवन सम्मिट अभियान पूरा नहीं हो पाता।

□□□